为了实现
每一个孩子的
美好心愿

育贤教育治理之道

顾雪华 著

华东师范大学出版社

·上海·

图书在版编目(CIP)数据

为了实现每一个孩子的美好心愿:育贤教育治理之道/顾雪华著.—上海:华东师范大学出版社,2023

ISBN 978-7-5760-3699-2

Ⅰ.①为… Ⅱ.①顾… Ⅲ.①小学-学校管理-研究 Ⅳ.①G627

中国国家版本馆 CIP 数据核字(2023)第 040146 号

为了实现每一个孩子的美好心愿:育贤教育治理之道

著　　者　顾雪华
责任编辑　彭呈军
责任校对　桑林凤　时东明
装帧设计　刘怡霖

出版发行　华东师范大学出版社
社　　址　上海市中山北路 3663 号　邮编 200062
网　　址　www.ecnupress.com.cn
电　　话　021-60821666　行政传真 021-62572105
客服电话　021-62865537　门市(邮购)电话 021-62869887
地　　址　上海市中山北路 3663 号华东师范大学校内先锋路口
网　　店　http://hdsdcbs.tmall.com

印 刷 者　上海景条印刷有限公司
开　　本　787 毫米×1092 毫米　1/16
印　　张　14.5
字　　数　210 千字
版　　次　2023 年 5 月第 1 版
印　　次　2023 年 5 月第 1 次
书　　号　ISBN 978-7-5760-3699-2
定　　价　58.00 元

出 版 人　王　焰

(如发现本版图书有印订质量问题,请寄回本社客服中心调换或电话 021-62865537 联系)

美好心愿　行则将至

倪闽景

翻阅顾雪华校长送来的新作《为了实现每一个孩子的美好心愿：育贤教育治理之道》书稿，正值农历兔年春节。历经三年疫情后的"自由"春节，让人们的心情也变得更加美好，如同这本书的标题那样清新、轻松。我曾经在奉贤区分管教育工作整整三年，对创办育贤小学过程也是历历在目。书稿中表达的内容，许多都是我所见所闻所历，读来倍感亲切，对作者希望我为本书作序所托，也就欣然应允。记下了如下学习感悟，既是回应作者所托，也是一名教育工作者对于美好教育的点滴思考。

认清自己所处的时代方位，找准行动坐标，是新时代教育工作者的首要任务。进入新时代的中国基础教育，既面临良好的改革发展机遇，也面临诸多亟需破解的现实问题。教育是民生大事，也是国家大事，新时代的教育工作者面临着世界百年未有之大变局，唯变应变，最根本的一条主线就是要全面贯彻党的教育方针，落实立德树人的根本任务，以人民发展为中心，办好人民满意的教育，促进教育百花齐放的良性生态，实现教育"公平而有质量"地发展。

九层之台，起于垒土。高质量的教育依托于高质量的学校，没有优质学校的建设，没有每一所学校个性化的发展，也就无从谈起"公平而有质量"的整体教育样态。我一直认为，一所学校的价值空间，不在于能培养出多少高分、送出了多少名校的考生，而是能为师生的生活和发展提供多少的可能性。对于学校而言，好的教育，不是要让学生学得更多，而是要让学生学得更多样；不是要让学生学得更快，而是要让学生学得更快乐，用本书作者的话讲，就是"为了实现每一个孩子的美好心愿"。

上海市奉贤区育贤小学是一所创办于 2015 年的"新学校"，在短短的几年中就发展成为一所高起点、高标准、高品质的现代化全日制公办小学，取得了令人瞩目的办学成绩。学校以"为了实现每一个孩子的美好心愿"为办学理念,坚持五育并举,改革创新,逐步形成"精细的学校管理""精致的课堂教学"以及"精美的校园文化",把学校打造成为了学生快乐成长、教师乐业育人、家长满意、社会赞誉的"家门口"优质学校,连续获得了奉贤区教育年度创新奖、教学成果奖、新成长教育行动研究成果奖等荣誉,在市级层面也逐渐崭露头角,获得了"上海市劳动教育特色学校"等荣誉,实现了新时代学校教育的应有价值,也让师生家长和社会深刻感受到了这所"南上海"新办学校的独特生机和魅力。

我曾多次在不同场合耳闻目睹育贤小学的办学成效,也触发了我的思考和关注,是什么因素促成了这样一所新办学校的快速发展。顾雪华校长的新作《为了实现每一个孩子的美好心愿:育贤教育治理之道》,让我找到了其中的精神基因和行动智慧。在我看来,本书很好地体现了办学治校的辩证思维,既"守正"又"创新",既"有术"又"有道",既"系统"又"聚焦",是一部值得学习和借鉴的用心之作。

其一,本书的内容,体现了既"守正"又"创新"的办学追求。透过本书的写作,我们能够感受到育贤小学在办学和发展过程中对于守正创新的坚守和追求。守正,意味着坚持教育的基本规律,以人为原点,坚持以学生成长为本,贯彻落实党的教育方针,践行立德树人的根本任务,对于这一领域的追求,育贤小学和所有的优秀学校都是一样的。创新,意味着学校能够充分发挥新办学校的"后发"优势,在"为了实现每一个孩子的美好心愿"办学理念的凝练,"育现代小贤人"培养目标的设计,"心愿"课程教学体系的打造,劳动教育改革创新,教师队伍建设,办学体制改革等领域进行大胆创新,形成了很多具有学校特质的经验和做法,塑造了学校治理的经验和品牌。这种守正与创新的有机结合,既有效保障了育贤小学的创办发展始终紧跟时代步伐,保持正确方向,也从根本上塑造了学校的特色和风貌,在短时间内提升了学校的整体知名度和影响力。

其二,本书的特色,体现了既"有术"又"有道"的思维方式。透过本书的写作,我们能够感受到顾雪华校长在办学治校的过程中,始终坚持的既"有术"又"有道"的思维方式。一般意义上说,"术"讲的是实践领域的方法论问题,"道"讲的是理论领域的思考和价值问题。在中小学科研兴校的整体背景下,很多学校的校长、教师都积极开展了教育科研活动,其中一个重要的方法就是对学校整体管理、人才培养、教师发展、学科教学等进行经验梳理,通过大量的案例呈现学校在整体改革发展中的主要做法,这些研究的实践性比较强,但是理论的思考相对而言比较单薄、零散。本书的写作,突出了对"育贤小学的教育治理之道"的探索,每一个章节的论述中,不仅有围绕主题的学校具体做法的呈现,也有作为一名学校管理者对于这一领域问题、方法、举措、成效等背后的思考,体现了作者能够始终以一种"研究者"和"实践者"的双重身份介入学校治理的思维方式。这种既"有术"又"有道"的写作范式,不仅能够呈现出学校改革发展诸领域的具体做法,也能够展现改革背后学校管理者的独特思考,拓展了本书写作的深度,也让我们更全面地看到了一位基层学校管理者的价值和智慧。

其三,本书的成果,体现了既"系统"又"聚焦"的治理路径。自党的十八届三中全会正式提出"推进国家治理体系和治理能力现代化"后,学校治理问题逐渐成为教育研究和实践的重要领域。从实践的角度看,学校治理是一个整体性工程,既需要着眼于学校整体改革发展的系统性设计,也需要每一个领域聚焦关键问题的个性化路径探索。育贤小学在探索现代学校治理之道的过程中很好地坚持了"既系统又聚焦"的治理路径。系统性表现在学校依托现代治理理念,从办学理念、课程教学、立德树人、劳动教育、教师发展、协同育人、综合改革等维度整体设计学校治理的各范畴,形成了学校改革发展的整体推动力量;聚焦性表现在每一个具体的治理范畴,学校都能够围绕这一维度的核心问题进行创新设计,提出了很多具有实践性的个性化操作策略。比如对于新时代学校劳动教育,学校既有对小学劳动教育价值的多样性、小学劳动教育设计的课程性、小学劳动教育实施的联动性等宏观维度的思考,也在实践中形成了"团队组建,推进有力度;课程导向,实施有保障;活动融合,实践有途径;资源整合,育人有实效"的个性化劳动教育操作体系,形成了劳动教育的学校特色,这种宏观与微观有效结合的方式既保障了本书的借鉴性和可读性,也保障了其研究的系统性和整体性。

在党的二十大上,习近平总书记再一次以专门的篇幅强调了新时代教育改革发展的重要价值和行动路径。首次把教育、科技、人才进行"三位一体"统筹安排、系统部署,明确提出教育、科技、人才是全面建设社会主义现代化国家的基础性、战略性支撑。不论是办人民满意教育的一贯追求,还是教育、科技、人才的统筹安排,都有赖于每一所学校立德树人工作的高质量完成。这既是教育行动指南,也是党和人民对教育的嘱托和期待,更是每所学校"领头人"——校长的价值追求和检验。

司马迁在《史记·货殖列传》中说:"居之一岁,种之以谷;十岁,树之以木;百岁,来之以德。"也就是今天所有的教育人都朗朗上口的"十年树木，百年树人"的词源。百年恒远的功业，靠的不是巧，不是术，是德，是诚，一所学校基业长青的秘诀就是"立德树人"。立德树人，是教育中国式现代化的核心要义，也是教育为中国式现代化提供发展支撑的价值所在。如何打造中国式教育现代化体系，既需要党和国家整体层面的设计和引领，也需要每一所学校个性化的探索和经验总结。期待更多的学校，更多的校长能够主动思考和探索新时代中国教育现代化的学校路径，凝练学校经验，在教育高质量发展的征程中主动求索，主动发声，主动建构，也期待育贤小学更加美好的明天。

是为序。

2023 年 1 月

（作者系上海市教育委员会副主任、一级巡视员）

目录

第三章　立德树人——坚守学校治理的价值追求　/067

引言：美好心愿　生命绽放

　　教育是充满温情的活动。人是教育的起点，也是教育的归宿。近年来，在汹涌澎湃的教育改革浪潮中，如何让教育的发展更好地观照人、发展人、实现人，已经成为引领和评价教育变革的重要价值和指标。

　　教育对于人的成就和满足，不是虚无的，而是实实在在的。每一所学校，每一个教育工作者，对于生命的理解，对于教育本质的把握可能都有不同，这些不同的理解和把握，建构了他们开展教育行动的逻辑起点和根本立场，也就在很大程度上决定了他们的教育价值和效能。

　　每一个孩子的成长，都充满了无限可能；每一个生命的绽放，都蕴含在一个个小小的心愿之中。通过高质量的教育，不断满足和实现孩子们的小小心愿，这就是教育最美丽的语言，就是教育最动人的传说。

　　自党的十八届三中全会正式提出"推进国家治理体系和治理能力现代化"后，治理和教育治理遂成为公共政策话语，并引发研究升温。在这一过程中，学校治理问题也逐渐成为教育研究和实践的重要领域。学校教育治理，表面是重构学校内外部关系，核心是建构高质量的学校"善治"体系，不断提升学校的整体质量和发展水平。这意味着，现代学校治理，必然有着其内在的价值指向，这种价值就是通过高质量治理打造高质量教育，依托高质量教育，实现学生高质量发展。

　　学校治理是一个系统工程，需要学校发展理念的澄清，需要课程、教学等核心领域的建构，需要教师、学生、家长、社会等力量的协同，需要学校发展诸要素的优化重组和系统保障。对于新时代的学校发展而言，治理实际上提供了一种引领学校规范变革、有效变革的新理念，提供了学校办学治校的新思维。

　　上海市奉贤区育贤小学创建于2015年8月。学校地处奉贤区南桥镇，校园周边环境优美、交通便利,是一所高起点、高标准、高品质的现代化全日制公办小学。学校以"为了实现每一个孩子的美好心愿"为办学理念,坚持五育并举,诸育融合,逐步形成"精细的学校管理""精致的课堂教学"以及"精美的校园文化",努力让学校成为学生快乐成长、教师乐业育人、家长满意、社会赞誉的"家门口"优质学校。

2018年9月,学校正式接受上海世外教育集团委托管理。借此机遇,学校全面提升办学品质,做到学校管理精细化,用"心愿教育"撬动学校发展;校园文化精美化,让"心愿文化"浓郁校园生活;课程教学人文化,把"心愿课堂"变得香气四溢;教师发展专业化,使"心愿团队"做得风生水起。

学校对国家课程进行校本化实施,从"礼仪与修养""语言与交流""艺术与审美""科学与探索""运动与健康""劳动与实践"等领域引导学生建构相关学科素养,形成以"小贤人课程群""小文人课程群""小艺术家课程群""小科学家课程群""小健将课程群"以及"小当家课程群"为核心的"小心愿"课程体系,培养学生高层次思维能力,促进学生个性化成长。

学校创办七年多来,先后荣获全国"校园足球特色校"、市安全文明校园、市经典诵读"十佳特色学校"、市"家庭示范教育示范校"、市"劳动教育特色校"、市少儿模特团体组特等奖、区"和润教育品质奖"、区文明校园、区信息化优秀校、区"红旗大队"等诸多荣誉。

在育贤小学稚嫩的发展历史中,我倡导和坚持"为了实现每一个孩子的美好心愿"的办学理念,注重用现代学校治理理念串联学校整体改革发展,形成了建设现代学校治理体系,推动学校内涵发展的一系列思考和实践,这些思考与实践,既是我们对教育满足学生美好心愿的独特设计,也是我们在新时代打造高水平学校人才培养体系的责任与担当。

让教育的光芒在每个心愿的达成中绚丽绽放,这是育贤小学对于教育本质、价值、路径的内在理解,这一理解凝练成学校改革发展的精神基因和价值引领。因此,本书的写作,从某种程度上说,正是学校基于这种价值引领所开展的学校治理探索的全过程、反思性回顾,希望通过这种回顾系统总结学校改革发展的历史,凝聚面向未来的变革力量,继续书写新时代育贤小学立德树人的精彩篇章。

在育贤小学的创办历史中,作为创始首任校长,我全程见证了这所学校从萌生、成长到不断走向成熟。在这一过程中,我也一直在思考是什么因素、是什么行为促成了育贤小学的成长和发展。在近年来的校长专业发展体系中,反思成长越来越成为一种流行的模式。在我看来,校长对于学校的引领,首先一定是精神层面的引领,学校办学,不仅仅是方法的探索,背后一定有道理的支撑。在"道"和"术"的平衡中推动学校改革创新,打造办学治校的特色品牌,这是当代校长应有的价值和追求。因此,在确定本书书名的过程中,我经过反复斟酌,确定了"育贤教育治理之道"这样一个副标题,其目的就是透过学校整体改革发展中的现象和行为,发掘育贤小学作为一所新建的、快速成长的学校在办学治校过程中的内在规律,既促成学校和本人的再成长,也为奉贤"为了每一个学生的新时代新成长"美好教育理想的实现提供学校思考和支持。

第一章

办学理念——厘清学校治理的哲学信仰

【校长的思考】现代学校治理，本质上是一种系统的实践性行为，但是实践背后，必然要有理性的思考，行动的深处也必然有理论的支撑。对于学校而言，这种理性的思考和理论的支撑，集中体现为学校独特的教育哲学和信仰。对于校长而言，其对学校改革发展的引领，首先应该体现在精神层面的引领，也就是要牵头建构既符合时代发展和国家社会要求，又匹配学校特质，满足师生需要的学校哲学体系，形成学校改革发展的精神引领。

从现代学校管理的转型看，昔日以学校办学规模扩张、办学条件改善为主要标志的外延型发展策略正在受到挑战，特别是对于都市地区的学校而言，学校的办学硬件条件大都已经得到了解决。在这样的情况下，优化新时代的学校治理，起到决定作用的应该是学校的独特精神和价值，是学校的科学的办学理念、办学文化和共同价值观，这些精神层面的因素能够长久而有效地影响学校的整体变革与品质提升。作为一所新办学校，如何在缺少浓郁历史底蕴的情况下，凝练学校特有的文化，迅速形成师生共同认可的思想和价值，积聚学校发展的精神力量，这是我作为学校管理者首先面临的问题。面对这样的问题，育贤小学立足新时代教育改革发展的价值导向，融合区域文化的精神基因，通过师生集体力量的共同参与，以学校办学理念的凝练为抓手，系统建构学校独特完善的教育哲学，为推动学校治理的现代转型，实现学校办学品质的快速提升提供精神力量和价值引领。

学校教育哲学，是现代学校变革研究与实践中的一个重要问题域。其脱胎于一般的哲学理念和范畴，但又因为学校教育活动的特殊性而被赋予了独特的价值和意义。学校教育哲学是教育哲学从纯粹理论研究走向应用研究的一个重要领域，[1]它关注的不是世界观和方法论的普遍性问题，也不是一种学科意义上的哲学，它属于一种观念层次的哲学，[2]集中体现了学校管理者和师生对于学校办学理念、办学定位、办学价值、办学文化、办学目标等的系统性思考。学校教育哲学，不仅是学校最为鲜明独特的文化标识和精神基因，也是学校整体改革发展实践行动的重要价值引领，对于学校

---

［1］陈建华.论学校教育哲学及其提炼策略［J］.教育研究，2015，（10）.

［2］陈建华.学校应该有自己的教育哲学追求［J］.教育科学研究，2007，（01）.

发展和师生幸福有着直接的意义。美国课程学者泰勒认为,学校的教育哲学涉及对美好生活的看法所持的价值观,以及对社会适应、社会改造和社会分工等问题的态度。[1] 另一位美国学者斯宾塞则认为,学校教育哲学是学校作为一个组织或者共同体整体看待自身的一种方式,主要包括对待学校共同体成员的方式、对待学校工作的态度以及学校的使命与愿景,其目的是寻求学校教育的幸福。[2] 从某种意义上说,学校的教育哲学就是学校共同的价值信仰,其核心所要回答的是学校的办学使命、发展愿景、办学理念和育人目标。在学校成立之初,我带领育贤小学师生,将主要的精力放在了学校办学理念的思考之上,通过办学理念的思考不断辐射完善,形成学校个性化的教育哲学体系,并由此建构引领学校发展的精神力量。

一、办学使命的厘定

教育是一项神圣的事业,学校应当具有崇高的使命感。确定学校教育哲学的第一步,就是要提出学校的使命陈述。[3]

(一) 对学校办学使命的理性认知

学校的使命,不仅仅包括学校发展未来要到达何方的愿景性陈述,也包括学校发展"为了谁、依靠谁"的立场界定。

办学使命首先无法回避学校的发展愿景,要通过使命的陈述形成学校发展的理想定位。从概念上说,学校愿景是指依据学校的使命、价值取向和未来蓝图,师生员工共同认同和期望的学校未来发展景象。[4] 在现代学校管理过程中,要真正调动师生员工的积极性,就要让他们对于学校未来的发展有一个清晰的认知和规划,而这种认知与规划往往是通过学校愿景管理来实现的。在人类组织中,愿景是最有力的、最具激

[1] 李宝庆. 新课程背景下的学校教育哲学变革[J]. 教育发展研究,2008,(18).

[2] Spencer J. Maxcy. Happiness in Education through the Development of a School Philosophy [J]. Education,2001,(04).

[3] 陈建华. 论学校教育哲学及其提炼策略[J]. 教育研究,2015,(10).

[4] 项红专,刘海洋. 学校愿景管理:意涵、价值及模式构建[J]. 教育科学研究,2019,(9).

励性的因素。[1]明确了学校发展的愿景之后,就能够在更大范围内调动师生员工的积极性,让他们明确学校的未来是怎样的,自己的明天是怎样的,进而也就能够激发出为未来、为明天努力的积极性。应该指出的是,学校的愿景设计,本质上是一种民主管理的体现,学校愿景不是校长个人的愿景,学校发展走向何方,需要教职工集思广益,共同商讨。因此,从认知层面说,学校发展的共享愿景必须是领导层与学校其他成员共同建立起来的,它必须融学校共同愿景与个人愿景于一体,成为大家努力追求的目标,从而增强学校的凝聚力,最终提升课程品质,使教育教学质量不断提高。[2]

学校办学使命,还要回答学校发展"为了谁、依靠谁"的立场问题。立场,就是看待问题和解决问题的视角和方法。教育活动无法回避立场的问题,尽管很多时候我们没有仔细观照教育的立场。教育的立场,回答的是教育从哪里来到哪里去的根本性问题。毫无疑问,人是教育起点,也是教育的价值和归宿,教育的立场,只能是人的立场。这意味着,学校的办学使命,不论怎样界定,都必须要围绕学生成长发展进行设计,学校发展的核心使命,也应该在人的生命成长中最终达成。

(二) 对学校办学使命的现实描绘

基于上述两个维度的考量,我们认为,作为新时代、新创办的基础教育学校,一方面,必须坚持为党育人、为国育才的历史使命,通过高质量的学校教育落实党的教育方针,建构德智体美劳全面发展的高质量人才培养体系,促进学生全面发展和个性成长,承担好国家和社会赋予的共性教育使命;另一方面,必须立足学校的区域需求,打造学校的育人特色和品牌,实现学校独有的办学价值与追求,在区域经济社会发展和教育教学改革的大潮中发出自己独特的声音。鉴于此,对于学校的办学使命,我们认为,必须以习近平新时代中国特色社会主义思想为指导,深入贯彻《国家中长期教育改革和发展规划纲要(2010—2020)》,依据上海率先实现教育现代化的总体目标定位,聚焦奉贤区教育领域综合改革的要求,坚定不移地推进育贤小学的综合改革,以办"老百姓满

---

[1] 戴维·W.约翰逊,罗杰·T.约翰逊.领导合作型学校[M].唐宗清,译.上海:上海教育出版社,2003:52.

[2] 王红岩,熊梅.论学校愿景领导的内涵及过程[J].东北师大学报(哲学社会学科版),2010,(05).

意的家门口好学校"为目标,以深化教育教学改革为主线,积极推进素质教育,全面提升学校的办学品质。基于这样的理解,学校在最新一轮发展规划中明确了学校未来发展的历史使命:

> 学校秉承"为了实现每一个孩子的美好心愿"的办学理念,以"养贤明之德、育贤达之人"为办学宗旨;以"精细的学校管理""精致的课堂教学""精美的校园文化"为办学特色。努力建设环境优美的温馨家园、快乐学习的启智学园、尽情体验的成长乐园、全面发展的五彩校园,把育贤小学办成教学有特点、学生有特长、学校有特色的区域新优质学校。

二、办学理念的凝练

理念是行动的先导,学校的任何发展与变革,首先源自于科学的办学理念的引领和支持。毋庸置疑,在日益强调办学自主权和科学、专业办学的今天,学校越来越渴求理念指导下的办学。但缺乏理论自觉的热情有可能导致非理性盲从和行动上的无所适从。在现实之中,很多学校的管理者将办学理念作为论述办学治校经验的首要因素,但是,对于什么是办学理念,学校办学理念是如何设计生成的,这种理念背后有怎样的思考,却往往缺乏系统性的审视。这在很多时候容易导致学校办学理念仅仅成为一种空中楼阁式的言语表达,无法在实践之中发挥引导作用。

从根本上说,办学理念解决的是办什么样的学校、怎样办学校的问题,其价值在于指导和规范办学活动。"定位"与"定向"的双重叠加,构成办学理念的基本内容。"定位"表现为确定学校发展的时空方位,确定学校错位发展的基本方略,体现自身独到的办学特色。"定向"表现为明确学校发展的目标,描绘学校发展的未来愿景,引导学校向预定的方向迈进。[1] 所以,办学理念有着强烈的现实指向。可以说,办学理念是用来落实的,是学校实现成功办学的思想遵循。[2]

---

[1] 罗欣,郑金洲.办学理念:问题探寻与改进策略[J].上海教育科研,2011,(06).
[2] 牛楠森."办学理念":概念辨析及其"诞生"[J].中小学管理,2019,(11).

作为一所新办学校,育贤小学提出了鲜明而有个性的办学理念:"为了实现每一个孩子的美好心愿。"这一办学理念,虽然没有高大上的话语风格,没有工整的对仗和华丽的辞藻,但是却体现了育贤小学对于教育本质、学校发展等根本性问题的回答。

(一) 契合教育本质

教育的本质,是教育的本源性问题,也是教育教学的根本性问题。从认知的角度看,对于教育本质的认识影响到人们对于其他领域教育问题的认识;从实践的角度看,人们的教育教学和教育变革行为,从某种程度上看,都受其对教育本质问题认知的影响,都是其教育本质观的一种外在体现。从教育研究的角度看,对于教育本质问题的追问几乎伴随始终,特别是近几十年来,教育本质研究产生了诸多成果,从研究活跃程度看,它经历了激烈争鸣阶段、相对沉寂阶段和深化探新阶段。教育本质观从经典的生产力说、上层建筑说到新兴的本质消除说,逐渐呈现出多元化趋势。[1] 在对于教育本质的追问中,近年来,随着以人为本、生命关怀等理念在教育中的渗透,从人的角度来理解教育的本质越来越成为一种流行的趋势。正如顾明远先生所言:"如果从生命发展的视角来说,教育的本质可以概括为:提高生命的质量和提升生命的价值。教育对个体来说,提高生命的质量,就是使个体通过教育,提高生存能力,从而能够生活得有尊严和幸福;提升生命价值,就是使个体通过教育,提高思想品德和才能,从而能够为社会、为他人作出有价值的贡献"。[2] 由此,教育的本质就在于促进学生生命成长,而且这种成长应该是幸福的、自由的、全面的。对于学校而言,设计办学理念,必须从教育的本质问题出发,形成对教育本质问题的个性化理解。育贤小学认为,学生的成长,是点点滴滴的积累,具体可以通过一个个美好心愿的不断实现而得到体现。由此,让每一个美好心愿得到实现,实际上就是要求学校教育能够充分理解学生,尊重学生,为学生的成长赋能,让学生在幸福温馨的校园之中获得全面、自由、幸福的成长。这意味着,"为了实现每一个孩子的美好心愿"的办学理念,深含着教育的本质和精髓,

---

[1] 田娟. 我国 30 年教育本质研究回顾与反思[J]. 河北师范大学学报(教育科学版),2010,(03).

[2] 石中英. 回到教育的本体——顾明远先生对于教育本质和教育价值的论述[J]. 清华大学教育研究,2018,(05).

体现了学校对教育本源性问题的个性化思考,因而具有契合教育内在价值的科学性。

(二) 回应社会需求

党的十九大报告指出,我国经济社会发展进入新时代,新时代的一个重要标志就是社会主要矛盾的转型,当前,我国社会主要矛盾已经转化为人民日益增长的美好生活需要和不平衡不充分的发展之间的矛盾,这一矛盾体现在社会生活的方方面面,其中教育领域也有鲜明的体现。对于当下的中国基础教育而言,"教育质量不平衡不充分的发展"是现实,也是客观存在的,但是同时可以通过不懈努力促使"教育质量的均衡发展、充分发展",从而使教育领域的主要矛盾得到解决。[1] 也正是因为如此,加快教育改革发展,打造公平而有质量的教育成为时代发展的强音。一方面,人们期望通过高质量均衡化的教育,满足社会对优质教育的需求;另一方面,也希望通过教育的优质均衡发展阻断贫穷的代际传递。对上海这样的大城市而言,在整体教育质量较好的前提下,如何缩短教育的城乡差异,是打造公平而有质量教育的核心工作。从普遍意义上看,提升受教育水平一向被视为追求更好生活的方式。[2] 农村教育发展带动的生产生活技能的提升和个体潜能的增长有助于改善农村居民的生活质量和自我认知,但另一方面,城乡间发展不平衡是我国经济社会发展的重要特征事实,教育落差是其中的重要表现。[3] 这也就意味着,对于高质量教育的需求尽管是社会的共识,但是这种需求在农村地区或者城乡接合地区显然更加强烈。从这个角度出发,作为一所上海市郊的学校,育贤小学的生源大都来自城乡接合部和农村地区,随迁子女占比近60%,他们是"家庭的希望",不仅需要为自己的成长负责,也承担着整个家族振兴的使命。从这个角度出发,育贤小学的办学理念就是让高质量的教育更好地实现每一个孩子的心愿,让高质量的教育回应地区民众对于优质均衡教育的社会需求。从这个角度出发,实现学生的心愿,就是实现了家长、家族和整个区域民众的心愿,这既体现了学校对于人才培养的个性化思考,也体现了学校对于社会责任的主动承担。

[1] 唐淑艳.让教育更加公平更有质量[J].人民论坛,2019,(07).
[2] 于伟,张鹏.城乡教育差距与农村居民的幸福感知[J].教育与经济,2019,(04).
[3] 周晔,王晓燕.城乡教育统筹治理:概念与理论架构[J].教育研究,2014,(08).

(三) 适应学校实际

办学理念作为学校的精神基因和发展引领,必须是科学的,这种科学性首先体现在与学校实际情况的紧密结合之上。在学校改革发展的过程中,应该说,几乎所有的校长,都重视学校办学理念的凝练,但是很多学校在办学问题上缺乏自己的独立思考,什么理念时髦就追逐什么,看到别的学校有好的理念就去效仿,导致办学理念的同质化。[1]比较集中的体现就是套用相对固定和成熟的话语方式,比如学校发展"为了一切学生,一切为了学生,为了学生一切";再如,学校教育要坚持"以人为本""以学生为本";另如,学校要坚持"三个面向"等。这些框架性的表达,尽管在理论上是没有问题的,也符合教育改革发展的趋势和潮流,但是却体现不出学校的个性思考,没有学校的显著标志。育贤小学是一所新建学校,缺少历史的积淀,在改革发展的过程中,我们也希望这所新建学校能够一步一个脚印、踏踏实实地实现办学目标。因此,我们希望用"小步子渐进"的原则来促进学校发展,这些发展可以通过学生一个个具体的心愿达成来实现。"为了实现每一个孩子的美好心愿",这就是我们所希望的学校改革发展的整体价值导向和路径设计,这一句鲜明的办学理念,与一所新建学校的气质是相匹配的,因而,也能够彰显学校在办学上的独特思考和设计。

(四) 富有诗情画意

教育是充满诗情画意的活动。德国诗人荷尔德林说:"人充满劳绩,但还诗意地栖居于大地之上。"这句诗经海德格尔在《海德格尔诗阐释》中加以解释,几乎成为当代人文主义者默念的教条。之所以如此,与其说诗意是人存在的本性,远不如说诗意是人的存在具有意义的标识。如果没有了诗意,生命何异于物质在时空中物理性的运动。人的存在无论如何不能用物的运动来说明,可是充满劳绩却毫无诗意地存在,恐怕是多数人的常态。教育的诗意,是教育中的人诗意栖居的产物,意味着教育活动的自然、

---

[1] 陈建华.论中小学办学理念的提炼与表达[J].上海师范大学学报(哲学社会科学版),2020,(04).

优雅、浪漫,以及教育活动者充沛的、向善的生命力量。[1] 谈及教育的诗意,人们总会想到雅斯贝尔斯的一句名言,教育的本质意味着,"一棵树摇动另一棵树,一朵云推动另一朵云,一个灵魂唤醒另一个灵魂"。是的,这种充满诗意的表达充分体现了教育之情、教育之魂、教育之美。从诗情画意的角度看,教育活动不是冷冰冰的知识传授,而是师生之间心与心的交往,这个过程是充满艺术的,是充满美感的。从这个角度出发,学校的一切,包括其物质环境和精神世界,都应该是充满美感的。对于学校办学理念而言,我们希望通过充满诗情画意的表达,让师生在内心深处更加认同学校办学理念的表达,让师生感受到学校的温度和感情。而实现每一个美好的心愿,无疑就是这样一种充满诗意的表达,它让原本独立于师生内心世界的教育活动以一种特有的方式深入到师生内心世界,能够引发师生的情感共鸣,让师生真正感受到学校生活的美好。

三、育人目标的设计

"培养什么人""为谁培养人""怎样培养人"是教育的首要问题,这些首要问题的回答,对于学校而言,集中体现在育人目标的科学设计之上。从学校教育哲学的凝练看,当学校已经确定了自己的使命和愿景后,更为重要的是确立能使学校使命和发展定位成为现实的培养目标。培养目标是学校使命和发展定位的具体化,是学校在完成其使命和实现发展定位过程中的价值追求,反映了学校在一定时期内培养人才的方向和所要达到的素质水平,它直接影响一所学校的课程设置和育人模式。[2] 正是在这个意义上,我们认为,育人目标是学校教育哲学的核心与关键,是学校教育哲学能够从一种思想意识层面的存在走到实践领域的存在的重要过渡和桥梁。

在育贤小学看来,学校育人目标的设计要凸显两个方面的要求:其一,要体现国家层面的整体要求,将时代发展、民族复兴、国家富强对于人才培养的现实需要纳入学校

[1] 刘庆昌. 论教育的诗意与深刻[J]. 当代教育科学,2008,(23).
[2] 陈建华. 论学校教育哲学及其提炼策略[J]. 教育研究,2015,(10).

的人才培养整体设计之中,体现学校教育"为党育人,为国育才"的立场和使命。其二,要充分体现学校特色。当前,特色化发展正在成为学校整体改革发展中的一种重要战略思路,而学校的特色,最关键的体现就是学生的特色,要培养学生特色,首先在人才的培养目标设计上就要有特色。

在学校育人目标的设计上,育贤小学突出以"养贤明之德、育贤达之人"的办学宗旨,着力培育"明事理、爱学习、乐运动、会审美、勤实践"的现代小贤人。上述培养目标,综合而言,就是要"育现代小贤人"。这一培养目标的厘定不是偶然的,而是经历了反复的思考和论证。在多次的自我审视和专家引领中,我们认为"育现代小贤人"的培养目标是一种既符合教育发展潮流,又体现区域和学校独特文化的科学设计。

(一)"育现代小贤人"是对核心素养的呼应

核心素养是学生在接受相应学段的教育过程中,逐步形成的适应个人终生发展和社会发展需要的必备品格与关键能力。它是关于学生知识、技能、情感、态度、价值观等多方面要求的结合体;它指向过程,关注学生在其培养过程中的体悟,而非结果导向;同时,核心素养兼具稳定性与开放性、发展性,是一个伴随终身可持续发展、与时俱进的动态优化过程,是个体能够适应未来社会、促进终身学习、实现全面发展的基本保障。核心素养不仅能够促进个体发展,同时也有助于形成运行良好的社会。[1] 当前,全球化、现代化、信息化正在创造一个日益多样化和相互关联的知识经济时代,在机遇与挑战并存的背景下,各大国际组织从人才战略的高度相继开展并构建了核心素养的指标框架,以期回答"教育要培养什么样的人"这一重要问题。其中,最具国际影响力的经合组织(OECD)、欧盟(EU)和联合国教科文组织(UNESCO)分别构建了《成功生活和健全社会的核心素养指标框架》《终身学习核心素养:欧洲参考框架》《全球学习领域框架》三大核心素养指标框架(参见表1-1)。

---

[1] 林崇德.21世纪学生发展核心素养研究[M].北京:北京师范大学出版社,2016:29—30.

表 1-1 三大国际组织核心素养框架的指标分类 [1]

方面	维度	指标	指标描述	国际组织		
				OECD	EU	UNESCO
全面发展	品德素养	公民意识	具有行使公民权利的能力,道德判断和社会正义伦理的观念,保护权利和利益。	√	√	√
		尊重与包容	尊重、接纳、理解和关爱他人,具有同情心,能够理解、尊重和包容人与事物的差异性和多样性。	√	√	√
		环境意识与可持续发展思维	能够关心、理解自然与生态环境,具有可持续发展的未来观,理解未来社会是建立在生态、经济、社会文化可持续发展基础上的,具有环保与节约精神。			√
	学习素养	数学素养	能够理解数学概念,运用数学知识和数学思维解决日常生活中的各种问题。	√	√	√
		科学素养	具有科学精神,掌握科学知识,运用科学知识,确定问题和作出具有证据的结论。	√	√	√
		母语能力	通过听、说、读、写等形式,运用母语进行理解、表达、解释、互动等方面的能力,尤其是语言综合运用能力。	√		√
		外语能力	有效地运用外语进行交流、阅读和写作的能力。	√	√	
		学会学习	个人根据自身需要独立或与小组合作开展和组织自身学习的能力,以及方法与机会意识。	√	√	√
	身心素养	身体健康	具有健康的生活态度、生活方式和行为习惯,保持身体健康发展。具有安全意识,爱护自己。			√
		心理健康(自我管理)	自尊自爱,积极主动,能够恰当地管理自己的情绪和行为,养成自律、自省的习惯;能够坚强面对挫折,具有积极的情感体验。	√	√	√

---

[1] 林崇德. 21 世纪学生发展核心素养研究[M]. 北京:北京师范大学出版社,2016:19—20.

方面	维度	指标	指标描述	国际组织		
				OECD	EU	UNESCO
	审美素养	审美素养	能欣赏与享受艺术作品及表演,并借助与个人天赋相一致的手段来表现自己的艺术才华,愿意通过艺术上自我表达和对文化生活的持续兴趣来培养审美能力。		√	√
21世纪素养	非认知品质	沟通与交流能力	能够有效地与他人进行沟通与交流,与他人建立良好的关系。	√	√	√
		团队合作能力	能够与团队合作以完成共同目标,能够有效地管理与解决冲突。	√	√	√
		国际意识与全球化思维	能够积极理解和欣赏世界各地的历史文化;能够以开放的、多维的思维方式看待世界,具有全球视野。		√	
	认知品质	问题解决能力	合理地思考和分析问题,有效地按照问题解决步骤处理和解决问题。	√	√	√
		计划、组织与实施能力	在复杂的大环境中,基于目标进行规划与组织,并严格执行。	√	√	
		批判性思维	能够对各种问题、现象等进行反思和质疑,发现问题所在,具有批判精神和批判技能。	√	√	√
		创新素养	具有主动进取的探索精神和好奇心,能够提出和实施新的想法,具有创新和冒险精神。	√	√	√
		信息素养	能够运用信息通信技术有效地获取信息、分析和评估信息、应用信息等方面的能力;遵循信息获取和使用的道德或法律规范。	√	√	√

在借鉴国际社会核心素养框架体系的基础上,融入中国特有社会文化和基础教育改革与发展特殊性的思考,并基于大样本实证调查所获得的数据与结论,2016 年 9 月,《中国学生发展核心素养》总体框架正式发布。根据这一框架,学生发展核心素养,主要指学生应具备的,能够适应终身发展和社会发展需要的必备品格和关键能力。具

体而言,中国学生发展核心素养,以科学性、时代性和民族性为基本原则,以培养"全面发展的人"为核心,分为文化基础、自主发展、社会参与三个方面。综合表现为人文底蕴、科学精神、学会学习、健康生活、责任担当、实践创新六大素养,具体细化为国家认同等十八个基本要点。不论从国外看,还是从国内看,核心素养的概念一经提出,迅速成为引领课程教学和人才培养改革的重要价值导向,"素养"成为世界各国教育教学改革的热词。对于学校而言,要真正关照和落实核心素养,最为关键的就是在人才目标的设计中将核心素养的有关要求进行个性化表达,通过体现素养理念的人才培养目标设计引领学校整体课程教学改革。对照国际组织和社会的核心素养体系,学习、审美、实践、创造等,都是不同核心素养体系中的常见词汇,也构成了学生核心素养体系的关键内容;从中国学生核心素养体系来看,育贤小学人才培养目标设计中的"爱学习、乐运动"等要求对标核心素养体系中的文化基础内容;"勤实践"对标核心素养中的自主发展内容;"会审美"对标核心素养中的社会参与内容,可以说是以一种校本化的方式将核心素养进行落实落细,这有助于学校层面开展素养导向的课程教学变革,也使得育贤小学的人才培养目标设计能够紧跟国内外教育改革发展的整体潮流。

(二)"育现代小贤人"是对五育融合的落实

习近平总书记在全国教育大会上指出"要培养德智体美劳全面发展的社会主义建设者和接班人",首次对新时代培养什么样的人提出了明确的要求。从理念的层面看,"五育融合"蕴含了一种新的教育理念或育人理念,即"融合理念",它与"融合实践"一样,直指以往制约"育人质量"提升的主要瓶颈和难题,致力于打破"各育"之间的相互割裂、对立,甚至相互矛盾的状况。[1] 其所呼唤的不仅仅是独立优质的德育、智育、体育、美育和劳动教育,更是倡导一种系统性的育人思维。从实践的角度看,"五育融合"作为一种系统性的人才培养设计,首先也需要体现在人才培养目标的设计之上。从"五育融合"的视角审视育贤小学的人才培养目标设计,"明事理、爱学习、乐运动、会审美、勤实践"的现代小贤人,既全面包含了德育、智育、体育、美育、劳动教育等不同的

---

[1] 李政涛,文娟."五育融合"与新时代"教育新体系"的构建[J]. 中国电化教育,2020,(03).

内容,也能够将不同的教育类型通过人才培养的独特设计进行整合。比如"明事理",既包含了德育的内容,也包含了智育的要求;"勤实践",则将智育、美育、劳动教育等有机串联。从这个角度出发,"现代小贤人"必然是德智体美劳全面发展的人,在其培育的过程中,必然也蕴含着五育融合、系统育人的思维。因此,从某种意义上说,"育现代小贤人"是对五育融合新时代学校人才培养理念的落实,体现了国家层面对于教育改革和人才培养的整体性要求。

(三)"育现代小贤人"是对区域文化的尊重

学校的办学发展、人才培养不是孤立的,要植根于一定的区域之中,要从区域历史、文化中汲取办学的营养元素,让学校整体发展更具区域色彩,更"接地气"。根据《中国大百科全书》的解释,"区域"是指通过选择某个或某几个特定指标在地球表面划分出具有一定范围、连续而不分离的空间单位。区域强调地域的同质性和内聚力,也可理解成文化圈。[1] 在近年来的教育研究中,区域教育研究成为一种重要的路向,此类研究既讨论区域层面教育改革发展的经验凝练,也注重分析区域对于学校教育教学变革的需求和供给。应该指出的是,区域尽管是一个地理概念,但是不同区域因为不同文化的存在,它又能够以一种独特的方式影响该地区的教育、经济、人文。特别是对于学校而言,如果能够找到与区域历史文化相契合的人才培养和教育教学改革路径,不仅容易提高区域对于学校办学的认同度、接纳,也能够便于学校更好地从所在区域获取办学的资源,进而建构校内校外协同的现代学校治理体系。育贤小学地处奉贤区南桥镇,有着浓郁的历史文化。相传,在孔子弟子"七十二贤人"中排名第九的言偃,晚年回到家乡江南传道讲学,其最后一站即为奉贤古地,深受当地百姓尊崇。清雍正四年(1726年)奉贤设县时,为纪念这位人民崇奉的贤人,起名为"奉贤",为"敬奉贤人"之意。在中国文化里,"贤"是一个美好的词汇,包含着道德、知识、能力、文化等多方面要求。"贤人"更是中华文化中一种为人处世的至高至全的境界。所谓的贤人,就是有才有德的人,所爱好、厌恶的情感与人民完全相同,想要选择和舍弃的事物与人民完全一致。行事完全顺应天道、地道、人道客观规律,处理问题能够标本兼治,尤其注

---

[1] 华京生,华国栋. 区域教育研究的意义、特征和路径[J]. 教育研究,2009,(02).

意从根本上解决。所说的话能够作为天下人的行为准则,按照他说的话去做就能成功。身为平民时有志向、有抱负,身居高位时为人民造福,成为王侯将相时也不积攒财物。这样的人,被人们称作贤人。从"敬奉贤人"的地域文化出发,我们将学校人才培养目标定位为"育现代小贤人",这就很好地实现了区域文化与学校办学的整体对接,体现了学校的特色,也让区域文化更好地浸润学校发展。在具体的人才培养过程中,我们注重以"贤人"的标准引导和教育学生,从小就在他们的心灵中种下民族文化的认同和"求贤"的意识,从而保障育贤小学这样一所新建学校能够更好地在区域立足,为区域发展服务。

(四)"育现代小贤人"是对教育本源的追溯

人是教育的本源性问题。这里的人,应该是具体的人、现实的人、活生生的人。涵养具体的人的思维,关注具体的人的发展,是当今时代教育改革发展的重要价值取向。关注"具体的人"就是关注具体的人的生命,生命是人成长的动力,也是人精神升华的起点;[1]要把学生看作有血肉、有灵魂、有生命的独立存在,要坚持教育面向人人,关注每一个学生的独特成长需要。从当前的情况看,教育既要面向全体学生,也要关照每一个学生,这已经成为教育改革发展的趋势,在人才培养的实践中得到了前所未有的强调。促进每一个学生身心发展,满足每一个学生终身发展的需要,成为学校在设计人才培养目标中必须要考量的因素。从这个角度出发,"明事理、爱学习、乐运动、会审美、勤实践"的"现代小贤人",就是学校坚持教育面向人人,从具体的人的思维方式出发对未来社会人才培养的需求、标准进行的个性化设计,这种人才培养,既关注学生全面发展,又关注每一个具体的人,它不是一种精英教育,而是一种面向全体学生的旨在涵养其适应未来社会需求的普惠型教育,关注每一个人、尊重每一个人、发展每一个人、成就每一个人是"育现代小贤人"的内在价值与追求,也体现了学校在人才培养上对教育本源性问题的思考和尊重。

---

[1] 刘徐湘,胡弼成. 教育学中"具体的人"——现象学的视域[J]. 高等教育研究,2005,(03).

四、学校精神的共育

学校的教育哲学,本质上是学校的精神存在,它是涵盖学校办学理念、办学定位、育人目标等在内的一个整体。在具体的学校发展过程中,从上述核心内容出发,学校还可以围绕共同的精神价值进行进一步地挖掘和呈现,持续丰富学校的精神谱系和文化基因。

着眼于培养"现代小贤人"的目标,我们以"为了实现每一个孩子的美好心愿"为载体和理念,持续丰富学校的精神体系。开发了"三风一训"为重要表现形式的学校核心价值观。"一训"即学校的校训,具体表达为"明理 笃行";"三风"即"崇真崇信 致和致远"的校风,"修德修业 求实求新"的教风,"善学善思 自律自励"的学风。这"一训三风"是教育哲学的细化,也为学校师生的行为提供了更具实践价值的指导意义。

除了"一训三风",学校还充分征集师生的意见,集体创作了学校的校歌,让师生在日常的吟唱当中自然而然地理解和认同学校的文化,形成对学校精神价值的追随。

梦想启航

——上海市奉贤区育贤小学校歌

张开梦想的翅膀,追逐前行的方向,未来路上有你有我,童年生活充满阳光,
啊!五彩课程助我成长,啊!美丽校园是我的家。
明明和达达伴我左右,校园生活多姿多彩。
育贤,育贤,梦想的家园
养贤明之德,育贤达之人,
让美好的梦想启航,让美好的梦想启航,
朝着成功的方向!
探索知识的宇宙,成就美好的心愿,用我坚强的臂膀,托起明天的太阳,
啊!五彩课程助我成长,啊!美丽校园是我的家。
明明和达达伴我左右,校园生活多姿多彩。
育贤,育贤,梦想的家园

明理成事，笃志成贤，

让美好的梦想启航，让美好的梦想启航，

朝着成功的方向！

回溯学校一系列教育哲学精神的凝练，我们在欣慰这种精神体系的个性化、特色化和系统化的同时，更能够感受到在这种精神凝练过程中我们的思考和行动。这种思考和行动，是一种现代学校治理理念下的学校管理者和师生的系统联动，是多元主体共同参与的实践成效。

（一）注重校长的引领价值

校长是学校办学发展的核心人物，对学校整体变革起着重要的引领作用。校长对学校的引领，首先应该是思想层面的引领，这意味着新时代的中小学校长不仅要成为卓有成效的实践者，更要做有思想的实践者。尽管我们一直强调，学校的办学思想，学校的教育哲学，不是校长个人的思想和哲学，但是我们也不能否定，在学校教育哲学的厘定过程中，校长"自上而下"的引领价值是不可忽视的。校长只有自己先想清楚学校是什么，学校要达到怎样的目标，学校要遵循怎样的发展理念和发展思路，对学校整体改革发展形成个性化的顶层设计，将个人对于教育的理解有效融入学校发展的整体设计之中，才能够为学校教育哲学的凝练提供一个雏形。在此基础上，引领师生共同参与讨论，这种教育哲学的凝练才是有效率有价值的。从这个角度上说，学校教育哲学的凝练，一方面强调校长自己的独立思考和设计，发挥校长对于学校发展的思想引领价值，另一方面强调把校长个人的办学思想和学校共同体成员的教育观念整合成一所学校共同的教育信仰，校长在它的形成过程中起着"自上而下"的引领作用。

在办学治校的过程中，我一直认为，校长与学校精神和价值观的凝练是一种若即若离的状态。"若即"就是校长必须要有自己的思想，校长的思想在很大程度上是学校精神哲学的原始状态和关键内容，比如在学校"为了实现每一个孩子的美好心愿"的办学理念凝练中，关于美好心愿的概念表达，就是我作为校长首先提出的，这其中体现了我对于学校、对于教育的理解和感悟；"若离"就是学校的办学思想、办学理念不能成为校长一个人思考的过程，要尽可能让师生参与进来，特别是在办学理念的具体表达上，既要发挥校长的引领价值，也要凝结师生的集体智慧。从某种程度上说，育贤小学的系统的教育哲学凝练，是在我作为校长的引领下，全体师生共同参与的结果。

四年前，我曾有机会作为学校管理者到上海市静安区教育学院附属学校（以下简称静教院附校或者附校）学习考察。在这所沪上名校，我不仅能够真切体会到优质的课堂、教学和管理，体会到一种积极向上、不断进取的学校文化，更为重要的是，我深刻认识到学校"遵循学生的认知规律，让学生成为健康的自然人；遵循学生的发展规律，让学生成为适合未来的社会人"的办学理念是深植于教师头脑的，并且已经成为教师恪守的教育信条。这其中固然有学校深厚的办学底蕴，但是与校长张人利的卓越领导也密切相关。在这次学习交流中，我加深了作为学校管理者与学校办学理念之间关系的认识和感悟，也推动了我在育贤小学的实践中感悟和行动。下文就是我在静教院附校学习考察中形成的感悟：

一所学校，是否需要办学理念？有人说，学校的办学理念应该是大学校和名校的事，至于小学校一般学校甚至薄弱学校就不需要办学理念，因为大学校和名校是领头羊，其他学校只需跟着学习就可以了。也有人说国家的教育方针及随教育形势发展国家提出的"以人为本""培养学生终身学习兴趣和能力"等就是学校的办学理念，作为校长只需落实就行。我在静教院附校学习之后，特别是聆听张人利校长的报告后，对这个问题有了新认识。

首先，作为校长必须有切合学校实际的办学理念。张校长在承办附校的几年中，先后提出"最佳发展期""绿色升学率"等理念，张校长认为办学理念是一所学校的灵魂，是学校发展的行动指南，也是学校有别于他校的特色。如果没有理念，学校、教师、学生就有可能陷入平庸，不能适应教育形势，更谈不上可持续发展。

其次，校长怎样形成办学理念。产生办学理念有两种途径。一种是演绎，校长向书本学习，向他校学习，贯彻教育方针和国家办学理念形成学校的办学理念，理念的演绎是从理论到理论，从书到书，很可能脱离学校的实际，很可能变成一句口号。另一种是归纳，关注自己学校、教师、学生，产生问题，通过思考，利用集体智慧，在实践中不断发展和完善而逐渐形成的，这样来自学校的理念容易引起师生的共鸣，促进学校的发展。张校长提出"最佳发展期"的理念过程与他善于观察思考和实践是分不开的。张校长长期教高中物理，观察到对于力学知识，高一学生有不少掌握不好，到高三时绝大多数学生未经复习却已掌握。张校长经常出国考察教育,发现很多国家是初二学化学,初三开始学物理,问原因,他们认为物理比化学更抽象。联想到我国是初二甚至初一开始学物理,初三学化学,也问原因,理由是初中物理内容多,所以提前一点学。张校长就在思考,学习知识是否有最佳时期呢?教育提倡以人为本,最佳发展期是否是以人为本的体现呢?经过较长时间的观察思考,张校长提出"最佳发展期"的办学理念。又如学校要生存发展必须要升学率,但不少学校不少教师通过加班加点来提高升学率,牺牲学生的生活质量和学习兴趣。张校长依据科学发展观主张的可持续发展、绿色、环保的理念,经过思考,提出"绿色升学率"的理念。

最后,理念要能够指导教育实践。理念不指导教育实践,就变成一句空话。以"最佳发展期"理念为例,恰逢上海市第二期课改,张校长有了"最佳发展期"理念,要在实践中检验、探索,必须有切实可行的行动方案。第一,《附校课程设置方案》所提出的办学目标强调以学生发展为本,培养学生具有开拓、创新精神及可持续发展的能力,为高一级学校和社会培养全面发展、素质良好、拥有特长的人才,力争在两三年内办出学校特色,使附校成为本地区最受欢迎的学校之一,成为全区示范性的学校。关于学校办学目标特色的决策,是在对附校周边的居民进行调查的基础上,考虑到时代与社会发展,尤其是上海国际化大都市建设的需求确定的。经过调查发现,特色学科需求排在前三位的依次为外语、计算机和数学。经过反复讨论,最后决定以外语为特色,同时注重计算机和数学教学,将附校办成实施素质教育的实验基地,区教育学院对附校的教育、教学进行指导、监控和考核。第二,附校的课程设置以《上海市全日制九年一贯制义务教育课程》为基础,同时根据学生、家长的需求,根据学生的最佳发展期和认知规律,以市课改办颁布的课程设置标准为基础进行一些调整,将形象思维比较强的外语、语文等学科重心"下"移,从小学一年级起开设外语、计算机,语文增加识字量,扩大阅读面。抽象思维比较强的数学重心往"上"移,二年级起正式开设数学,加强外语、计算机与数学教学。开发与实施拓展型课程,初中阶段开发了 65 种拓展型活动课,小学阶段开发了 41 种拓展型活动课;开发与实施探究型课程,开发与实施 IT 课程系列,研究与开发"做中学"的主题和内容系列。《附校课程设置方案》就各学科、各年级的教学目标、教学内容与要求、教材选用与教学方法以及配套措施等进行了规定。

而对于教学活动,则提出紧紧抓住学生的最佳发展期,在提高教学质量上下功夫。第三,加强教师队伍建设。要将理念变成教学行为,必须加强师资队伍建设。当时区教育局解决附校流出的干部,不解决附校要求流出的教师,不准在本区中、小学"挖"干部和教师,自己解决流入问题。附校抓住机遇,从四个方面打造干部、教师队伍:"建立岗位能上能下,待遇能高能低"的干部任用机制,尤其重视对青年干部的大胆选用及后备干部的培养,实行干部聘用公平竞争上岗;优化组合原有教师队伍;高起点引进应届高校毕业生,高标准要求,进行高强度、个性化培训,使青年教师跨越式发展;教院和附校之间实行"双通道"用人模式,教院和附校之间人员交错使用,通过适度流动、在实践中锻炼成长,打造一支相对稳定、质量过硬的干部、教师队伍。

时间流逝,经过静教院附校校长和教师的努力奋斗,静教院附校由出名的薄弱学校变成知名名校,我认为校长的办学理念在学校的发展中起了决定性的作用。

(二) 引领师生的积极参与

学校教育哲学的凝练既需要学校管理者的独特智慧的引领,也需要全体教师、学生的共同参与,师生的智慧与努力是学校教育哲学科学性、普适性的重要基础,也是这种教育哲学能够真正深入师生内心世界的重要前提和保障。对于学校而言,要让师生参与学校教育哲学的凝练,就要通过制度性的设计保障师生的学校治理参与权。

一方面,要凸显以学生发展为本的理念,保障学生参与学校改革发展的权利。长期以来,由于认知的偏差,学生的建议意见往往被排除在学校管理的思维范式之外,正如著名教育学者富兰强调的,"学生往往在革新中被彻底遗忘。当成人在考虑学生时,往往把他们作为变革的潜在受益者。他们想到的是成绩结果、技能、态度和工作。他们很少想到把学生作为变革过程和组织生活的参与者"。[1] 实际上,"学生是受教育者,是教育的对象,他们在教育改革中理应以自己独特的方式参与"。[2] 在学校教育哲学的精炼过程中,要多多听取学生意见,把学生的思想和诉求体现到学校教育哲学

---

[1] 迈克尔·富兰.教育变革新意义[M].赵中建,陈霞,李敏,译.北京:教育科学出版社,2005:117.

[2] 阎亚军.论学生参与教育改革[J].中国教育学刊,2019,(02).

的表达体系之中,特别是对于人才培养目标的厘定,学校学风、教风和校训设计等,要凸显学生的主体地位,吸收借鉴学生的智慧,让以学生为本的理念从学校的思想建设和顶层设计中就开始得到体现。

另一方面,要在教育哲学的凝练中释放教师的主体价值。教育对人的本质的追求,既体现在对学生生命成长的促成之上,也体现在对教师教育改革和学校发展主体价值的释放之上。近年来,"随着新公共管理对参与决策思想的倡导以及批判理论对个人自我解放、反对霸权的呼吁,参与决策权成为各个领域人们争取权力、参与管理的一种手段".[1] 在教育领域,自20世纪80年代开始,对于教师的赋能增权成为教师专业发展研究的重要问题域,同时,为教师赋能增权也被视作是推动教育变革、实现学校教育重建的重要手段。在这一系列改革运动中,教师赋能增权应该成为教育改革特别是学校重建中的一个重要组成部分而不是一个单独的工作成为一种共识,[2]要想使学校改革和重建获得成功,就不能仅仅对学校进行改革,教师必须成为学校决策的重要组成部分。[3] 在这样的理论支持和实践探索中,学校管理者开始普遍重视通过制度的设计和路径的创新来吸引教师参与学校管理,利用教师的集体智慧促进学校改革发展。近年来,随着现代学校治理理念的提出,教师参与治理问题再一次成为研究的热点,大量研究认为,完善学校治理结构,提高学校治理能力,"需要确立教师在学校治理中的主体地位,发挥教师在学校治理中的'权力分享''权力监督'和'责任共担'作用,这是时代使命,更是实践所需"[4]。在这样的情况下,学校开始普遍重视思考和探索制约教师参与学校治理的内外部因素,并希望通过教师治理意愿的提升和教师治理能力的拓展让教师深度参与学校管理与发展的过程。应该指出的是,教师参与学校治理,既是一种实践性的行为,体现在课程、教学、管理、文化、服务等实践领域;也是一种思想性的行为,体现在学校教育哲学的凝练过程中。从这个角度出发,学校教育哲学应该重视吸收学校共同体成员的教育智慧,它是对学校教师的教育观念进行哲学分

[1] 朱旭东. 教师专业发展的理论研究[M]. 北京:北京师范大学出版社,2018:166—168.

[2] Marks, H. M. & Louis, K. S. Teacher Empowerment and the Capacity for Organizational Leaning [J]. Educational Administration Quarterly, 1999,(05).

[3] Klecker, B. J. & Loadman, W. E. Defining and measuring the dimensions of teacher empowerment in restructuring public schools [J]. Education, 1988,(03).

[4] 魏叶美. 教师参与学校治理研究[D]. 上海:华东师范大学,2018:1.

析、过滤和筛选的结果。当然，并非任何一位学校共同体成员的教育观念，或者说教师个体的教育哲学，都必然反映到学校教育哲学之中，它既尊重差异，又追求共识。它要求梳理学校共同体成员各自的想法和意见，求同存异，在关键教育理念上体现一致性和统一性。[1] 对于学校而言，除了将教师的思想纳入到学校教育哲学的凝练过程中之外，还需要通过日常事件中的引导、感悟和讨论，让学校的教育哲学真正成为师生内心的价值认同，外在的教育哲学只有深入教师的内心世界，才能够发挥出巨大的激励和导向价值，才是真正有价值的教育哲学。

作为一所新建学校，如何让所有的师生都能够理解和认同学校的核心价值，特别是学校的办学理念，我的做法是让师生结合具体的体验进行讨论，通过反思日记、集体研讨等方式，让办学理念不断内化，成为师生共同的精神坚守。特别是在学校初创时期，师生们在筚路蓝缕的创业中更加懂得了呵护和实现每一个孩子美好心愿的价值与真谛。下文是我校一位教师撰写的感悟，这篇感悟表现了教师如何在实践中体会和认同学校办学理念的，这实际上也是育贤小学在学校教育哲学凝练过程中的特色性做法，这种经验确保了学校教育哲学真正从师生中来，又真正回到师生的内心世界。

为了心愿

2014年11月初，怀揣着好奇、期待的心情，我随顾校长来到环城西路上一片扎满脚手架的工地。工地上一派繁忙，工人师傅们用力呼喝的号子声，空气中混杂的尘土味道让我觉得脚下的土地火热而充满激情，瞬间驱赶走了深秋的凉意。恰如即将破土的幼苗，充满着生的力量。那是我第一次踏上"育贤"的土地，自此以后，我便和这里的一砖一瓦、一草一木，结下了不解之缘。于是，我们的故事就从一双高跟鞋开始了。

【一双高跟鞋】

当时正在初建的学校，到处是钢筋水泥，没有办公地点。我和校长便手拿图纸和卷尺，穿梭于正在施工的每一个角落。现场各种机器的轰鸣嘈杂声中，"哒哒哒"，我们高跟鞋走过的声音也日复一日地响着，风雨无阻，从未停歇。我们用双脚丈量着脚下的土地，追逐着心中的梦想。心愿大厅如何设计，教室、专用室如何

---

[1] 陈建华. 论学校教育哲学及其提炼策略[J]. 教育研究，2015，(10).

安排,中庭如何布局,我们一遍遍测量、一遍遍勘察,一走就是几个小时,穿着高跟鞋的脚又痛又酸,就这样历经无数次,最终我们有了颇具特色又美丽大方的心愿大厅,安排合理且设备完善的各种专用室……

到了挑选楼道墙砖的时候,为了学校整体色调和谐统一,我们反复对比商讨,决定使用蓝色和紫色的墙砖,但是因为成本等各种问题,建筑方建议使用普通墙砖,可我们却坚持我们的意见,双方迟迟僵持不下。成本太高,那我们就去寻找合适的厂家定制。于是,校长便带着我,拿着色卡,踏上了这条执着之路,"哒哒哒""哒哒哒",在几乎跑遍了全上海所有的建材市场、找遍了所有门店的墙砖后,终于,功夫不负有心人,我们找到了一家符合要求的厂商烧制。就这样,我们如愿拥有了"育贤"特色的紫色和蓝色墙砖。

长时间在工地奔波,终于有一天,高跟鞋踩坏了,鞋虽然坏了,但是它走遍了学校的每一个角角落落,见证了学校从无到有、从有到精的每一个过程。

这一路,我们勇往直前、披荆斩棘,只为对心中那个美好的心愿的笃信。

【一张餐巾纸】

学校主体建筑逐渐在完善,同时学校的视觉识别(Ⅵ)设计也在紧张有序地进行着。这个过程中,徽标(logo)的设计过程让人尤其难忘。

很早以前,对于徽标(logo)的设计,校长就已经初具想法,在进行交流探讨后,按照这个思路,我和设计师进行了多轮对接。可是设计了几十稿,都达不到我们预想的效果。眼看着开学时间越来越近,徽标(logo)方案必须马上敲定!于是,在一个周六的下午,我和顾校长、张菊英老师、钱莉莉老师、季锦华老师等在工地加完班一起用餐的时候,大家又习惯性地讨论起了徽标(logo)的设计。

"整体线条应该流畅些,要呈现出蓬勃向上的感觉。"

"加入剪影的元素是不是更好些?"

……

就这样,大家各抒己见,热烈地讨论起来。最终,当所有人统一了观点,思路都聚焦到同一个点的时候,徽标(logo)设计方案呼之欲出。可是手里没有笔也没有纸,情急之下,校长随手抄起一张餐巾纸,拿起点餐的水笔,行云流水地画了起来。现场静悄悄的,大家都屏住呼吸聚精会神地看着校长画出的每一笔,焦急地等待着,快了,快了,我们理想中的徽标(logo)马上就要成型了!终于,最后一笔勾勒完毕,看着在餐巾纸上创作完成的徽标(logo)时,大家情不自禁纷纷鼓掌称是,是的,这就是我们想要的效果!整体形态像一朵含苞待放的玉兰花,预示着学校将在奉贤教育的蓝天下蓬勃向上,花香四溢。

于是,在一张普普通通的餐巾纸上,徽标(logo)诞生了。

这一路,我们凝心聚力、坚持不懈,只为对心中那个美好心愿的守望。

【一杯清茶水】

办学理念已经确立,可是校风、教风、学风、校训这些纲领性的内容还没有明确。为了仔细推敲这些,我们开展了一场高质量的头脑风暴。

一个周六下午,校长带着钱老师、张老师和我驱车来到召稼楼与学校顾问张校长碰面。在一家茶楼的小隔断里,我们一人一本笔记本,一人一杯清茶水,围坐在一起开始了思维的碰撞。

那个天气微热的下午,小茶楼里空气里夹杂着淡淡的湿气,大家眉头微锁,空气弥漫着紧张的气氛。每个人的思绪在高速运转,为了"三风一训"绞尽脑汁。

"校训是一所学校的灵魂,是人文精神的高度凝练。"

"读书为明理,明理即修身,修身为做人。明理作为校训可好?"

就这样,我们反复推敲,精打细磨,经过一个下午的激烈讨论,学校的"三风一训"终于确定了,即:

校训:明理　笃行

校风:崇真　崇信　致和　致远

教风:修德　修业　求实　求新

学风:善学　善思　自律　自励

一瞬间,大家长舒一口气,眉头终于舒展开来,这时候才发现我们讨论得如此激烈,摆在我们面前的茶水竟然动也没动。大家会心一笑,纷纷端起茶杯,哈!那一杯清茶水无比香甜。

2015年9月1日,那个难忘的日子,在学校落成典礼上,我站在报告厅最后一排,端着相机,想把这成功的一刻定格。看着眼前的盛况,感受着周遭的喜悦,回想起创办过程中艰辛的点点滴滴,泪水不禁从脸庞划过。这泪水中,有对过往艰难困苦的挥别与感怀,有对当前美丽校园的激动和雀跃,更有对未来蓬勃发展的憧憬与期待。

这一路,我们意气风发、斗志昂扬,只为对心中那个美好心愿的执着。

【一个行政组】

伴随着学校的落成,育贤小学行政组也应运而生。作为学校的管理团队,我们每个人都以高度的主人翁责任、卓越的劳动创造、忘我的拼搏奉献为学校建设贡献着自己的力量。

工作中,我们携手并肩,精诚团结,补台不拆台;生活中,我们相亲相爱,情同手足,交心不多心。在各自的管理岗位上,我们不断总结,积极反思,敢于否定,勇于创新,努力成为能独当一面的智慧型管理者。五年来,学校承办的活动不计其数,每当任务来临,我们都相互扶持、齐心协作,因为我们坚信:有梦想,有奋斗,一切美妙的事物都能创造;有韧性,有干劲,一切美好的愿望都能实现。

9个人,三室三部,所有成员思想合心、工作合力、行动合拍,我们时刻铭记"想明白、说清楚、做到位"的工作要求,用心呈现精美的校园文化,用情打造精致的课堂教学,用智实现精细的学校管理,只为将学校建设成环境优美的温馨家园、快乐学习的启智学园、尽情体验的成长乐园、全面发展的五彩校园。

一分耕耘一分收获,辛勤的汗水最终换来收获的喜悦:五年来,在行政组的带领下,学校相继获得了全国"校园足球特色校"、市安全文明校园、市经典诵读"十佳特色学校"、市"家庭示范教育示范校"、区"和润教育发展奖"、区文明校园、区信息化优秀校等诸多荣誉;团队成员也先后在各项评选中荣获区优秀骨干校长、区学科名师、区优秀骨干教师、区优秀青年教师、区园丁奖、区师德先进个人等荣誉称号……

一个忙碌的团队,一个温馨的集体,不同的性格却有共同的信念,不同的年龄却有着共同的心愿。

这一路,我们乘风破浪、扬帆起航,只为对心中那个美好心愿的坚守。

为了心愿,一双高跟鞋下见证了先锋的奋进与奉献;

为了心愿,一张餐巾纸上描绘了团队的智慧与激情;

为了心愿,一杯清茶水里孕育出育贤的根基与灵魂;

为了心愿,一个行政组中抒写着教育的情怀与执念。

其实，与上文类似的这种感悟还有很多，作为校长，我能够从教师们的文字中读出他们对于这所新建学校的感情，读出他们对于孩子深深的爱。我想，这种感情，一方面是源于他们作为教师自身的教育情怀和道德涵养，另一方面也一定与学校的办学理念和其他共性的价值追求密切相关。由此，从学校治理的角度看，如何通过合理的方式建构学校的精神图谱，这一定是首位的任务，这种理念不仅是文化的表达，更应该成为师生的行动指南。

育贤办学理念生成之道

办学理念是学校价值观的核心体现，透过育贤小学以办学理念为核心的学校教育哲学构建的过程和成效，可以凝练成以下四个方面的学校办学理念生成之道。

其一，注重办学理念的基础性。所谓基础性，就是要认识到办学理念的凝练对于学校改革发展，特别是一所新学校的改革发展而言，是具有重要的基础性价值的。要新办一所学校，要凝聚学校发展的精神力量，首先就要在办学理念的凝练上下功夫。

其二，注重办学理念的共享性。所谓共享性，就是不能把办学理念的凝练作为校长个人的工作。对于学校发展而言，校长的思想固然是重要的，但是要发挥办学理念对于学校整体改革发展的引领价值，就要在凝练办学理念的过程中充分吸收教师、学生、家长和其他教育利益相关者的意见，让学校的核心价值成为多方认同的表达。只有如此，才能更好地凝聚师生的精气神，让办学理念成为师生行动的精神引领，也让办学理念不至于只是空洞的口号和贴在墙上的文字，而真正外化为师生的言行。

其三，注重办学理念的科学性。所谓科学性，就是要让学校的办学理念符合党和国家的教育改革与发展政策，符合教育教学的基本规律，符合区域文化特质，符合学校师生的成长需要。既落实国家要求，又凸显学校个性化的表达，这是学校办学理念科学性的核心要素。

其四，注重办学理念的系统性。所谓系统性，就是要从学校精神哲学的高度建构系统性的学校教育信仰，让学校的办学定位、培养目标、教师发展目标、"三风一训"等成为学校办学理念的重要载体，让学校的独特精神文化浸润每一个角落，滋养每一个心灵。

第二章

课程与教学——锚定学校治理的关键元素

【校长的思考】课程与教学是教育的核心构成,课程与教学论学科的研究发展水平、课程与教学的实践水平都将会直接影响教育教学的质量。从学校治理的角度看,课程和教学的有效治理和系统性变革创新,应该是学校整体治理体系和治理能力现代化建设的核心元素。作为一所新办学校,育贤小学在凝聚师生集体智慧的基础上形成了"为了实现每一个孩子的美好心愿"的办学理念,而要让这种理念成为现实,必须要依靠科学、丰富而又具有学校特质的课程体系,需要彰显现代教育理念的教学变革。"双减""双新"政策的实施,对新形势下的校长课程教学领导力提出了新要求。因此,作为校长,如何从学校独特的办学理念和人才培养目标出发,在不折不扣落实国家课程的基础上,建构具有学校特质的课程体系,持续不断推进教学改革,实现课程教学的提质增效,这不仅是校长专业素养的重要体现,也是学校治理格局持续优化的内在要求。

从世界和我国基础教育改革发展的整体趋势看,对于课程与教学领域研究和实践的关注始终是推动教育教学变革的核心领域和抓手。[1]当前,我国经济社会发展进入新时代,如何立足于新时代的教育改革发展整体背景,落实立德树人的教育根本任务,持续推动课程与教学的研究和实践,这是摆在每一个教育研究者和实践者面前的重要问题。要化解这一问题,一方面,需要强化课程与教学的整体设计与实施,围绕核心素养深化课程与教学改革,将中国传统文化植入课程与教学当中,积极利用现代科学技术实现信息技术与课程教学的深度融合,构建课程与教学的制度保障体系;另一方面,需要在不断凝练本土智慧和中国经验的过程中,形成具有中国特色的课程与教学话语体系,在世界教育舞台上不断发出中国的声音。[2]

应该指出的是,随着课程教学改革的深入,课程权利的分配问题越来越成为一个颇受关注的问题,"对由谁来做出课程决策的关心常常超过了对教什么的关心",[3]在这一过程中,课程共有成为一种愈加流行的课程治理范式。[4]伴随着这样的变革进程,学校、教师与课程之间的关系发生了革命性的重塑:学校和教师是作为课程的重要权利方参与课程治理的,他们需要发挥课程治理的自觉性和主动性,在课程的建构、实施和评价中发挥主体价值。在这样的情况下,可以认为课程治理已经成为现代学校治理的重要组成部分,以现代教育和学校治理的理念为引领,突出学校教育的立德树

[1]钟勇为,王木林.中国课程与教学论百年发展回顾与展望[J].现代大学教育,2021,(02).

[2]张家军.新时代课程与教学研究的主要议题[J].天津师范大学学报(基础教育版),2021,(02).

[3]江山野.简明国际教育百科全书·课程[M].北京:教育科学出版社,1991:80.

[4]胡东芳.课程共有:一种新的课程权力分配方式[J].当代教育科学,2004,(06).

人导向,在整合校内外资源的基础上建构一种多元主体共同参与的学校课程治理体系,推动学校课程在理念、内容、实施、评价上的科学化、现代化和特色化建设,这是课程治理的重要内容,也是学校实现教育治理体系和治理能力现代化建设的核心领域。

2015 年,我们踏上了"育贤"的创办之路。筹建之初,一个个问题呈现在我们眼前:我们要办一所什么样的学校?我们要给孩子带来什么样的教育?我们要为社会培育什么样的人才?这一系列问题时时叩击着我们的心田。如何规划学校蓝图?如何描绘学校愿景?如何确立教育目标?我们一次次切磋商讨,一次次推敲论证,一次次听取专家意见,达成共识:呵护每一个孩子的美好梦想,实现每一个孩子的美好心愿,应当成为我们共同的教育目标。基于此,学校确立了"为了实现每一个孩子的美好心愿"的办学理念。但是,办学理念不能仅仅是一句口号,办什么样的教育,培养什么样的人,就要提供什么样的课程。我们认为,要实现学生的美好心愿,要培养现代小贤人,就要从"养贤人之德、修贤人之才、增贤人之慧、健贤人之体、习贤人之艺、强贤人之能"的整体角度建构学校课程,实现学生德智体美劳全面发展,实现校内教育和校外教育、课堂教育和课后教育、静态学习和动态实践之间的良好关联,以特色化的"心愿课程"建构为载体,持续推动课程教学变革,优化课程教学治理,夯实高质量学校人才培养体系的建设基础。

一、"承载心愿"的课程体系建构

从育贤小学成立之初,我们就把"心愿"两个字深刻在办学治校的精神基因之中,对于学校管理者和师生而言,学校发展的过程,实际上就是美好心愿的达成之旅,这一整体性的美好设计也必然体现在学校课程建设和教学改革之上。

(一)"心愿"课程哲学的厘定

课程哲学问题是课程与教学理论研究的重要范畴。初始的研究中,人们更多的是从哲学基本思想理论出发,探究课程在建构实施过程中所应该体现和遵循的哲学基础。晚近的研究中,研究者则尝试将课程哲学作为一个系统性概念,探究课程在建设、实施和评价过程中体现出来的哲学思想、价值理念和品性追求。对于学校而言,课程哲学的追求和塑造,主要是基于后一维度的思考,即从学校整体的教育哲学,特别是从学校的办学理念和育人目标出发,明晰学校在课程建设领域所追求和体现的价值理念。从理论上看,每一项课程决策背后,都有其公开或隐藏的哲学思想基础。在快速变革的社会,面对多元复杂的课程思想冲突,课程决策更需要课程哲学思考为其提供正确的行动方向,[1]由此,对于学校而言,课程哲学的厘定是有效课程建设和治理的基础性工作,对整个课程建设能够起到宏观的引领价值。

育贤小学以"心愿教育"为教育哲学,关注每一个学生的成长需求,成就每一个孩子的美好心愿,以"小心愿课程"为引擎,助推学校的可持续发展。"我有一个美好的心愿"是学生理想教育的起步,我们以此为教育信条。

我们坚信,教育是心愿的事业;

我们坚信,学校是心愿生长的地方;

我们坚信,每一个孩子都拥有美好心愿;

我们坚信,每一个心愿都是那么的烂漫与纯粹;

我们坚信,帮助每一个孩子实现心愿是教师的幸福所在!

课程理念是学校课程哲学的核心体现,解决的是课程在建设、实施和评价上的核心价值与导向问题。基于"为了实现每一个孩子的美好心愿"的办学理念,我们确立这样的课程理念——我有一个小小心愿,学校课程承载和满足我的小小心愿。这意味着:

课程即情绪的满足——课程是带着情感的知识,馥郁芬芳、甘美甜润,满足了学生对未知的探索、对自我的认识、对成长的需求和对心愿的实现。

课程即心灵的释放——课程活跃学生的心灵,释放学生的情感,在课程的实施过程中充实学生的人生之旅,课程的旨趣就在于:让心愿生长。

课程即生命的"微体验"——课程不是抽象的宏大结构或伟大叙事,而是点点滴滴的实践体验与内在成长,它是追逐心愿、实现心愿的生命旅程。

---

[1] Ornstein A C. Philosophy as a basis for curriculum decisions [M]. Ornstein A C, Pajak E F, Ornstein S B. Contemporary issues in curriculum (5th ed). Upper Saddle River, NJ: Pearson Education, Inc, 2011:20.

(二)"心愿"课程目标的设计

任何课程改革都要围绕立德树人的教育根本任务进行建构。课程育人是当代课程与教学共同关注的时代教育改革论题,因而,学校在进行课程哲学的厘定过程中,必然应该将育人目标的整体设计与学校课程建设进行有机融合,建构与学校整体育人目标相统一的课程目标体系。

从学校育人目标出发,育贤小学将"人的培养"与"心愿的达成"在课程目标建构的实践范畴中进行整合,提出"明事理,种心愿;爱学习,长心愿;乐运动,强心愿;会审美,亮心愿;勤实践,圆心愿"的整体设计,以培养德智体美劳全面发展的"心愿少年"作为课程建构和实施的重要价值指向。考虑到学生成长的阶段性特征,我们把"明事理,种心愿;爱学习,长心愿;乐运动,强心愿;会审美,亮心愿;勤实践,圆心愿"这五个育人目标进行细化,结合学生年龄差异,划分为低中高三个阶段的课程目标,建构了既与学校整体育人目标相统一,又充分体现学校课程建设特色的"心愿"课程目标体系(参见表2-1)。

表2-1 育贤小学"心愿"课程目标体系

课程目标维度	低年级	中年级	高年级
明事理 种心愿	1. 遵守纪律,讲文明 2. 亲近同伴,懂礼貌 3. 愿意分享,乐助人 4. 乐于沟通,会合作	1. 明辨是非,会谦让 2. 知晓礼仪,乐表达 3. 承担责任,讲卫生 4. 学会沟通,善合作	1. 孝敬父母,亲师友 2. 懂得感恩,能包容 3. 敢于担当,善纳新 4. 树立理想,明事理
爱学习 长心愿	1. 养好习惯,乐学习 2. 学会倾听,敢提问 3. 喜爱阅读,乐分享 4. 乐于交流,会合作	1. 养好习惯,会学习 2. 认真倾听,善思考 3. 热爱阅读,会质疑 4. 善于表达,善合作	1. 养好习惯,善学习 2. 兴趣浓厚,有计划 3. 坚持阅读,有观点 4. 乐于实践,会探究
乐运动 强心愿	1. 喜欢运动,有交流 2. 参与游戏,学技能 3. 认真聆听,懂规则 4. 养成习惯,乐助人	1. 善于运动,会合作 2. 学会技能,有特长 3. 认真观察,会模仿 4. 养成习惯,悦身心	1. 积极运动,能探究 2. 展示特长,乐分享 3. 认真思考,学创编 4. 养成习惯,强意志
会审美 亮心愿	1. 参与活动,会感受 2. 体验乐趣,会观察 3. 激发兴趣,讲合作 4. 发展个性,善表达	1. 勤于实践,会欣赏 2. 自主参与,会想象 3. 养成兴趣,能探究 4. 陶冶性情,爱生活	1. 拓展视野,会鉴别 2. 形成素养,有特长 3. 勇于创新,乐展示 4. 完善人格,会审美

课程目标维度	低年级	中年级	高年级
勤实践 圆心愿	1. 学做家务，会自理 2. 参与劳动，养习惯 3. 做好值日，能负责 4. 热爱劳动，强意识	1. 帮助同伴，能合作 2. 发现问题，会思考 3. 站好岗位，有担当 4. 热爱集体，添荣誉	1. 服务社会，能自立 2. 体验过程，乐参与 3. 公益劳动，乐服务 4. 悦纳自己，圆心愿

(三)"心愿"课程体系的建构

对于学校的课程治理而言，首先要解决本体论的问题。本体论是对世界(存在)的基本规定性进行追问的论道之学，目的在于从终极的意义上回答我们所在的世界是何以可能的问题。[1]就学校层面的课程治理而言，本体论所要解决的问题是学校课程是一种怎样的存在，课程何以存在以及如何变化，[2]这些问题落实到实践领域，首先要解决的问题就是以怎样的结构和逻辑将学校课程进行系统化的设计和整合，换言之，学校课程治理的本体论问题，首先体现在学校课程结构和体系的科学架设之上。

课程具有重要的育人价值，但是课程育人价值的彰显往往不能靠单一哪一门的课程来实现，从整体的视角建构课程，发挥课程育人的集群效应是学校课程体系建设的应然路径。从这个角度出发，我国中小学课程改革正逐步从零散的课程建设向整体的课程体系建构发展，从课程分隔式育人向课程整体性育人发展。[3]育贤小学也正是基于这样的整体性理念，从课程结构和课程体系两个维度扎实推进"心愿"课程建设，让"心愿"课程更好地发挥人才培养的整体性效能。

1. "心愿"课程的课程结构

根据《上海市普通中小学课程方案(试行稿)》要求，学校课程由基础型课程、拓展型课程和探究型课程组成，三类课程同时包括国家、地方和校本课程，体现了三类课程对学生发展的要求。

[1] 沈湘平.哲学导论[M].北京:中国社会科学出版社,2008:164.
[2] 胡定荣,邱霞燕.学校课程治理哲学思考三题[J].教育研究与实验,2020,(06).
[3] 贾建国.学校课程体系建设的时代审视、理论视角与校本路径[J].教育导刊,2021,(10).

基础型课程体现了国家对下一代的关心,体现了国家对公民素质的最基本要求,是学校课程的最基础、最重要的组成部分,也是学校教育教学和管理工作全面落实的关键。根据市教委文件,学校开全、开足、开好基础型课程,以"绿色指标"为指导,校本化探索与实施"心愿课堂"教学模式,扎实开展基于课程标准的教学与评价,促进学生基本素质的发展,提升课程实施品质。拓展型课程着眼于满足学生的发展需要及适应社会的需求,按"小心愿课程"体系进行分类梳理,分限定拓展和自主拓展课程开展丰富的课程设置与实施。探究型课程以市教委探究学习包为基础内容,整合学校内外的各种资源,开展主题式综合实践活动,让学生进行跨学科的自主学习、主动探究和实践体验。

学校将三类课程的目标和内容进行解构,以"心愿教育"理念为逻辑和主线,建构了"小心愿课程逻辑图",以"小心愿课程"体系来整合学校内外的各种资源,形成包括基础型课程、"1+X"课程、"心愿"活动、快乐星期五、缤纷社团、城市少年宫等课程在内的教育链,将教育目的和本质回归到人的自身,为学生成长服务,使学校成为儿童心愿的孕育所(参见图2-1)。

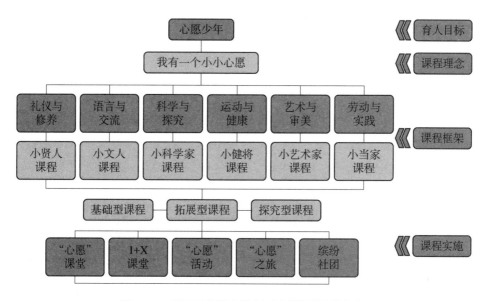

图2-1 奉贤区育贤小学"小心愿课程"实施框架

"小心愿课程"体系在范围上涵盖了基础型、拓展型和探究型三类国家课程,在内容上构建了六个"课程群",着重从"礼仪与修养""语言与交流""科学与探索""运动与健康""艺术与审美""劳动与实践"等领域引导学生建构起相关的学科素养,提升学生的创新精神和实践能力。在每一领域中,既包含了在这类领域中相对独立的课程,也包含了跨领域的多种课程,使各种类型课程的功能发挥最大化。

（1）小贤人课程群

此类课程是礼仪与修养类课程,主要涉及道德与法治等基础型课程以及文明礼仪、性别教育、生命教育等领域。本课程群的主要实施途径为"心愿"课堂、缤纷社团、研学课程、入学课程、成长 3X 课程、城市少年宫等。

（2）小文人课程群

此类课程是语言与交流类课程,主要涉及语文、英语等学科及其综合呈现的领域,涵盖了语文、英语等基础型课程,也包括小作家、小读者、小记者、小编辑、小主持、小翻译等拓展型课程,本课程群的主要实施途径为"心愿"课堂、缤纷社团、研学课程、成长3X 课程、城市少年宫等。

（3）小科学家课程群

此类课程是科学与探索类课程,主要涉及自然、信息科技等综合科学学科领域,开展 PBL 项目化综合实践活动。本课程群的主要实施途径为"心愿"课堂、"心愿"活动、缤纷社团、研学课程、城市少年宫等。

（4）小健将课程群

此类课程是运动与健康类课程,主要涉及体育、心理辅导等学科领域。本课程群的主要实施途径为"心愿"课堂、"心愿"活动、缤纷社团等。

（5）小艺术家课程群

此类课程是艺术与审美类课程,主要涉及美术、音乐等基础型课程以及综合艺术领域。本课程群的主要实施途径为"心愿"课堂、"心愿"活动、缤纷社团、城市少年宫等。

（6）小当家课程群

此类课程是劳动与实践类课程,主要涉及职业体验、劳动技术、社会实践和服务等领域。本课程群的主要实施途径为"心愿"课堂、"心愿"活动、缤纷社团、研学课程、成长 3X 课程、城市少年宫等。

2. "心愿"课程的课程设置

"小心愿课程"的整体课程设置,每一课程群均包括"1"(基础型课程)+"X"(拓展型课程、探究型课程等)课程在内的课程链,并整合学校内外的各种课程资源,为学生成长服务,使学校成为儿童心愿的孕育所。

"小心愿课程"中的每个课程群都包含了基础型课程、拓展型课程和探究型课程。我们完善了各类课程的设置,尤其是学校的拓展型课程,体现了基础型课程的知识扩展和综合能力发展,是学生终身学习精神、方法、能力培养的重要载体,进一步着眼于学生基础学力的培养,更注重发展学生各种不同的特殊能力,培养个性,培养为终身学习打基础的发展性学力,兼顾创造性学力的培养。

"X"课程设置的具体情况参见表2-2。

表2-2　奉贤区育贤小学"小心愿课程"之"X"课程设置

	小贤人	小文人	小科学家	小健将	小艺术家	小当家
一上	我是小学生	唱响童谣	玩转七巧板	绳彩飞扬	超级男声	整理小达人
一下	明明达达学礼仪	吟诗唱词	空间思维	围棋天地	江南紫竹调	魅力T台秀
二上	印象奉贤	绘本花园	奇妙LEGO	炫动足球	我和纸盘有个约会	家务小帮手
二下	上海味道	阿拉沪语	创意小灵童	魔幻飞碟杯	舞动精灵	茶香润童心
三上	走进非遗	皮影故事会	皮影工坊	皮影韵律操	纸艺皮影	皮影小传人
三下	十岁成长礼	馨苑文学社	3D魔法间	排球小将	折纸变变变	美丽布艺班
四上	美丽中国	话剧梦工厂	探秘水世界	篮球部落	水墨丹青	星河小记者
四下	世界之窗	新闻引力播	环保小卫士	活力跆拳道	行进管乐	欢乐邮递员
五上	心语心愿	阅读悦精彩	小小机械师	国际象棋	微喷绘	种植小能手
五下	多彩毕业季	心愿俱乐部	纸力无穷大	韵道太极	情迷非洲鼓	中华点心师

"X"课程的实施:每周一至周四开展"快乐330(缤纷社团、快乐30分)"活动;每周五下午第1节至第3节开设"快乐星期五"活动;每周六上午开展"城市少年宫"活动。

"快乐330"活动是主要在语数英等基础型课程外开设的社团课程,旨在帮助学生巩固基础知识的前提之下,开阔学生的课外知识视野;"快乐星期五"主要是针对学生兴趣开展的拓展型课程,包括书法、绘画、摄影、舞蹈、器乐、合唱等,通过这些课程的开设与实施,丰富学生的活动,陶冶情操,让学生发现美、感受美,发展学生的个性特长,促进学生身心的健康成长,使他们成为多才多艺的学生;"城市少年宫"活动主要开展长周期的探究性学习活动以及 PBL 项目化学习活动,旨在提升孩子们的综合素养,丰富学生的学习方式,培养学生的兴趣爱好,为学生的全面发展提供良好平台。

二、"三重载体"的课程实施路径

课程实施并非一个课程理论创生之初就颇受关注的命题。人们对于课程实施的关注,更多的是源自于课程建设与改革过程中的失败教训以及由此而引发的对课程理想与课程现实之间关系断裂的反思。在课程变革的历史中,一个重要的现象一直困扰着课程研究者和实践者:许多重大的甚至影响深远的课程改革计划,实施结果与原先的理想相去甚远。反思个中原因,人们发现:这些课程改革的倡导者往往过多沉醉于描绘改革的理想或蓝图,而对课程计划的实施过程极少关切。[1] 正如课程学者古德莱德所言:"改革很多时候被视为失败,其实不然,因为它们从来就未得到实施。"[2] 由此,在课程改革的实践领域,人们在关注课程设计、课程方案本身的合理性的同时,也开始日渐关注到课程实施的科学性问题。

从概念上说,课程实施是把某项课程变革计划付诸实践的具体过程。[3] 其研究的重点,既包括在实践中,课程方案的哪些内容得到了具体的实施,哪些没有得到实施,也包括在课程实施中应该做出哪些方面的调整。[4] 课程如果要对学生产生影响,必须通过课程实施付诸教学行动。[5] 对于课程实施的理论研究而言,最为突出的成果是建构了课程实施的价值取向,一般而言,课程实施有三种取向,即忠实取向、

[1] 张华.论课程实施的涵义与基本取向[J].外国教育资料,1999,(02).
[2] 汪霞.课程实施:一个值得关注的问题[J].教育科学研究,2003,(03).
[3] 张华.论课程实施的涵义与基本取向[J].外国教育资料,1999,(02).
[4] 马云鹏.小学数学课程实施的个案研究[J].课程·教材·教法,2000,(04).
[5] 汪霞.课程实施:一个值得关注的问题[J].教育科学研究,2003,(03).

调适取向和创生取向,在不同取向下教师也扮演不同的角色;[1]对于课程实施的实践研究而言,最为重要的是综合运用课程实施的不同取向,结合学校特色化的课程建设理念、目标、体系,基于师生的实际情况,探索多样的、有效的基于学校环境的课程实施路径。

正如前文所言,育贤小学围绕心愿教育的学校教育哲学信仰,建构了具有学校特质的"心愿"课程体系,形成了横向拓展、纵向递进的课程逻辑结构,为学生美好心愿的达成和德智体美劳全面发展奠定了课程基础。但是,如何将这种美好的课程设计、课程图景转化为现实的育人成效,则需要更具针对性、多元性的课程实施路径与载体设计,这种实践领域的问题实际上也是课程治理中过程论和方法论的问题,是课程治理的核心问题。学校在现代课程教学理念的引领下,整合校内外资源,建构了涵盖"心愿课堂""心愿主题""心愿之旅"三重载体的"心愿课程"实施路径,致力于通过科学有序的课程实施,将课程建设的美好蓝图从理想变为现实。

(一) 构建"心愿课堂",推进学科课程实施

学校建构基于课程标准的"心愿课堂",推进各学科课程的有效实施,使课堂教学"人文化"、教学行为"绿色化"、教学质量"有效化",把"心愿课堂"变得香气四溢,滋润学生的成长。

基于课程标准扎实开展课堂教学研究,推进"心愿课堂"教学改革,积极构建理想的课堂、高效的课堂、人文的课堂,我们理想中的"心愿课堂"应该具有饱满的教学目标、丰富的教学内容、立体的教学过程、灵动的教学方法、缤纷的教学评价和温馨的教学文化。在此基础上,促进学校绿色指标达成指数和课堂教学质效的不断提升。

"饱满的教学目标"是指目标层次划分恰当、饱满;教师"导"的思路清晰,学生"学"的目标明确。

"丰富的教学内容"是指以文本内容为依据,充分展现灵活性、生成性、时代性,体现教师的学识、智慧及相关教育教学资源的结晶。

"立体的教学过程"是指教学过程中"知、情、意"的统一、教与学的互动、导学的感

---

[1] 杨明全. 课程实施的学理分析:内涵、本质与取向[J]. 全球教育展望,2001,(01).

染力与直观性等,立体的课堂教学应该是深刻、生动而形象的。

"灵动的教学方法"是指教学在立足于知识本质的前提下,借助适当的教学方法深入展开,使之能够触动学生的心灵;教师在引导学生探寻知识的过程中,释放学生潜在的灵性,让课堂焕发出生命的张力,洋溢灵动的美感。

"缤纷的教学评价"是指注重评价方式的多样化、评价主体的多样化以及评价策略的多样化。利用教师缤纷、灵活、生动、丰富的评价方法,使学生如沐春风,让课堂充满勃勃生机。

"温馨的教学文化"是指有效的教学源于温馨的课堂,以学生为主体,构建和谐的课堂环境;关爱学生身心,关注生命发展,营造温馨的教学文化。

(二) 聚焦"心愿主题",推进"X课程"落实

"小心愿课程"中的每个课程群都包含了基础型课程、拓展型课程和探究型课程。我们完善了各类课程的设置,尤其是学校的"X课程",体现了知识体系扩展和综合能力发展,是学生终身学习精神、方法、能力培养的重要载体。"X课程"的推进分散在"六小"课程群中,既着眼于学生基础学力的培养,又注重发展学生不同的个性特长,既培养为学生终身学习打基础的发展性学力,又培养学生适应未来学习与生活的创造性学力。

1. 在"小贤人课程群"中的落实

在六个课程群中,"小贤人课程群"具有较特殊的位置,除了其自成一体的课程构架之外,它与其余五个课程群具有一定的整合实施的关系,既有与其余五个课程群的交叉,又高于五个课程群;既有在本领域中相对独立的课程,又包含了跨领域的课程。比如《心愿少年学安全》课程,涉及"礼仪与修养""运动与健康""劳动与实践"等多个领域的相关内容,但更多着眼于学生的真实生活和身心健康,关注学生成长的无限可能性。由此可见,"小贤人课程群"是一群跨学科的综合实践类课程,满足了学生不同阶段的发展需求,学生在课程的学习过程中找到适合其个性发展的教育,在丰富而有趣的课程中健康成长、全面发展。我们以"成长3X"课程的形式推进本课程群的具体实施。

"3X"取的是修身、修心、修行的第一个字母X。"成长3X"课程核心是"行规礼

仪·齐贤修身""文韵书香·阅读修心""职业启蒙·实践修行",根据学生的知、情、意、行,又分别设计了学、做、行三个板块。"成长3X"课程结合学生核心素养培育,围绕学校办学宗旨"养贤明之德,育贤达之人",让学生掌握基本的谈吐、举止、服饰等个人礼仪,以及在家庭、校园、公共场所等社会生活领域的礼仪,养成文明礼貌的行为习惯,让学生在丰富而有趣的课程中成长为外在举止端庄沉稳、内在气质独立自信的现代绅士和淑女。

2. 在"小文人课程群"中的落实

努力构建适合每个孩子发展的小文人课程平台,让每一个育贤学子都能健康快乐地成长。"小文人课程群"结合不同年龄段学生的身心特点,引导学生广泛接触各类文学作品、文化意识形态,开设了"悦读越精彩""心愿文学社""吟诗唱词""绘本花苑"等课程,提高学生的文学素养,培养学生的阅读欣赏能力,增强学生的交流能力,实现情感熏陶、形象感染,最终使学生成为精神丰富、人格高尚的人。

以"悦读越精彩"课程为例,我们创新学生的阅读方式,借助"闻行·阅读网"网络平台开展课程实施,使学生能够通过线上线下的深度阅读来改变和优化阅读习惯,增强对阅读的兴趣,使阅读不再是沉重的负担,而是日常的爱好。教师组织学生轮流朗读文章,并就自己最喜欢的句子进行思考和解说;同时,教师还通过组织开展系列阅读活动,让学生根据自身所好选取适应年龄的文章、书籍进行阅读、思考,并相互分享、相互摘抄、相互理解。

我们也开展了英语阅读课程的实践与研究。首先开展教师英语分级阅读培训,明确《小学英语课程标准》中1—5年级的英语阅读的教学标准和要求。在教学中,以小学英语学习语言功能、意念为主线,语言难度循序渐进,符合学生的认知能力和语言水平,通过丰富的阅读材料和生动的卡通图片,采取课堂阅读教学活动与课外阅读互动的新思路,培养学生的思维能力,发展其智力,潜移默化地提高学生的综合素质。

其次选择合适的分级阅读测评体系,根据孩子的阅读水平和阅读进阶科学设计阅读材料,通过量化图书难度和孩子阅读能力,为孩子找到最合适的读物,逐级增强孩子的词汇量、阅读力,从而更有效地培养他们的阅读兴趣和能力。

最后开展英语分级阅读教学实践。通过丰富的阅读材料和生动的卡通形象,采取课堂阅读教学活动与课外阅读互动的新思路,在课堂教学中开展泛读活动,在语境中诵读、复述核心词句,培养学生的听读能力和阅读兴趣;在英语拓展活动中开展精读活动,解析读物中的语句,延展加深理解,培养学生的思维力、批判力;在英语节活动中开展英语绘本赏析和制作活动,展示英语分级阅读的学习成果,提高学生的英语核心素养。

3. 在"小科学家课程群"中的落实

"小科学家课程群"目前已经开设了"小小机械师""探秘水世界""心愿农耕园""3D魔法间""空间思维"等课程,重点创设创新实验室,让学生亲历科学探究活动,引导学生发现问题、提出质疑、探索反思,激发学生对科学研究的兴趣,掌握基本的科学研究方法,让学生在实践中解决问题、增长智慧,为学生提供广阔的科技实践研究平台,促进学生创新思维的发展。

作为上海"学习基础素养"课程研究所的项目校,我们开展了项目化学习(PBL)的教学实践,学校的自然、语文、数学、美术、音乐等多学科共同参与课程实施,完成任务的过程就是学生学习的过程,也是对学生进行评价的过程,评价维度分为内容标准(信息整理、主动参与、同伴互助、学科知识、环保意识、批判思维)和展示标准(语言组织、个性表达、团队合作)两大板块九个维度。这样的评价维度有助于帮助学生检测与反思自己的表现,为学生改进学习提供有效反馈,从而提高学生解决真实性问题的能力。通过精准设计项目内容与评价维度,我们在项目的各个阶段给孩子赋能,改变学生的学习方式,最大限度地挖掘学生的才智与潜能,让学生自我驱动、自我激励、自我升华,以此来应对真实学习与生活中所遇到的问题和挑战。

4. 在"小健将课程群"中的落实

学校对国家规定课程进行补充、拓展和整合,关注每一个孩子的个体差异与不同需求,关注每一位学生的身心健康发展,根据不同学生的需要开发多种形式的课程,包括球类、棋类、跆拳道、花样跳绳等各类体育课程以及"心愿小屋"等心理辅导课程,以社团活动为主要途径,分年级、分步骤有效落实"小健将"课程,具体有"围棋天地""绳彩飞扬""炫动足球""魔幻飞碟杯""心灵小屋"等课程,推动学生身心素养的提升,为学生的健康发展服务,为学生终身体育意识的形成奠定基础。作为上海市小学体育兴趣化课程改革的试点学校,学校认真贯彻上海市教委的相关精神要求,在课程设置、师资保障等方面进行了探索与尝试,帮助学生把课内学习的运动技能运用在生活中,更能帮助学生深化和拓展对体育学习、体育锻炼的兴趣,体验体育运动的乐趣,逐步形成主动锻炼的意识。

5. 在"小艺术家课程群"中的落实

学校扎实推进基础型课程中的音乐、美术课程,也创新开发拓展型和探究型课程中的艺术类课程,基于学生发展的需求,开发"小艺术家课程群",开设"少儿舞蹈""超级男声""'笙'入人心""行进管乐""童心稚笔""水墨丹青""我和纸盘有个约会"等课程,为学生提供"小艺术家"课程菜单,自主选择感兴趣的艺术课程,激发学生对艺术的热爱,提高学生的艺术教养与审美素质,为学生的终身审美发展奠定基础。

每年5月份是学校的艺术节,也是"小艺术家课程群"学习成果展示月。为激发学生对艺术的兴趣和爱好,学校创新开辟了"秀空间",以此为平台开展艺术课程展示,陶冶情操,展现风采,张扬个性。

"秀空间"分为"静态秀"和"动态秀"。"静态秀"源于学生的作业。许多学生在完成作品后就想把作品展示给大家看看,希望得到大家的认可。而事实上,很多时候学生精彩的作品往往只能得到了教师一个人的欣赏。而"秀空间"就为学生"秀"出作品搭建了一个平台,全体师生共同参与"秀"的布展,体验"秀"的过程,开展"秀"的评价,收获"秀"的快乐。

"动态秀"则更为形式多样,不拘一格,有个人才艺秀、团队挑战秀、师生合作秀、课程展示秀,也有亲子同台秀。在这个动态过程中,教师与学生、学生与学生、学生与家长激情碰撞、合作展示,衍生出丰富、鲜活的教学资源与教学成果,不同的学生都能面向不同的观众,秀出自己的个性与特长。

"秀空间"的评价方式突破了单一的"教师评价"模式,融入了多主体的"生生互动评价"与"家长参与评价",学生既要评价他人又要自我评价,在"秀空间"体验式的学习活动中,学会合作、学会尊重、培养自信与个性。

学习空间打开了,学习痕迹留下了,无论是"静态秀"还是"动态秀",对于"走秀"和"看秀"的学生来说都是一个自我激励与评价的过程,"秀空间"激起学生更多的兴趣与潜能,培养了学生良好的审美情趣与艺术修养。

6. 在"小当家课程群"中的落实

学校根据学生年龄特点,以快乐星期五、缤纷社团等为载体设计综合性学习活动,开设了"皮影小传人""茶香润童心""美丽布艺班""魅力T台秀""明明达达看世界""贤爸贤妈快乐成长营"等课程,把学生的社会实践、个性发展、职业启蒙和创新能力培养等有机整合,让学生通过实践活动和亲身体验培养合作精神、公民意识和社会责任感,孕育学生的职业理想。

我们将"贤爸贤妈快乐成长营"课程划分为"妈妈故事会""爸爸去哪儿""亲子摄影社"三个子课程,在课程学习中增进亲子互动,感受亲子乐趣,也记录学生职业体验过程中的感悟。

我们也在"尚贤皮影"课程中进行课程跨学科综合实践活动的创生与实施。

根据"尚贤皮影"课程目标,我们组建了由语文、数学、音乐、美术、体育、探究等学科教师组成的项目组,挖掘教师特长为学生提供丰富的课程。我们也整合利用社会资源,邀请家长、社区能人,聘请非遗传承人、民间艺人担任课程辅导员。

项目组邀请课程专家指导教师开展课程纲要的编写。在专家点拨下,"尚贤皮影"课程设置与课程纲要相继出炉。随后,项目组以三年级为试点完成"尚贤皮影"课程设置。基于学生的学习需求设置了"走进非遗""皮影故事会""纸艺皮影""皮影韵律操""皮影工坊"和"皮影小传人"六个子课程,形成序列化的综合实践活动课程。

学校将"尚贤皮影"课程活动排入课表,落实到学生日常学习生活中,使课程实施常态化。具体地说,通过"1+X课程",在班会课上开展"走进非遗"活动,在劳技课上开展"皮影制作"活动,在美术课上开展"皮影画"活动,在体育课上开展"皮影韵律操"活动;在学科周期间,在各年级语文课上开展"皮影绘本"教学活动,数学课上开展"小小测算师"教学活动,在自然课上开展"探秘皮影世界"教学活动。除此之外,"快乐星期五"课程中开设了"皮影故事会"活动,"快乐330"课程中开设了"纸艺皮影"活动,"城市少年宫"课程中开设了"皮影小传人"活动。

我们探索"1+X"课程的实施途径,在基础型课程框架上进行学科知识的拓展与延伸。教师基于本学科的教学目标,将"尚贤皮影"课程内容融合进入学科教学。如,班会活动中安排4课时让学生走进非遗、了解皮影。又如,为将皮影课程融入美术学科教学,项目组厘清二者关联,确定课程融入点,指导教师进行课程实施。

我们在"学科周"中实施皮影课程。语文学科周将《好饿的毛毛虫》绘本故事搬到皮影戏中,通过读皮影绘本、讲皮影绘本、做皮影绘本、演皮影绘本,将皮影与绘本结合,在光影之间领会绘本的绚烂和有趣的故事。

"快乐330"和"快乐星期五"各开展每周2课时的"纸艺皮影"和"皮影工坊"课程,带领孩子们学习绘制皮影、给皮影上色,探究皮影中蕴含的科学原理。

"城市少年宫"课程"皮影小传人",每周六开设共计4课时,带领学生学习皮影人物操作,参与皮影表演与传承活动。

一个个课程活动构成了"尚贤皮影"课程的完整体系,课程活动都纳入课程规范管理,有组织、有计划的课程活动促进了课程实施的常态化。

(三) 开展"心愿之旅",实现孩子"小小心愿"

不论是基于不同课程的性质,还是基于学生身心成长需要,课程的实施都不应该是封闭的、静态的。这意味着对于"心愿"课程的实施而言,除了静态的课堂教学,还需要引入动态的、开放的实践活动。从课程设计与组织线索看,学科课程是以学科知识为基础,以知识的逻辑体系编制课程。学科中的知识间的逻辑是课程组织的最高原则,知识的准确、有效获得是课程实施的价值追求,学科知识是课程组织的核心,教学过程崇尚的是学科体系的严密性与学术性。与学科课程相比,实践活动课程的价值追求主要不是学术性取向的,而是以创造性自我探索、体验和表现为价值志趣和取向的。[1] 也就是说,实践活动类课程组织的核心不是学科知识,而是以人的生命来看待,其目标与旨趣在于发展人、培育人。[2] 基于这样的认识,为了实现孩子们的小心愿,学校充分发挥地域优势,挖掘周边社区可利用的资源,借助社区、博物馆、报社、电视台等优质资源,开展了一系列"心愿之旅",我们希望通过借助这种具有综合实践课程性质的"心愿之旅",帮助学生打破认知和学习上的学科界限,更好地丰富和拓展综合素质。

少先队活动课程以"小小心愿,大大梦想"为主题,以少先队实践体验活动为载体,根据学生年龄特点和心理需求,发掘奉贤地区地域资源优势,以中小队活动为抓手,利用班会课和少先队活动课时间和节假日开展实践体验活动,让学生走出校园,走进社

[1] 张华,仲建维.综合实践活动课程设计框架研究[J].全球教育展望,2008,(02).
[2] 赵书超.综合实践活动课程:理念与价值[J].全球教育展望,2011,(09).

会,制定方案,落实任务,在活动中体验家乡文化,了解家乡特色,感受家乡变化。

"读万卷书,行万里路",作为学校课程的有效补充和实践探索,研学课程以中华传统文化为主题,在带队教师的指导下,学生亲自动手、主动获取知识,在沉浸式、创新实践的课程体验中,协同完成了"探园寻踪""观湖印象""古街印迹""汉服盛典""诗词小会"等主题课程。通过丰富的课程内容与多样的实践方式,学生在研学课程中通过观看、体验,学到了书本上没有的知识,不仅学习了丰富的课程知识,而且思维得到了拓展,意志得到了锻炼,体质得到了增强,才艺得到了展示。

三、"基于标准"的学科教学探索

学科教学是学校课程与教学的关键领域。一方面,从课程建设的角度看,国家课程的校本化实施是学校课程建设与实施的最重要问题。当前,在很多学校的课程建设中,存在一个显著的认知和行动误区,那就是过于强调校本课程的特殊性,忽视国家层面共性的课程要求。实际上,对于学校而言,校本课程开发不仅包括学校在国家课程计划预留的课程空间内的完全自主的课程开发,同时也包括学校对国家课程"因地(学校)制宜""因人(学生)制宜"的创造性的改编和再开发,后者也被称为"国家课程的校本化实施",[1]而在这种校本化实施的过程中,如何变革创新学科教学的理念与路径,显然是最为关键的;另一方面,从教学改革的角度看,尽管教学是一个系统性的整体性的概念,但是对于学科的教学是作为基础的,学科教学构成了学校教学体系的核心内容,也在很大程度上决定着学校教学和人才培养的整体质量。

在育贤小学看来,人才培养是一个系统性工程,这意味着课程建设和改革也应该是立体、丰富、多彩的,任何人才培养,都离不开高质量的学科教学,这是学校人才培养体系建设的奠基性工程。由此,在学校系统性推动课程与教学治理体系和治理能力现代化建设的过程中,一方面要注重多元主体参与的课程治理样态建构,另一方面,也要抓住基础性和根本性问题,扎实推动学科教学的变革。

---

[1] 徐玉珍.论国家课程的校本化实施[J].教育研究,2008,(02).

学校层面的课程教学变革,需要遵循相应的理念、规范和要求。从我国实践领域的教学样态看,教学主要有三种类型:基于教师经验的课程实施、基于教科书的课程实施和基于课程标准的教学。[1]无论是基于教师经验的教学还是基于教科书的教学,都存在其天然的局限性。从这个角度出发,基于标准应当是新课程背景下教学的一个核心特征,或者说,新课程背景下的教学应当是一种基于标准的教学。课程标准不仅是国家对基础教育课程的基本规范和要求,是国家管理和评价课程的依据,是教材编写、评价和考试命题的依据,更是教学最重要的依据。这意味着,既然新课程设定了课程标准,那么新课程背景下的教学必然是基于标准的教学,[2]基于标准也应该成为学校在教学改革,特别是学科教学改革中的核心理念与价值导向。

在课程教学建设与改革的实践中,育贤小学贯彻落实上海市基础教育工作会议提出的"让每个孩子健康快乐地成长"的要求,深化课程与教学改革,呼应学校"为了实现每一个孩子的美好心愿"的办学理念,坚持面向全体,坚持减负增效,坚持结合实际,认真推进"基于课程标准的教学与评价"工作,从低年级推广到中高年级。学校牢固树立基于课程标准的意识,遵循学生身心发展规律及教育教学规律,落实课程标准,明晰各年段的教学内容与要求。掌握基于课程标准的教学与评价的基本方法,关注课标,关注评价,关注差异,引导教师、家长和社会树立科学的成才观和教育质量观,深入推进学校课程改革,切实减轻学生过重的学业负担和心理负担,培育学生的综合素养,呵护学生的快乐成长。特别是在学科教学中,努力探索基于标准教学的适切的路径和方式,既有效落实了"基于标准"的教学理念,也推动了学科教学品质的不断提升。

(一)语文学科侧重"厚积"

确立大语文观教学思想,研究单元,细读文本,重视阅读,加强书写和朗读指导,运用好"小雪人阅读"微信订阅号,在走向开放、活动、综合的语文课堂教学中,提升学生语文素养。加强书香校园建设,拓宽知识视野,提高师生文化底蕴。

———————

[1]崔允漷.课程实施的新取向:基于课程标准的教学[J].教育研究,2009,(01).
[2]王少非.论基于标准的教学[J].教育发展研究,2006,(9A).

1. 设定校本研修

学校、教研组、备课教师三级推进基于课程标准的教学与评价。每个备课组根据年段目标，制定校本研修方案。例如，一年级语文学科校本教研，准确把握"读儿歌识字学拼音"的教学重点，将拼音与识字、读儿歌教学相互渗透融合，通过情境和游戏激发学生学习兴趣，并通过及时评价引导学生养成良好的学习习惯。努力体现"放慢节奏，夯实基础，关注差异，培养习惯"的课程要求，既呈现了对拼音的巩固教学，又体现了阅读的过程就是学习字、词的过程。

2. 完善单元备课

学校落实好学科单元备课，做到"把握单元重点，突破单元难点，设计单元亮点"。教师备课前认真学习《课程标准》，基于课程标准设定每单元、每课时的教学目标，在教学过程中细化教学内容，深入研究教材、教法，研究学生原有的知识基础、经验方法，设计出符合课程标准的学生学习活动，做到功在课前，利在课堂。

3. 关注课堂教学

学校组织多层次的听评课活动：教研组内研讨课、新教师汇报课、"育贤杯"课堂教学评比等，请专家来校指导教学等，要求教师体验备课、上课、作业一致性，体现课程标准的理念，处理好学、教、练三者之间的关系，使教学过程中的内容和结构符合课程标准，方法和手段适合学生身心发展的需要。同时在多层次、多方位的学习实践中努力体现"生本课堂"，谋求课堂转型。

4. 优化作业设计

为严格执行"一、二年级不得布置书面回家作业，控制口头作业量"的有关规定，学校要求相关任课教师加强研究与精心设计每天的口头作业。三至五年级各科教师通过精选习题，控制每天作业时间，加强学生时间观念的培养，引导学生养成高效完成作业的习惯。教师以"课程标准"为依据，开展"命题设计"大赛，提高命题质量。

5. 扎实推进"等第制"评价

改变过去重试卷分数的评价方法，将认知评价与情感评价相结合，注重过程性评价和表现性评价。采用"等第＋评语"的方式来发挥评价对学生学习的诊断和改进作用。设计符合课程特点和本校特色的评价体系，采用多种评价手段，实施多元评价，探索学年、学期等阶段性评价。

(二) 数学学科面向"生活"

数学课堂教学要创设与学生生活环境、知识背景密切相关的,又是学生感兴趣的学习情境,让学生在观察、操作、交流、反思等活动中逐步体会数学知识的产生、形成、发展的过程,获得积极的情感体验,感受数学的力量,提升学生数学涵养。

1. 结合生活实情,丰富课堂资源

在进行一年级"物体的形状"一课教学时,为学生提供了正方体、长方体、圆柱体和球的学具。因为球具有会滚动的特点,在教学过程中必然会出现有一些孩子管不好球而掉到地上的现象,于是教师就顺应这一客观情况,请学生通过"球怎么会掉到地上?""请选择学具来帮你管好球""试试球在杯子里是怎样滚动的"等思考或操作活动,来发现球的特征。这样不仅能疏导孩子们兴奋的情绪,学生的积极性也被调动了起来,并对学具也有了初步的了解。这样的数学学习能使学生感受到数学就在我们身边,让学生既获得数学知识,习得数学方法,形成数学思维,又积累生活经验。数学只有回到生活中去,才会体现其价值,学生也只有回到生活中去运用数学,才能真实呈现数学学习的水平。

2. 解决实际问题,激发数学思维

问题解决的过程,是学生思维活动、团结合作及反思优化的过程。数学课程标准中提出"学生学习应当是一个生动活泼的、主动的和富有个性的过程。学生应当有足够的时间和空间经历观察、实验、猜测、计算、推理、验证等过程"。如在三年级"谁围出的面积大"一课时,请学生来做学校的乐耕园耕地设计师,鼓励学生站在设计师的角度来考虑问题。学生通过动手设计平面图,分别计算了每个图形的面积和周长,在活动中,学生交流了设计目的:有的耕地面积大,能种更多的农作物;有的耕地外形设计美观,不仅能够作为耕地使用,也可供老师同学们观赏等,学生通过观察比较发现了"周长相等的图形面积不一定相等"及其原因。需求是探求知识的内因和动力,而转化已有的知识基础去解决实际问题是方法和思维的外化,在整个过程中,学生的思维得到了不断的冲击,主动成为了学习的主人。

3. 及时适当评价,注重学习过程

学生对知识的掌握会经历感知、理解和应用等阶段,在这个过程中,学生是课堂的主体,教师始终是一个引领者,适时的引导和评价能够充分调动孩子们的学习积极性,提高学习效率。在不断反思评价中,让学生感觉除了答案的正确与否之外,解决问题的过程也是非常重要的、有趣的、多变的。比如,在四年级"鸡兔同笼"一课中,学生在解决"兔有几只? 鸡有几只?"问题的过程中思考出了不同的方法,除了常见的假设法、枚举法以外,有个孩子提供了这样的方法"我让所有的动物都收起两只脚……",不少同学在听到这一句话时,发出了轻轻的笑声,这时,教师及时进行引导"你的这个想法很新奇,老师也没听过,请你仔细地向大家来进行讲述",让分享方法的学生的创新思维得到了鼓励,也让听讲的学生对他的方法产生了更浓厚的兴趣。在学生分享完方法后,教师再对他的方法进行数学化的解释,经过教师的讲解,学生会发现,虽然这个方法初听有些"好笑",但仔细琢磨后就能发现背后的数学意义。

(三) 英语学科加强"语用"

英语学科着眼于提高学生英语会话能力,注重口语交际与语用能力的培养。通过成立英语社团、举办英语学科周等多种形式、多种方法激发学生的学习兴趣,搭建学生的语用平台。

1. 加强理论学习,提高思想认识

根据上级要求,利用教研组备课组活动时间认真学习《基于课程标准的教学与评价》、各年级《教学基本要求》和《小学英语单元教学设计指南》等文件精神,进一步统一思想,提高认识。

2. 重视课堂实践,提高课堂质效

骨干展示,引领示范。依托骨干教师本身的优势,通过各级各类骨干教师展示课、示范课,发挥他们对周围的辐射作用,促进广大教师教育、教学能力的提高,切实提高35 分钟课堂效率。

新手实践,改进提高。每学年开展"育贤杯"青年教师课堂教学实践评比课,邀请专家来听课把脉,指出不足,提出改进措施,组内全员参与,一起研讨,一起进步。

3. 规范教学常规,落实基本要求

备课——注重兴趣,培养习惯,激励评价。依据课程标准确定教学目标。教师编制"学科学期教学计划表",明确本学期教学目标、阶段教学目标、教学内容、进度安排与评价方法等,并具体到每一堂课的教学目标,据此确定教学方案及实施方式。根据教学目标设计教学活动。一年级第一个月的学科教学以"学习准备期"为主,其余年级也要关注学生学习兴趣的激发和培养,在备课中体现良好学习习惯的养成、针对性的教学评价等。坚决做到:不拔高——严格按照各年级学科课程标准安排课时教学,实施评价,不随意拔高教学和评价要求;不抢跑——严格按照备课组制定的课程实施计划表组织教学,不随意加快教学进度。

上课——把握目标,营造活力,提升幸福。改革课堂教学模式。营造民主、和谐、愉悦的课堂学习氛围。课堂教学中关注学生自主能力的培养,增强师生间的合作交流,从学生的学习、情感、身心发展等方面给予学生积极的评价。有效调控教学进程。教师在课堂教学过程中,正视学生的差异,采取有针对性的教学方法,引导全体学生参与学习活动,促进学生的合作学习,根据学生在知识掌握、问题表达、思维水平、合作交流等方面的课堂表现,及时调整教学进程,改进教学策略和方法,落实教学目标。坚决做到:不歧视——关心爱护全体学生,尊重学生,不歧视任何一个学习困难的学生,营造平等、和谐的师生关系。

听课、评课——及时评价,取长补短,共同进步。各级各类公开课,都组织老师认真听课,并进行研讨评课,围绕"基于课程标准的教学与评价",针对每一节课,每人至少点评2个优点,挖掘2处有待改进提高之处,而不是泛泛而谈。

作业设计和批改——精选精讲,减轻负担,形成个性。减轻作业负担,提倡分层作业、个性化作业。作业布置采用校本作业,精选题目,精讲精练,不加重学生的课业负担;作业评价采用等第制,不出现分数、不进行排名。严格落实一、二年级不布置书面回家作业,中高年级的回家作业也要保证绝大多数同学能在1小时以内完成,要求家长签名时标明孩子作业完成的时间,教师进行调控,以确保孩子的睡眠时间。

评价——学生学业评价严格实行等第制。一、二年级期末进行主题式游园闯关活动,采用"星级评价单"的方式全方位评价学生的综合能力;三、四、五年级英语期末考查。平时的各类作业都是等第制和个性化评价相结合。

四、"项目化学习"的教学改革尝试

随着近些年全球范围内对素养研究和实践的深入,项目化学习(Project-Based Learning,简称 PBL)作为培育素养的一种重要手段受到了普遍的关注并获得了快速发展。2014 年 3 月 30 日,教育部印发《关于全面深化课程改革落实立德树人根本任务的意见》,提出"核心素养"体系。2016 年 9 月 13 日,教育部发布中国学生展核心素养体系。2017 年 9 月 24 日,《关于深化教育体制机制改革的意见》指出"要注重培养支撑终身发展、适应时代要求的关键能力"。由此可见,核心素养理念已成为我国各级各类教育变革创新的热点问题,成为深化基础教育课程改革、落实素质教育目标的关键内容。在核心素养导向下,一线教师在教学实践中的主要任务,就是着重培养学生学科核心素养。在这一变革过程中,项目化学习作为一种综合的学习和课程型态,被视作是指向学习本质、培养学生核心素养的有效路径,因此,探索项目化学习的校本组织与实践路径,契合当下教育改革的整体趋势,也能够为学校层面教与学方式的转型提供新的载体和空间。

(一) 项目化学习的理性认知

项目化学习是基于真实情境和问题的跨学科学习方式,它是培养学生综合素养的重要途径。项目化学习的思想源头,可以追溯至杜威的"做中学"的经验学习。而后,其弟子克伯屈首次提出并实践了项目学习(Project Methods)。项目化学习作为一个学术概念,源于 1958 年美国医学院的一个做法,即把通过多科会诊治疗一例疑难杂症当作一个项目,旨在试图解决真实情境中的非良构问题。

在教育领域,当 21 世纪世界各国将教育目的聚焦在核心素养时,项目化学习作为培育素养的一种重要手段得到了普遍重视。在我国,上海市教育科学研究院夏雪梅博士带领的研究团队率先提出了学习素养概念,即问题意识、建立联系和个性化表达,并针对我国中小学教师、学科课程教学现状,选择立足学科、基于课程标准、指向学习素养进行项目化学习探索,提炼了学习素养视角下项目化学习的四个特征,创建了包括六个维度的项目设计框架。这些都为项目化学习本土化实践指明了方向,提供了脚手架。

对于项目化学习,有两个方面的基本认知需要形成。其一,是项目化学习的基本概念。按照夏雪梅博士的理解,所谓项目化学习,是指学生在一段时间内对与学科或跨学科有关的驱动性问题进行深入持续地探索,在其调动所有知识、能力、品质等创造性地解决新问题并形成公开成果的过程中,形成对核心知识和学习历程的深刻理解。[1] 其二,是项目化学习的构成要素。根据琳达·达林-哈蒙德[2]和克拉斯克[3]等人的界定,项目化学习主要包含以下要素:真实的驱动性问题;学生在真实情境中对这个驱动问题展开探究;学生经常用项目化小组的方式学习;学生运用各种工具和资源促进问题解决;学生最终产生可以公开发表的成果。[4] 形成了项目化学习上述两个维度的认知之后,就能够从整体上把握项目化学习的精髓,也能够为学校层面开展项目化学习的实践探索提供认知和理论支撑。

(二) 项目化学习的学校探索

从2018年10月加入"学习基础素养"项目组以来,我们一直寻求通过项目化学习的方式改善教学效能,培养学生核心素养,提升学校整体的育人质量。在具体的实践中,我们一方面认真学习项目化学习的相关理念;另一方面,通过实地参观感受项目化学习的课堂形态,在理论和实践的双重观照中培养教师开展项目化学习探索的意识。在这一过程中,我们深刻感到,项目化学习能够在人才培养的理想和现实间架设一座桥梁。这一认知形成,与我们学校教师参与夏雪梅博士主持的"学习基础素养"项目有密切关联,特别是通过观察、讨论和对于"什么是一堂好课"的持续反思,使得我们对于项目化学习的效能和实践应用形成了自己的理解。

课堂是教师的主阵地,"一堂好课"是所有教师自身专业成长的不懈追求;社会日新月异,科技高速发展,学生各不相同,"一堂好课"也是所有教师面临的巨大挑战。

[1] 夏雪梅.素养时代的项目化学习如何设计[J].江苏教育,2019,(22).
[2] 琳达·达林-哈蒙德.高效学习:我们所知道的理解性教学[M].上海:华东师范大学出版社,2010:9.
[3] R.基思·索耶.剑桥学习科学手册[M].徐晓东,等,译.北京:教育科学出版社,2010:318.
[4] 夏雪梅.项目化学习:连接儿童学习的当下与未来[J].人民教育,2017,(23).

那么,什么样的课是"好课"呢？不同的学科有不同的标准,但有一个标准是大家公认的:那就是"一堂好课",一定能让学生产生兴趣、掌握方法、凸显思维、提升能力。这样的"好课",不应局限于课堂 35 分钟,必须达成学习方式和教学模式的改变,要把"知识为本"的教学转变为"核心素养为本"的教学,把以讲授为中心的课堂转变为学习为中心的课堂,让学习真正发生,这就是项目化学习。

2019 年 5 月,作为上海普教所夏雪梅博士的"学习基础素养项目组"学校代表,我校教师参加了"学习基础素养项目组"组织的赴渝调研活动。在项目组的带领下,老师们走访了三所学校:巴蜀小学、高滩岩小学和谢家湾小学。三所学校为我们呈现了多样的"好课",也让我们感受到了"好课"带给学生的改变学习的生动实践。

走进巴蜀小学,通过现场观摩、专题报告、互动体验、对话探讨,我们对学校有了更多的了解。在"我爱的歌"班级音乐会中,学生以"我最爱的歌曲"为驱动问题,以"演唱习惯""演唱情绪""演唱能力""歌曲创编"为评价标准,以小组歌舞展演为学习成果,在真实问题和任务的驱动下开展跨学科的学习活动,营造尊重、激发、共生的课堂文化,使学生的综合素养得以凸显。

来到高滩岩小学,踏上用各种笑脸装点的开心上学路,我们来到"七色光劳动体验基地"。在基地,学生以班级为单位,按季节播种耕耘、除草施肥、育苗护花、收获果实,充分体验耕耘的乐趣,融知识性、实践性、探究性、教育性为一体的学习经历彰显了"项目化学习"的特色。

在荣获我国教育领域的第一个"中国质量奖"的谢家湾小学,我们被"红梅"文化深深吸引,"红梅"文化深深融入学校的一草一木、一物一景。"体育老师教数学"这样一句戏言,在谢家湾小学却是真的。原来,学校对课程体系进行大改造,根据学生未来发展需要的关键能力和核心素养,确立了"一切有积极影响的元素都是课程"的课程视野,建构了融学科课程、社团课程、环境课程于一体的"小梅花"学校课程体系。在保障国家课程目标不降低、内容不减少的前提下,学校带领教师认真分析现有教材,确定整合学科、提炼学科精神、梳理学科知识目标,将课程整合为语文漫道、数学乐园、英语交流、科学探秘、体育运动、艺术生活 6 门课程,主要集中在上午完成。学生上午学习所有规定课程,下午则可以参加社团选修,从学习与生活截然分开变为相互融合,使学生在真实的生活情境中开展学习活动;教师打破专业界线,一个老师可以上一个班所有的课,以教研组为单位,教师深度咀嚼课标,反复进行集体备课、联合教研,主动、个性、多元地设计教育教学活动。谢家湾小学的课程改革为孩子们打开了一扇扇通向未来的门,也为我们开启了一片课程改革的新天地,让我们开始思考,让我们开始行动!

在重庆的三所学校中,我们的教师不仅领略了各校基于校本特色开展的各色教育活动,还感受到了重庆基础教育"项目化学习"的执行力与生命力。这些学校围绕"学习基础素养"的培育,构建了适合孩子生长的课程体系,建设了多元、开放、活泼、丰富、包容的课程文化,真正探索出国家课程校本化建设之路。

从重庆学习的经验出发,我们在相关专家的指导下,通过校本研修引导教师正确理解项目化学习的精髓,从学校特色的课程入手探索项目化学习的有效实践路径。不仅总结形成了适用于项目化学习整体开展的普适性路径,也依托不同课程的特点设计开发了很多项目化学习的具体案例,让项目化学习真正以一种活跃的样态呈现在学校整体课程教学的改革创新之中。

作为校长,我始终认为,育贤小学的项目化学习探索应该有不同于其他学校的个性化设计,这种设计主要应该观照两个层面:其一,学校是一所新学校,在课程教学改革的过程中,外界对于项目化学习的基本理论、基本方法的探索已经比较成熟,这意味着学校可以在借鉴他人的基础上快速凝练项目化学习的校本经验,保障项目化学习的探索立足高起点,并尽快取得探索成效;其二,学校是一所城郊接合部的学校,区域百姓对于学校教学质量的需求比较迫切,对于课堂教学改革在"具体形态"上的创新有的时候未必会抱着绝对开放包容的心态,换言之,即便是课堂教学的样态再丰富,如果不能保障教学的质量,都会引来家长的质疑甚至反对。基于这样的现实,学校的项目化学习探索,需要采用"小步子渐进"的策略,通过点状的尝试,不断积累经验,从特色的活动开始逐渐向学科教学、跨学科教学等领域延伸,既帮助教师形成与新课程改革匹配的教学方法,也不至于引发教学混乱,因为改革举措设计的失误导致教学质量受到损伤。

在从项目化学习点状设计到逐渐铺开的过程中,我们引导教师边探索,边积累,通过课例探究、案例开发、集体教研等方式,形成学校对于项目化学习的个性化思考和探索。在这一个过程中,教师们从活动开展、学科教学、跨学科教学等维度形成了大量的文本性资料。下文是我校"尚贤皮影"课程的项目化学习设计与实施案例,从中可以管窥我校项目化学习整体推进的思路、方法和实践成效。

当"尚贤皮影"遇见"项目化学习"

——奉贤区育贤小学"项目化学习"案例

一、研究基础

"项目化学习"是一种基于真实问题的探究性学习,开展跨越学科的探究与体验,其本质就是一个问题不断产生与解决的过程,在教学中开展项目化学习有利于学生高阶思维能力的发展和提高。2018年11月,我们与"项目化学习"有了第一次亲密接触。在那之前,对于学校教师和学生而言,"项目化学习"离我们还是比较遥远、比较陌生的。

此后,我们召集了一批有志于从事"项目化学习"研究与实践的教师,通过阅读"项目化学习"的相关书籍以及邀请专家来校开展实训,我们逐步走进"项目化学习",也带领学生开展了一次次的学习探究之旅。教师精心设计,学生在模拟真实环境中自主思考、探索、体验、研究、策划……提出问题、建立联系、个性化表达,丰富问题解决的经验。

二、研究目标

1. 学习品质

(1)能积极主动学习,学会发现问题,并能运用自身的知识和经验来解决问题。

(2)建立规则意识,学会克服困难,培养做事有始有终、坚持到底的良好习惯。

(3)在行动的过程中,学会倾听别人的主张,能与同伴沟通协商,共同合作。

2. 学习素养

社会——设计皮影馆方案时,与同伴分工合作,协商解决;做文明的参观者与评价者,尊重他人的劳动成果。

语言——能用图画、符号或文字来表现自己的设计意图;能用个性化的口头语言来表达自己的设计意图;体验与他人交流、讨论、辩论的乐趣;运用语文或英语学科知识为皮影馆宣传单写文介绍。

数学——以作图的方式形象说明自己的皮影馆方案设计;计算皮影馆基建与布置的成本;以表格的方式呈现皮影馆参观方案。

历史——了解皮影的历史渊源与发展变革;了解中华民族博大精深的历史与文化。

科学——知道皮影的原理,学习皮影作品的制作;了解光影的知识,点燃科学探究的兴趣。

艺术——绘制皮影馆的设计方案;皮影馆的环境与文化布置;绘制皮影馆宣传单,提升审美情趣;学习皮影的配音、表演艺术与技能。

三、行动计划

"尚贤皮影"项目化学习是从校园真实情景出发,学生尝试解决非物质文化遗产"皮影"缺少传承与推广的问题。顺着学生的兴趣与经验走向,通过"提出问题——如何设计皮影馆;建立联系——怎样宣传皮影馆;多元表达——如何运营皮影馆"等步骤,帮助学生在真实的情景中解决真实的问题。项目持续时间为一学期,在一至四年级周五的"快乐活动日"与周六"城市少年宫"时间段开展。该项目涉及综合、跨学科的知识领域,各个小项目之间相对独立又相互联系,体现了"项目化学习"通过跨学科融合来解决真实问题的理念。

四、实施阶段

(一)实施过程:借助驱动问题,开展项目探究

1. 为什么要建皮影馆?

学校少代会上,有学生提出这样的提案:学校"小心愿课程"中设置了"走进非遗""皮影故事会""纸艺皮影""皮影韵律操""皮影工坊"和"皮影小传人"六个皮影课程,形成了序列化的综合实践活动课程,皮影课程深受大家的喜爱。但是,学校没有专门的场馆能够展示皮影课程上学到的本领。学校能不能建一个皮影馆,使皮影艺术得到更好的展示,也得到更多人的关注?

2. 皮影馆里都有什么呢? ——皮影馆,我来设计!

皮影馆对学生来说是比较陌生的,学生的生活经验所限,他们对"馆"里面"是什么样的""有些什么"一知半解。这样,就形成了本项目的驱动性问题:如何设计与布置一个皮影博物馆?学生自由进行分组与分工,并预设了项目的预期成果:"尚贤皮影馆"设计方案。在此过程中,运用家长资源和社会资源,带他们参观博物馆、图书馆、展示馆等各种场馆,学生带着任务记录完成参观,形成初步的场馆

设计思路。

三、四年级的学生运用电脑绘图,设计自己心目中的"皮影博物馆",而一、二年级的学生则提议:把我们心中的皮影馆画下来。于是,孩子们开始绘制"我们的皮影馆"设计稿,设计图里有学生喜欢的皮影小舞台,也有展示学习过程与成果的宣传版面,还周到地考虑到了观看演出的观众区域等,但更多的还是涂鸦式的想象。

那么,到底该如何设计一个皮影馆呢?教师适时提供学习支持,探究课"我们的皮影馆"带领学生一起观察、探究各种各样的场馆,丰富学生对于场馆设计的认识,初步获得了解决问题的能力。场馆设计好后,将所有的场馆设计图汇集在一起,邀请学生、教师以及家长代表作为评审进行了一次"产品发布会"。会上,各小组交流、汇报、观察、对比,发现自己的设计图纸中存在的问题,评审组则提出修改意见。如,有学生提出:皮影是非遗文化,是不是应该在场馆外观和内部装饰中融入更多的中华传统文化元素?还有学生说:许多人不了解皮影,场馆中应该设置一个地方用来演示皮影的前世、今生和未来……与会人员就这些问题结合已有经验进行讨论与方案修改,最终"最佳设计奖""最佳环保奖""最佳视觉奖""最佳创意奖"等奖项都名花有主。

3. 皮影馆需要展示些什么? ——皮影馆建成了,我来布置!

2019 年 9 月,学生们惊喜地发现学校的皮影馆建成了!原来,学校利用暑假时间投入资金,完成了"尚贤皮影馆"的基本建设。"尚贤皮影馆"的外观设计、内部装修都源自于项目组的皮影馆方案设计,这是学校送给孩子们的开学礼物!

"尚贤皮影馆"建成了,"如何布置皮影馆?"又成了新的驱动问题,项目组选用适宜的方式,支持和助推学生开展第二阶段的项目学习与探究。根据皮影馆设计方案,每月围绕 1—2 个主题一起合作探究皮影馆的内部环境与文化布置,我们的预设主题包括:皮影的历史、皮影的文化、皮影的保存、皮影的工艺、皮影的原理、皮影的制作、皮影的表演以及皮影剧本的创编等。

4. 皮影馆如何运营? ——皮影宣传员,我来做!

这是现阶段项目组正在做的事情。虽然皮影馆建好了,场馆内部也在逐步完善,但是项目组的学生们明白,要让皮影馆运营起来,让同学们都喜欢来这里体验、参观,他们开始想办法宣传皮影馆,做一名皮影宣传员!

经过讨论,大家找到3条运营路径:(1)根据皮影馆内容制作宣传单,印刷分发;(2)到班级去介绍皮影馆;(3)制作海报邀请同学、老师和家长们来参观皮影馆,体验皮影文化。

(二)后续任务:借助新的驱动问题,进入新一轮的探究阶段。

1. 探究一:制定皮影馆参观方案。皮影馆很受欢迎,每天都有许许多多的"游客"过来参观、打卡,可是人一多,管理就成问题了,皮影馆开放时间、人员安排,参观攻略等都是要考虑的问题。如果你是皮影馆管理员,你会如何设计一个参观方案呢?

2. 探究二:皮影馆参观护照。皮影馆里充满了秘密和乐趣,全校师生都喜欢来探秘,如果要你设计一本"皮影探秘护照"的话,你觉得里面应该有哪些要素呢?

"尚贤皮影"项目设计来源于学生、建设取决于学生,整体布置与运营由学生实施,而他们的大部分学习活动和探究活动也发生在皮影馆里。在这里,学生的生活经验、社会技能、综合能力获得提升,皮影馆也给学生的学习和发展提供了平台,在此过程中不断探究、不断经历问题产生、解决、再生、再解决的过程,使学习真实发生。(本案例作者:育贤小学 钱莉莉)

在上文的案例中,一方面,教师很好地通过主题鲜明的活动设计,特别是驱动性问题的设计,在一步步引导和支持下,让学生通过自主思考、自主探索、自主设计,完成项目化学习的各项任务,很好地体现了项目化学习作为一种独特的学习模式在教学实践中的价值,特别是其对学生实践能力和综合素养的培养价值。另一方面,教师在选择项目化学习主题、设计项目化学习活动的过程中,真正做到了取材于学校的现实生活,把教师的教、学生的学和学校的整体建设与发展融为一体,这是一种真正基于现实的,能够让学生真正参与其中的学习活动设计,也体现了我们对于项目化学习本身的理解和思考。

五、"发展导向"的课程评价体系

学校课程治理,必然蕴含着其应有的价值导向,这种价值,应该从人的成长发展的角度进行设计,在这种设计中,评价领域的建构是重要领域。

课程与人是课程评价两个重要的价值向度,课程评价所承载的主要使命在于判断通过什么样的课程把学生培养成什么样的人,其本质在于探寻课程与人之间的交互关系。由此,课程评价因倾向于关注课程还是人的不同而形成了指向知识和指向学生的两种评价体系,不同指向的课程评价蕴含不同的评价理念。[1] 2020 年 10 月 13 日,中共中央、国务院印发了《深化新时代教育评价改革总体方案》,明确提出"改进结果评价,强化过程评价,探索增值评价,健全综合评价,着力破除唯分数、唯升学、唯文凭、唯论文、唯帽子的顽瘴痼疾,建立科学的、符合时代要求的教育评价制度和机制",[2]这实际上为新时代教育评价的整体改革提供了最为根本的价值遵循。

教育评价是一个复杂的系统,包括学生评价、课程评价、教学评价、教师评价等,其中学生评价是最为关键的,学生评价的理念要蕴含到其他领域的评价之中,其他领域的评价要通过学生成长来验证评价的价值实现。《深化新时代教育评价改革总体方案》要求,"创新评价工具,利用人工智能、大数据等现代信息技术,探索开展学生各年级学习情况全过程纵向评价、德智体美劳全要素横向评价"。这无疑指明了学生评价改革的范式走向——立体评价,将学生纵向学习的全过程与横向发展的全要素整合起来进行更全面、更客观、更科学的评价。这样的评价,有利于科学育人,人人成才;有利于系统培养,终身学习;有利于回归人本、促进人的幸福生存和可持续发展。对于育贤小学而言,我们认为,要落实新时代教育评价改革的理念,就是要把这种回归人本、发展导向的评价理念融入到课程教学评价的系统设计之中,通过课程教学评价带动学生评价改革,最终建构起一种适宜于学生全面发展和个性成长的评价体系,实现评价的发展性、增值性功能,既保障学校"心愿"课程的有效实施,也为现代小贤人的培养提供评价保障。

(一) 课堂教学评价标准

根据"小心愿课程"的实施策略,我们制定了课程教学评价标准,主要包括:教学目标是否饱满、教学内容是否丰富、教学过程是否立体、教学方法是否灵动、教学评价是否缤纷、教学文化是否温馨,以此来评价教师的课堂教学(参见表 2-3)。

---

[1]徐彬,刘志军. 指向核心素养的课程评价探析[J]. 课程・教材・教法,2019,(07).
[2]张楠,等. 新时代教育评价改革的价值意蕴与实践路径[J]. 中国考试,2020,(08).

表 2 - 3　育贤小学"心愿课堂"评价标准

评价内容	一级指标	二级指标	A	B	C	D
饱满的教学目标(10分)	目标设置	教师"导"的思路清晰;学生"学"的目标明确				
	层次划分	体现知识与技能、过程与方法、情感态度能力与素质目标				
丰富的教学内容(20分)	环节设计	课前先学有体现,课堂容量大,课堂练习有梯度				
	时间分配	保证学生有充足参与活动和自主学习的时间				
	教学形式	采用多种多样的形式呈现教学内容				
立体的教学过程(20分)	内容选择	教学容量适度,重难点把握准确				
	呈现方式	能有效地整合三维目标,促进能力培养				
灵动的教学方法(20分)	师生互动	师生有激情,课堂气氛和谐,具有学术研究氛围				
	学生参与	学生思维活跃,多种感官参与学习过程;愉快地获得新知				
	教法优化	教法设计合理,教学方式多样化				
	学法指导	指导学法得当,体现自主学习、探究学习、合作学习				
缤纷的教学评价(20分)	评价方式	多样化,充满激励、关怀、导向的作用				
	评价主体	教师、学生(互评、自评)				
	评价策略	在教学的不同目标领域选择不同的方法对学生进行评价				
温馨的教学文化(10分)	学生主体	尊重学生主体性,关注学生多方面多层次需求,因材施教				
	师生互动	建立师生平等和谐的氛围,建立师生互动探讨的教学模式				
总评						

(二)"X 课程"评价标准

我们根据学校师资力量实际,倡导教师结合自身特长,以所授科目为原点设计学科特色课程,将"小心愿课程"与基础型课程建立联系,落实学生特色课程评价标准(参见表2-4)。

表2-4 育贤小学"X课程"评价标准

指标	序号	评价标准		评价等第		
		☆☆☆标准	☆标准	自评	互评	师评
参与程度	1	主动积极参与	能与大家一起玩			
	2	有相关学科资料	仅有一篇			
	3	有浓厚的兴趣	有兴趣			
合作精神	4	能大胆表明自己的想法	有时能表明自己的想法			
	5	能服从分工并完成任务	尚能服从分工			
	6	能热心帮助别人	有时也能帮助别人			
拓展能力	7	有观察和思考能力	有一定的观察能力			
	8	有发现和提出问题的能力	有一定的发现问题能力			
	9	有收集和整理信息的能力	有收集信息的能力			
其他	10					
	11					
定性评价	自评					
	互评					
	教师评价					
说明	1. 定量评价标准设三星级、二星级、一星级,在三星级和一星级之间评为二星级,若学生表现低于一星级则画一个"○"; 2. 定性评价指对某些主要问题、突出问题或某些特长写出描述性评论; 3. 本评价属于对课程参与者基本表现的评价,若是项目拓展、小制作或有个性表现的,可参考此标准,或在表中"其他"栏另加标准。					

评价标准的制定只是科学评价的基础和前提,如何在实践中灵活运用这种标准,开发具有实践价值的评价体系,这是学校层面评价改革的关键。基于上述标准设计,育贤小学在开展学生评价的过程中力求做到"三个结合",即定量与定性相结合、形成性评价与终结性评价相结合、自评与他评相结合。

自评——学生根据自己平时对各项指标的达成度，写出定性的描述性评语。自评是评价的基础，它有利于被评学生自己发现问题，从而改进自己的学习方式与态度。所以自评具有自我诊断以实现自我调节的作用。

互评——互评范围一般在小组内进行。根据评价指标与标准，学生对组内每个成员进行客观性评价、全面性评价、全程性评价。在评价中要求学生以鼓励为主，肯定成绩，提出改进意见。互评具有客观诊断和对自评认定的作用。

师评——在自评和互评的基础上，教师根据平时所了解的情况，对学生进行公平、公正、终结性评价。教师评具有校正自评与互评的作用。

(三)"心愿之旅"评价标准

"心愿之旅"是"小心愿课程"实施的三载体之一，在推进课程的过程中，我们研究了"心愿之旅"各类活动中的师生评价要求，形成了分属于教师和学生的"心愿之旅"评价量表(参见表2-5、表2-6)。

表2-5 育贤小学"心愿之旅"评价标准(教师)

主题_____ 教师_____ 时间_____					
评价指标	评价标准	评价结果			
活动目标	1. 活动目标明确、具体、可操作，符合综合课程性质，注重综合性、实践性、生成性，切合学生实际； 2. 对活动重点、难点的把握准确，解决策略行之有效。	A	B	C	D
活动效果	1. 活动契合学生年龄、认知特点，契合课程特点，活动容量适度，难度适中； 2. 关注每一位学生，差异发展得到体现，活动目标达成度高。				
活动内容	1. 活动内容符合学生正在开展的综合实践活动主题； 2. 活动内容的设计能准确体现课型特点、结构、要素、要领； 3. 活动内容安排有序、结构严谨、转换自然，各环节时间安排合理； 4. 能把握活动内容之间的内在联系，突出重点，抓住关键和难点。				

评价指标	评价标准	评价结果
活动过程	1. 活动过程和方法选择恰当,符合学生的认知特点和年龄特点; 2. 善于创设情境,激发学生兴趣; 3. 活动过程结构自然流畅,组织合理、紧凑; 4. 善于激发学生参与到活动中,自主学习、合作学习、探究学习方式运用得当,效果好; 5. 活动手段、媒体的运用符合实际,适时、适度、适量、有效; 6. 能够及时、恰当、有效地组织、引导、归纳、点拨学生小组合作活动行为。	
教师素质	1. 仪表整洁,大方;教态端庄、自然、亲切; 2. 语言表达形象生动,富于启发性和感染力; 3. 善于激发学生主动参与,活动气氛和谐; 4. 教师有较强的组织调控能力,师生交往积极。	
总评		

表 2-6 育贤小学"心愿之旅"评价标准(学生)

主题_____ 教师_____ 时间_____							
评价项目	评价内容	评价标准	评价等级	成绩			
学习态度	积极参与活动,敢于尝试,乐于发表自己独到的见解。	1. 参与活动活跃; 2. 认真对待分工任务,善始善终; 3. 不怕困难,思维灵活,恰当选用解决方法。	A 优秀 B 完成 C 未完成	1	2	3	
合作探究	小组成员团结合作,合理分工,主动承担任务。	1. 关心同学,互相尊重; 2. 发挥优势,优劣互补; 3. 不推诿,有责任意识; 4. 乐于分享与合作。	A 优秀 B 完成 C 未完成	1	2	3	4
学习技能	熟练掌握实践方法,勇于尝试新挑战,自主学习。	1. 学会搜集整理信息; 2. 能够利用所学知识指导实践生活; 3. 自主学习,敢于尝试。	A 优秀 B 完成 C 未完成	1	2	3	

评价项目		评价内容	评价标准	评价等级	成绩			
活动类型	综合实践活动	能够依据活动主题,恰当选择活动方法开展活动,在活动过程中体验并形成活动成果。	1. 能够在自主探究的学习中掌握有用的技能; 2. 尝试并敢于将知识转化成劳动技能; 3. 能够自主尝试多种方法达到学习目标。	A 优秀 B 完成 C 未完成	1	2	3	
	其他			A 优秀 B 完成 C 未完成				
				A 优秀 B 完成 C 未完成				
总评								

总而言之,经过多年的课程教学实践,我们深刻感受到,"小心愿课程"的开发与实施源自于学生的学习需求,满足孩子的好奇心与求知欲,促进学生综合素养的发展。育贤校园就是孩子兴趣发生的地方,校园内的每一个孩子都快乐地活动、尽情地体验:在体育馆里,学生们生龙活虎,"绳采"飞扬,朝气蓬勃,"小健将"们或切磋球技,或同场竞技,脸上写满了快乐和幸福;在形体教室,少儿芭蕾、少儿模特等课程深受孩子们喜爱,他们伴着优美动听的音乐,舞着优雅洒脱的姿态,一个个练得津津有味;在美术教室、书画教室,学生们更是无拘无束,大胆想象,在玩的过程中表现出了无穷的创新精神;还有乐高机器人、3D打印、创新思维训练,育贤的"小科学家"们一个个都拥有灵动的大脑和无穷的创意;在各专用教室和演艺中心,"小文人""小当家""小贤人"们忙碌而快乐的身影。"小心愿课程"丰富了孩子的学习经历,让孩子们在丰富的课程中多维度地学习、全方位地体验,积累技能,沉淀情感,在充满灵动的学习体验中放飞梦想,成就心愿。

学生的课程活动成果在区级以上层面斩获较多奖项,如,学校经典诵读、少儿模特、行进管乐、国际象棋和空手道等课程屡获佳绩,相继在星秀未来·上海市少儿模特大赛、首届"七色花杯"少儿国际象棋、中国象棋冠军赛、上海市中小学生空手道锦标赛中获得佳绩。

结合课程建设,学校引导全体教师强化教学规范,提高课堂效率,改革教学评价,不断提升教师的专业成长。我们组织开展教师课程学习与培训,邀请课程专家指导开展课程教学实践,指导教师寻找自己的课程坐标,研发课程,编写课程纲要,《"我有一个小小心愿"——"小心愿课程"指南》一书已编印成册。

积极参与学习的课程建设,使教师专业得到快速发展。我校陈立老师被评为区"体育名师",也被认定为区"校本课程特色教师",在他的引领下,学校体育教研组开展了丰富多彩的活动,校内外的一批青年教师也得到飞速的专业成长;又如,学校的"魅力宝贝 T 台秀"少儿模特课程为学生创造学习与展示的平台,与此同时,学校教师的特长与潜能也被挖掘,他们参与课程、教学相长,自学校开办以来,每一届上海少儿模特风采展示活动学校都积极参与,数次获得了市级奖项。通过经历"小心愿课程"建设,学校打造了一支"修德、修业、求实、求新",具有较强课程建设力与执行力的教师队伍,教师成长走上快车道。

随着课程与教学改革的深入,学校的整体办学质量和知名度也在不断提升。目前,学校"炫动足球"校本课程已成为区级特色课程,在区域内得到推广共享;"心愿少年学安全""茶香润童心""衍纸变变变""我和纸盘有个约会""我有一个小小心愿"等一批校本课程学材相继印刷并投入使用;"皮影小传人""明明达达小记者""小星愿电视台""小小机械师"等课程活动开展得有声有色,成为学校的品牌项目。

育贤课程教学建设之道

课程教学是学校治理的核心领域,也是校长引领学校发展的关键领域。透过育贤小学的课程教学治理行为,可以清晰地发现育贤小学在课程教学建设的过程中,至少有以下四条经验和规律可以呈现。

首先,在思想上要绝对重视。对于任何一所学校而言,课程和教学领域的改革都是至关重要的。特别是对于一所新办学校,社会的关注,家长的期待,师生的幸福,都需要依靠高质量的课程和教学来支撑。从这个角度出发,作为学校管理者一定要有务实严谨的态度,少一些"假大空"的表达,多一些课程教学领域实践性的思考和设计。只有抓住课程和教学,才是抓住了学校整体改革发展的牛鼻子。

其次,在设计上要彰显特色。特色发展是当下学校改革发展的共性战略选择,学校的特色,很大程度上要靠课程和教学的特色来支撑。在这样的情况下,学校在课程建设和教学改革的过程中,如何寻找亮点,寻找主线,寻找特色,就成为一个关键性的问题。在具体的实践中,我们通过"心愿"来串联零散的课程和活动,形成具有学校特质的"心愿"课程体系,既符合学校办学理念,又有鲜明的辨识度,能够为学校持续打造办学特色提供支持。

再次,在行动上要辨证选择。学校的课程教学改革是一个系统工程,如何在行动上进行合理的选择尤为重要。创立在当下教育改革背景中的育贤小学,是一所高起点、高定位的学校。在具体的课程教学改革中,我们坚持辩证选择——发挥后发优势,系统借鉴现有的学校课程教学改革经验,加以校本化的吸收和创新,做到外部借鉴和内部创新的有机结合;坚持立德树人,既不折不扣地执行国家课程标准,开足开好基础课程,也充分发挥学校和区域特色,在校本课程和国家课程的校本化实施中进行探索创新,做到国家课程和校本课程的有机结合;着眼课程教学迭代,既做好点状的尝试和探索,也注重整体层面的系统性改革设计,做到整体和局部的有机结合。

最后,在价值上要成事成人。学校课程建设本质上是依靠师生、为了师生的,这是课程建设与改革的基本价值和立场问题。对于学校而言,课程建设和改革,目的不能够仅仅聚焦于把课程建好或者把课上好,而要在这一整体改革过程中充分发挥师生的主体价值,让师生在课程建设和实施的过程中获得成长,实现发展,做好课程教学改革成事成人的有机融合,这才是学校课程教学治理的价值所在。

第三章

立德树人——坚守学校治理的价值追求

【校长的思考】任何层面的教育治理,都是一种有着鲜明价值导向的实践行为,教育治理的价值,应该与教育的本质和追求相匹配。人是教育原点,也是教育归宿,在学校治理和学校整体改革发展过程中,必须要树立起鲜明的"人的立场",或者更直接地称之为"学生立场"。这意味着,教育的本质是立德树人,学校的核心任务是人才培养,这是学校治理过程中必须坚守的价值旨趣。人的培养,是一个系统性工程,需要课程教学的支持,需要文化的浸润,需要高质量的教师队伍,需要多元教育主体的协同创新。对于校长和学校而言,如何坚守学校治理的价值,遵循立德树人根本任务,通过个性化的培养目标设计和相应的主题活动实施,为学生成长提供相应的引领和支持,这是学校实现人才培养的实践性基础。

教育治理的价值目标能够为多元主体之共治提供方向和指针。概言之，教育治理的价值目标是办成"好教育"，使教育领域公共利益最大化。[1] 对于学校而言，学校治理同样应该遵循"好教育"的价值指向，从学校教育人才培养的核心功能以及教育以人为本的核心价值出发，判断学校教育治理是否达到了"好教育"的境界，应该回归到人才培养的关键任务之上。儿童的成长是教育的基本价值所在，也是不同历史阶段教育改革的基本目的所在。[2] 从这个角度出发，推进学校层面的教育治理现代化建设，表面上看，是要进一步理顺学校内外部关系，形成多元主体共同参与的学校教育治理格局，最终实现学校办学品质的持续提升，而其内在的价值则在于通过高质量的学校治理实现学生全面发展、个性成长，以优质治理赋能学生高品质发展应该成为现代学校治理恪守的价值旨趣。

当前，中国正在步入后工业化时代，同时，新科技革命和产业变革蓄势待发，创新成为引领经济社会发展的第一动力。人才作为创新活动的核心要素，成为赢得国际竞争优势的战略资源。要建设世界科技强国，实现国家富强、民族复兴，人才培养起着重要的基础性作用。[3] 如何准确把握新时代我国基础教育改革发展的整体趋势，创新人才培养的理念和路径，真正培养德智体美劳全面发展的高质量人才，这是摆在任何一所学校和每一个教育工作者面前的共性问题。

对于学校而言，人才培养归根到底是一种实践性活动，不论基于怎样的理念和假

［1］褚宏启.教育治理:以共治求善治[J].教育研究,2014,(10).

［2］袁国,贾丽彬.人的全面发展:教育改革的基本价值标准[J].教育理论与实践,2018,(20).

［3］赵兰香,等.中国人才培养急需"双重转型"[J].中国科学院院刊,2019,(05).

设,要培养高质量的人才,最终还需要学校教育的发展,需要教师的充满智慧的劳动。从某种程度上说,不论我们设计怎样的人才培养定位、理念和路径,教育的最终价值都应该体现在唤醒学生内在的追求。没有内在人格的自我觉醒、自我意识的觉醒,外在的所谓各种压力,对学生的学习与成长所起的作用不仅是短暂的,而且就学生的终生发展而言是极其有害的。由此,每一所学校,都要通过高质量的人才培养体系建构,既从外部给予学生全面发展和个性成长以足够的支持,也从内部更好地激发学生的成长自觉,赋予学生适应未来社会的精神和品格。毋庸置疑,人才培养的基础和关键一定是学校的课程和教学,其他领域的人才培养体系建构一定是围绕课程和教学开展的,从某种程度上说也必然是为课程教学更好地实施而提供服务的,因此,论及学校的人才培养体系建设,就不可能绕开学校的课程建设与教学改革。在本书的第二章中,我已经就学校的课程、教学工作进行了专门的论述,因此本章主要体现的是传统课程教学之外的其他领域的人才培养路径设计,特别是学校围绕学生德智体美劳全面发展的国家战略和“现代小贤人”培养的学校目标所进行的个性化的人才培养探索和设计,这些路径与学校的课程教学一起构成了学校完整清晰的人才培养体系,也展现了育贤小学在新时代高质量学校人才培养体系建设中的思考和行动。

一、“立德树人”根本任务和全面实践

重视道德教化,以伦理组织社会,是中国传统文化的显著特点。[1]“才者,德之资也;德者,才之帅也。”人才培养是育人和育才相统一的过程,而育人是本。人无德不立,育人的根本在于立德。这是人才培养的辩证法。青年可塑性强,处于人生观、价值观、世界观还未定型的时期,扣好人生的第一粒扣子对于价值观养成至关重要。这就需要学校把德育放在更加重要的位置,真正做到以文化人、以德育人,努力做到每一堂课不仅传播知识,而且传授美德,不断提高学生思想水平、政治觉悟、道德品质、文化素养,让社会主义核心价值观的种子在学生们心中生根发芽,把立德树人的根本任务落

---

[1] 梁漱溟. 中国文化要义[M].上海:上海人民出版社,2005:20—21.

到实处。[1]

中华人民共和国成立后,继承并发扬了这一优良传统,先后提出了德育为首、德育为先、德育为根、立德树人,从战略高度定位学校教育的使命。[2]特别是党的十八大之后,"立德树人"作为教育的根本任务,越来越成为引领教育改革发展和人才培养的核心价值。应该指出的是,不论是从德育在"五育"体系中的引领地位,还是从道德生长对于人的全面发展的基础性价值,都应该在人才培养过程中注重思想道德层面的引领,注重学校德育的改善。

作为一所新成立的学校,育贤小学清晰地认识到在新时代高质量人才培养体系建设过程中德育的重要价值,试图通过全员、全过程、全方位的德育体系建构,夯实学校立德树人的实践基础,以高质量德育引领学校高质量发展,成就学生德智体美劳全面发展。

近几年来,学校以习近平新时代中国特色社会主义思想和党的十九大精神为指导,贯彻落实《中小学德育工作指南》精神,在"为了实现每一个孩子的美好心愿"办学理念的引领下,针对未成年人身心成长的特点,以培育践行社会主义核心价值观,增强学生社会责任感、创新精神、实践能力为目标,以育人为根本,养成教育为基础,常规管理为重点,家校联系为突破,主题教育为抓手,学科教学为载体;注重行规养成教育实效,熏陶和提高学生的人文素养,教育和引导学生成为"能自立、懂感恩、知礼仪、乐健身、爱阅读、会审美、善创新、勤实践"德智体美劳全面发展的社会主义建设者和接班人!

在深入推进学校德育工作的同时学校构建了方向正确、内容完善、学段衔接、载体丰富、常态开展的德育工作体系,促进了学校德育工作专业化、规范化、实效化,形成了全员育人、全程育人、全方位育人的德育工作格局。

(一) 课程育德,发挥全员德育育人作用

新时期的学校德育工作发生了较为显著的转型,德育内容从单一的思想政治教育到丰富的"大德育"内容体系,德育实施从孤立的专门性学科教育到全员育人、全过程

[1] 储朝晖.把德育放在更加重要的位置[N].人民日报,2021-12-08,(05).
[2] 杜时忠,孙银光,程红艳.德育研究70年:回顾与前瞻[J].教育研究,2019,(10).

育人、全方位育人的立体德育，[1]在这样的一种整体导向下，学科德育成为一种重要的德育范式。中小学门类众多的学科课程中包含着大量丰富的德育知识，这些德育知识附着在学科知识之上，需要教师用教育智慧来挖掘和利用。因此，从某种程度上可以认为，学科知识的教学实现程度是学科德育的有效量尺，由学科知识汇聚而成的德育资源能够不断促进学生道德认知和道德理性的发展与成熟，[2]这也就意味着，学校层面要真正建构完善的立德树人体系，就必须充分发挥学科的德育效能，彰显课程的育人价值。

1. 落实学科德育

落实学科融入德育，全体学科教师要做到"五有"：融入德育有意识、制定计划有安排、课时备课本上有体现、课堂教学有落实、下课之后有效果。推进落实各学段各学科德育达标要求，要求各教研组和科任教师在制定工作计划时，必须结合学科特点考虑教学的德育功能。各教研组开展活动，要把德育寓于活动中，科任教师把德育寓于教学过程中。所有科组及科任教师要探索在学科教学中的德育融入工作，在传授知识、培养技能、引导学生情感的过程中对学生进行人生观、价值观的教育。

2. 实施成长"3X"校本德育课程

实施成长"3X"校本德育课程，以"修身、修心、修行"为宗旨，遵循学生的身心发展规律以及德育认知规律，以"结构化""课程化""生活化""实践性"为特点，将德育课程内容与核心素养的培育有机结合，将德育课程与实践活动有机融合，形成结构化、主题化、一体化的"学、做、行"三维一体的体验式育人新模式。

在德育校本课程的实施中，养成良好的道德品行。成长"3X"德育课程中有关"文明礼仪·行规修身"内容的学习集行为习惯养成、文化基础润泽、身体心理修养、人格品质教育、情感态度陶冶等内容为一体，与学生"一日行规"训练相结合，与班级日常行规教育相结合，使每个学生都在课程的学习中学会并规范自我。

在德育校本课程的实施中，培养学生美好生活的能力。成长"3X"德育课程中很多课程的设计都是与学生的社会实践相结合，通过活动来锻炼学生的意识品质，让身

[1] 冯建军.改革开放四十年中国德育的转型发展[J].南京社会科学,2018,(04).
[2] 李敏,张志坤.审议与反思：学科德育的教学表现样态[J].教育发展研究,2014,(22).

心得到健康向上的发展。

在德育校本课程的实施中,探索新型的评价模式。建立基于核心素养的成长"3X"德育课程评价标准,明确学生在参与实践中完成相关内容后应该达到的程度要求,把学习和实践相结合起来,形成可学、可见、可测、可评价的德育一体化评价体系。

(二) 文化育德,让"心愿文化"浸润校园生活

教育与文化的关系十分密切。在某种意义上说,教育即文化,教育的本质是人与文化之间的双向建构。[1]亨廷顿认为,文化是指人类生产或创造的,而后传给其他人,特别是传给下一代人的每一件物品、习惯、观念、制度、思维模式和行为模式。[2]文化的发展有一定的历史连续性,文化既是自己的生存活动,也是前人活动的结果,文化体现了人类社会物质生活和精神生活的核心价值,因而具有鲜明的教育价值,文化育人应该成为当下教育改革发展和人才培养的重要理念。对于学校而言,学校文化是民族文化、社会文化的一种细化,体现了学校特有的精神基因,因而对于学校整体发展和人才培养具有更加直接而鲜明的积极意义,这种意义,既体现在人的行为上,更体现在人的思想、道德、价值观念上。

育贤小学充分发挥高标准、高配置、现代化的校园文化优势,不断赋予校园环境更多彩、有特色的人文内涵和文化底蕴。创设并开展艺术、科技、体育等方面的校园文化活动,以"心愿墙""心愿卡""心愿树""心愿林""心愿列车"等丰富多彩的"心愿文化"载体滋养师生的心灵,营造和润的育贤氛围,使校园真正成为学生成长的摇篮,教师成就事业的舞台。

建构学校"心愿文化"元素,落实校园文化建设要求,让"每一堵墙、每一个角落都有心愿的影子",使"心愿教育"无处不在。

推进"精神家园"创建,全面提高校园文化内涵。大力弘扬"自强不息、追求卓越"的育贤精神,为学校的建设和发展建立新功。

落实"心愿大厅"景观,积极建构心愿文化元素。做好心愿墙、心愿浮雕、艺术、科

---

[1] 刘献君. 论文化育人[J]. 高等教育研究,2013,(02).

[2] 塞缪尔·亨廷顿,劳伦斯·哈里森. 文化的重要作用——价值观如何影响人类进步[M]. 程克雄,译. 北京:新华出版社,2010:8—9.

技楼层、心愿列车等墙面、空间文化布置,充分挖掘文化资源,优化文化设施的育人功能,紧紧围绕校训和校风,营造和润的育贤氛围。

做好"温馨教室"建设,充分发挥底蕴辐射作用。凸显学生个性,激励学生成长,创设"心愿"教学、集体、校园、活动、家庭、心理环境,助推学生实现美好的心愿。

开设"文馨讲坛",通过"文馨讲坛"活动帮助教师拓展知识视野,增强文化底蕴,在更广阔的层面与专家、名人面对面交流学习,将文化认同与教学研修相融合,打造"学习型""研究型"的贤达教师团队,逐步形成"养贤明之德,育贤达之人"的文化氛围和"自强不息、追求卓越"的学校精神。

(三) 实践育德,促进和谐校园建设

近年来,随着德育理念创新和实践变革的加剧,人们对于学校德育的内在逻辑和价值理念有了新的认识。很多时候,德育与其说是一种知识的积累,不如说是一种实践的体验和自我的超越。鲁洁先生提出,道德教育是一种超越,道德教育不是对现实的行为与关系的复制与重现,而是按照某种超越于现实的道德理想去塑造与培养人,促使人去追求一种理想的精神境界与行为方式,以此实现对现实的否定。[1] 由此,道德不全部是、不纯粹是规定、限制人自己的力量,也是人探索、认识、肯定、发展和创造自己的力量,[2] 而这种力量的激发,需要学生道德层面的积极体验,需要将道德知识运用于道德实践。从这个角度出发,真正有效的德育,必须要注重学生的直观感受和体验。不同于传统德育,体验式德育强调让学生在实践中体验,在体验中感悟,在感悟中成长,是一种动态的自我教育过程。[3] 体验式德育要求学校搭建平台、创设条件让学生参与各类活动,并在活动中学习、感悟、反思、成长,让学生亲身体验,感受社会、他人与自我的密切关系,感受到道德、理想和信念的精神激励,使学生有所知、有所悟、有所行,最终助力学生人格的日臻完善。[4] 基于体验式德育的理念,育贤小学注重通过多样化的体验活动,让学生在丰富、直观的具身体验中丰富道德知识,增强道德

[1] 鲁洁. 道德教育:一种超越[J]. 中国教育学刊,1994,(06).
[2] 杜时忠,孙银光,程红艳. 德育研究 70 年:回顾与前瞻[J]. 教育研究,2019,(10).
[3] 杨静. 从"离身"到"具身":学校德育的困境与转向[J]. 教育探索,2021,(01).
[4] 张厚莲. 以"体验式德育"培育学校德育特色[J]. 中小学管理,2021,(08).

认同,形成道德自觉。

1. 开展各类实践体验活动

学校努力做好春秋季社会实践活动,提高社会实践活动的实效。充分挖掘家长的职业体验资源,推进以"职业启蒙教育"为主题的"家长进课堂""假日小队"等活动,开发校内外的实践基地,加强劳动教育活动。培养学生树立正确的职业理想,提高学生综合素质。开启"世界之窗""红色之旅"提升学生的国际理解及交往能力,体验革命烈士抛头颅洒热血的爱国主义精神。

2. 举办校本节庆活动和仪式教育

(1)校本节庆主题活动

九月"自立节":进行自立技能的评比、"我自立我快乐"实践活动、"我是种植小能手"系列活动提高学生自理自立能力,增强服务意识,提高服务能力,培养责任心,热心为同学服务、为家长服务、为班级服务、为学校服务、为社区服务,培养学生从小自强自立的精神。

十月"体育节":深入开展"阳光体育健身"活动,每年开展"体育节",通过体育文化建设、校园运动会、亲子游戏、体育技能竞赛等板块开展,不断丰富学生课外体育活动的形式和内容,提高学生身体素质及运动技能,培养学生顽强拼搏的精神。

十一月"丰收节":结合学校劳动教育和"稻香丰谷"课程,围绕"水稻"开展形式多样的主题活动,以探究研学的方式,学生们走进稻田,走进乐耕园,通过学习单奔赴水稻之约,再结合自身感想,发挥创意,完成"丰收"作品,定格最美瞬间,从而引导学生感受劳动和丰收的魅力,同时增强学生的综合实践能力。

十二月"民俗节":传统节日是传承历史文化的重要载体,通过民俗节系列活动,以"传统节日""24节气"等探究为主线,结合"迎新展演",进一步加强爱国主义教育,让每位孩子爱上中华传统文化,弘扬中华民族传统美德,进而提高学生的道德素养,更好地继承和发扬中华优秀历史文化和传统美德。

三月"礼仪节":礼是发于人性之自然,合于人生之需的行为规范文明礼仪。通过开展"心愿少年为'礼'打 call"主题系列活动,以"仪之礼""学之礼""言之礼""行之礼""食之礼""玩之礼"为要求,引导学生做讲文明、知礼仪的育贤少年,培养学生积极阳光的心态,推进学生文明行为养成教育,共创和谐校园。

四月"读书节":以读书节为契机推进"文韵书香·阅读修心"课程。为师生搭建阅读交流、展示的平台,营造积极向上的校园文化氛围,激发师生读书热情,培养良好的读书习惯,多读书、爱读书、会读书,营造和谐的书香班级、书香校园。

五月"科艺节":结合区活动节的开展,以弘扬传统文化为根本,以文艺表演、科技创新、实践体验等形式让学生在活动中展示自我,激发学生的创新思维,为学生搭建"追愿"舞台,培养学生健康良好的审美情趣与艺术修养,提高科技创新能力和综合素质,展示学校科学艺术教育的成果。

六月"启职节":结合区学生生涯规划活动的开展、学校"成长 3X"中职业启蒙—实践修行德育课程的开发,发挥家校联动机制,通过认识职业、体验职业等活动来启蒙学生对自己职业的向往。

(2)"仪式教育"主题活动

一年级"入学仪式":开学前对一年级新生进行培训,了解规章制度,学习文明礼仪,熟悉课堂常规。开学典礼上举行"入学仪式"、建校纪念日暨一年级学习准备期展示,拥抱伙伴、拥抱师长,放飞梦想、快乐启航,使一年级新生早日融入育贤大家庭。

二年级"入队仪式":通过"小贤人'队'你说"系列活动,学习戴红领巾、敬队礼、呼号、唱队歌。通过"入队仪式",引导学生们从每一件小事做起,从小学做人,学习立志、学习创造,争当新时代贤德少年。

三年级"十岁生日仪式":通过庆祝集体生日活动,让学生回味自己的成长故事,体会父母养育的辛劳,学习感恩;让学生展示自己的才能,体验成功的喜悦,学习珍惜;使学生对自己的人生有所设计,学习承担责任。

四年级"友谊中队结对仪式":四年级的队员们结对学弟学妹,签署结对协议,成为了手拉手的好朋友和共同成长的好伙伴。引导四年级小辅导员们成为他们的好榜样,履行职责,互相交流,互相帮助,共同成长。

五年级"毕业典礼仪式":通过隆重而有意义的毕业典礼来展示五年来的教育成果,让学生在记忆深处对育贤小学留下美好的印象,增进师生、家长之间的感情,让学生在师生情感的交流中学会感恩,培养学生良好的集体主义精神。

(3)基地实践活动

规范开展校外实践基地活动(江氏园林、一凡果蔬、罗克节能、民旺苑居委、新悦居委、伟星管业），让学生提早与社会接触，获得亲身参与实践活动的积极体验和丰富经验，提高交往协作能力、观察分析能力、动手实践能力，培养他们的创新精神和实践能力。

（4）自主假日活动

充分发挥家长们不同行业的职业体验资源，开展以"职业启蒙体验"为主题的自主假日活动，让学生跟随着父母体验一个项目，了解一门职业，研究一个课题，感受一种文化，从而发现自己的职业志趣，在快乐中丰富职业知识。

结合学校开展的各个主题活动，学生在家长的带领下进行如为社区服务的"社区小岗位"等形式的社区活动。

（5）认真做好各类专题教育活动

深化"两纲"教育，做好"i贤文化""经典诵读""环境教育"区域读本使用工作，将三本《读本》与教育教学结合，与校园文化建设结合。贤文化教育根据《奉贤"i贤文化"教育读本实施方案》，结合本校实际，创造性地进行校本化实施，做到组织领导、实施计划、师资安排、实施时间和实施效果"五落实"，做好读本的使用工作，并及时总结反思。

认真上好健康教育指导课，积极开展学校红十字工作，积极开展健康卫生教育、禁毒教育、预防艾滋病教育、反邪教警示教育等，培养学生健康的生活态度和生活习惯，养成正确的读写姿势，切实做好防近视防病工作。及时妥善处理学生传染病和各类伤害事故。

加强心理疏导，健全学生人格。积极发挥心理健康咨询室的作用，开展心理健康教育。并以"温馨教室"的创建为重点，加强对学生心理的教育和指导，通过营造健康良好的人际关系，帮助学生提高心理素质，健全人格，增强承受挫折、适应环境的能力。

加强安全、法制教育，提高自护能力。通过法制专题讲座、民防教育活动、消防教育、防灾减灾逃生演练等途径对学生进行安全、法制教育系列活动，增强学生遵纪守法的自觉性和自我保护意识。正确引导学生规范、文明上网和安全上网，遵守公共道德。

（6）积极开展各类主题教育活动

开展各类传统文化活动，奏响传统文化教育主旋律。围绕重大节日、特定日期开展主题教育活动，如元宵节、学雷锋日、植树节、清明节、劳动节、端午节、重阳节等，对学生进行传统文化、尊老爱幼以及爱国主义教育。

二、"贤德少年"培养目标的校本设计

学校的核心工作是人才培养,人才培养要科学有效,必然需要在培养的目标上进行精心设计。这种设计既要体现国家、社会发展的共性需求,也要彰显学校的特色。众所周知,不论是怎样的学校,都需要将立德树人作为教育的根本任务,都需要将学生道德、情感、价值观层面的引领作为人才培养的首要标准。如何在普遍强调立德树人,强调道德教育的整体背景下打造出学校在人才培养上的特色,育贤小学认为,首先要在人才培养的定位上进行进一步思考。育贤小学在原有的人才培养目标设计上,主动融入道德元素,将人才培养目标在道德教育的境遇中进行重新设计和挖掘,明确提出"培育贤德少年"的人才培养核心任务,以这种人才培养目标为引领,凸显学校德育的重要价值,贯通学校人才培养体系,打造学校在人才培养上的特色和品牌。学校制定了加强"养贤明之德、育贤达之人"的实施意见,积极构建德育工作新体系,探索具有"贤文化"特色的新途径,引导学生准确理解和把握社会主义核心价值观的深刻内涵和实践要求,养成良好政治素质、道德品质、法治意识和行为习惯,积极引导学生开展"知贤、识贤、行贤、成贤"的实践活动,以"明事理、养贤德,爱学习、长贤识,乐活动、强贤能,会鉴赏、扬贤美"为载体,坚持学校教育与家庭教育、社会教育相结合,不断完善德育工作长效机制,努力形成全员育人、全程育人、全方位育人的德育工作格局,全面提高德育工作水平。

(一) 建构"培育贤德少年"的目标体系

1. 总体目标

以"养贤明之德 育贤达之人"为办学宗旨,认真践行"明理笃行"的校训和"为了实现每一个孩子的美好心愿"的办学理念,积极构建德育工作新体系,探索具有"贤文化"特色的新途径,引导学生准确理解和把握社会主义核心价值观的深刻内涵和实践要求,养成良好政治素质、道德品质、法治意识和行为习惯,形成积极健康的人格和良好的心理品质,促进学生核心素养提升和全面发展,积极引导学生开展"知贤、识贤、行

贤、成贤"的实践活动,以"明事理、养贤德,爱学习、长贤识,乐活动、强贤能,会鉴赏、扬贤美"为载体,大力培育"有贤德、有贤识、有贤能、有贤美"的世贤少年。为学生一生成长奠定坚实的思想基础,成为特色鲜明的"贤文化"德育基地学校。

2. 学段目标

低年级:教育和引导学生热爱中国共产党、热爱祖国、热爱人民,爱亲敬长、爱集体、爱家乡,初步了解生活中的自然、社会常识和有关祖国的知识,保护环境,爱惜资源,养成基本的文明行为习惯,形成自信向上、诚实勇敢、有责任心等良好品质。

中高年级:教育和引导学生热爱中国共产党、热爱祖国、热爱人民,了解家乡发展变化和国家历史常识,了解中华优秀传统文化和党的光荣革命传统,理解日常生活的道德规范和文明礼貌,初步形成规则意识和民主法治观念,养成良好生活和行为习惯,具备保护生态环境的意识,形成诚实守信、友爱宽容、自尊自律、乐观向上等良好品质。

3. 特色目标

知"贤":创设必要的环境和宣传氛围,开展《i奉贤·贤文化》课程和育贤小学《明理·育贤》读本的学习活动,让学生熟知具有典型意义的"贤人""贤事",了解"奉贤"的来历,理解"贤"的含义(才能、德行均好,也指才能、德行均好的人);理解奉贤提出"敬奉贤人、见贤思齐"的贤文化建设的历史渊源;理解古今奉贤"贤"才辈出以及他们对推动奉贤社会进步,提高奉贤人民文明素养的主要贡献和作用。

识"贤":以"明事理、养贤德,爱学习、长贤识,乐活动、强贤能,会鉴赏、扬贤美"为载体,帮助学生概括育贤小学《明理·育贤》读本所介绍的"贤"人的优秀品质,激发学生学"贤"若渴、见"贤"思齐的热情,理解其所蕴含的"贤"品质,把握"贤文化"丰富内涵,学习"贤人"的优良品德,不断内化具有"贤人"特质的意志品质和思想感情。

行"贤":充分利用班队课进行"知识拓展""参观考察""社会调查""故事演讲""问题研究""社会公益""主题辩论""诗文诵读""文化探寻""成果展示"等活动,积极引导学生"知贤、识贤、行贤、成贤",不断体验"明事理、养贤德,爱学习、长贤识,乐活动、强贤能,会鉴赏、扬贤美"的过程,凸显学生的主体地位,积极发挥学生的能动作用,在校园学习、家庭生活、社区共建、社会实践等方面,沐"贤"人之遗风,学"贤"人之品德,效"贤"人之行举;积极创设条件,精心设计活动方案,为学生搭建实践平台,让学生在实践中践行贤德,培养贤能。

成"贤"：广大教师高度重视、充分发挥《明理·育贤》德育校本教材的作用，全校统一利用单周四晨会的时间，以《i奉贤·贤文化》课程和育贤小学《明理·育贤》读本的实施为抓手，把学生培养成为"有贤德、有贤识、有贤能、有贤美"的世贤少年。积极开展以"贤"为特征的和谐校园建设：建设环境优美的温馨家园、快乐学习的启智学园、尽情体验的成长乐园、全面发展的五彩校园，努力把育贤小学办成教学有特点、学生有特长、学校有特色的贤文化基地学校。

(二) 明确"培育贤德少年"的实践原则

坚持"一体性"原则：旨在构建目标明确、主线清晰、创新实践、富有成效的一体化德育课程体系。纵向层面，低中高年级有机衔接、前后贯通、有序递进、符合学生身心发展和认知规律；横向层面，融通德育课程、学科德育、体卫艺科、行为规范养成教育、心理健康专项教育等所蕴含的德育要求，促进校内外合力育人。

坚持"课程性"原则：旨在开发形成有利于实现德育一体化的校本特色课程系列。防止德育工作的随意性，将德育活动全方位纳入德育课程。整合行为规范和专题教育课程资源，科学安排、全面梳理、课程落地，发挥课程育人的主导功能。

坚持"活动性"原则：旨在构建"做中学、动中学、玩中学"的实践育人新模式。通过开展"知贤、识贤、行贤、成贤"的实践活动，走出课本、走出课堂、走出校园，体现生活性、社会性、群体性，使德育实践活动更富有感染力、吸引力，提高针对性、实效性。

坚持"文化性"原则：旨在挖掘"明事理、养贤德，爱学习、长贤识，乐活动、强贤能，会鉴赏、扬贤美"的贤文化教育新内涵与新载体。全面落实《i奉贤·贤文化》课程和育贤小学《明理·育贤》读本的实施，注重推进"贤文化"教育与学校教育教学、校园文化、家庭教育等有机融合。

(三) 丰富"培育贤德少年"的行动路径

聚焦现代德育的价值和理念，整合校内外资源，建构涵盖管理育贤、课程育贤、活动育贤、文化育贤在内的"四位一体"的贤德少年培养体系。

1. 管理育贤

积极推进学校治理现代化，提高学校管理水平，将"养贤明之德　育贤达之人"的办学宗旨贯穿于学校管理制度的每一个细节之中。一是完善管理制度、制定校规校纪，健全学校管理制度，规范学校治理行为，形成全体师生广泛认同和自觉遵守的制度规范；建立实现全员育人的具体制度，明确学校各个岗位教职员工的育人责任，规范教职工言行，提高全员育人的自觉性，培育、宣传师德标兵、教学骨干和优秀班主任、德育工作者等先进典型，引导教师争做"四有"好教师。二是制定班级民主管理制度，形成学生自我教育、民主管理的班级管理模式；班主任要全面了解学生，加强班集体管理，强化集体教育，建设良好班风，通过多种形式加强与学生家长的沟通联系；各学科教师要主动配合班主任，共同做好班级德育工作。三是细化学生一日行为规范，落实《中小学生守则(2015年修订)》，教育引导学生熟知学习生活中的基本行为规范，践行每一项要求；会同相关部门建立学校周边综合治理机制，对社会上损害学生身心健康的不法行为依法严肃惩处；完善学校联系关爱机制，及时关注学生心理健康状况，积极开展心理辅导，提供情感关怀，引导学生心理、人格积极健康发展。

2. 课程育贤

充分发挥课堂教学的主渠道作用，将"养贤明之德　育贤达之人"内容细化落实到各学科课程的教学目标之中，融入渗透到教育教学全过程。按照课程方案和标准，上好道德与法治课、晨午会课和班队课，落实课时，不得减少课时或挪作他用。首先，要充分利用班队会(课)、晨午会、十分钟队会等课堂，落实《i奉贤·贤文化》课程和育贤小学《明理·育贤》《行为规范教育》等读本的实施，广泛开展课程的学习宣传，根据读本的年级分段，以人物为主线，开展学习活动，深入理解人物的优秀品质；其次，在心理辅导课、探究课教学中，积极开展讨论探究活动，探究奉贤的革命英烈、教育精英、先进模范、孝子贤孙、学士名人、民族英雄、仁人志士、科技名人、才子学者、艺术骄子、良医名士们不同的成长环境，相同的成"贤"经历，激发学生立志成贤的热情；第三，加强学科教学的课堂渗透，尤其是语文、道法等学科，要充分发挥学科优势，利用读本资源，丰富教育形式，拓展学习内容，增强教育效果。

3. 活动育贤

主题活动是实施"养贤明之德　育贤达之人"的重要途径，学校紧扣时代主流文化，切合时代脉搏设计丰富多彩的德育主题活动，《i奉贤·贤文化》课程和育贤小学《明理·育贤》读本的实施，为德育主题活动的开展提供了丰富的资源。首先，充分挖掘读本所展示的"贤人"的优秀品质,结合上级布置的德育主题任务,寻找最佳的教育结合点和切入口,精心设计主题教育活动方案,丰富主题活动的内容;其次,在开展德育主题活动的过程中,不断拓展"贤文化"的精神内涵,挖掘代表"贤文化"的人和事,以身边的"贤人贤事"丰富贤文化教育活动;第三,广泛开展社会公益服务活动,让学生走出校园、走进社区,开展清洁卫生、环境保护、植绿护绿、为孤寡老人送温暖、公益劝导、爱心助困等志愿服务活动,积极参与文明城区的创建,体验行"贤"的意义与快乐,让"贤文化"所彰显的优良品质内化为学生优良品行,显现教育效果;第四,积极组织丰富多彩的学生社会实践活动,让学生在活动中理解"贤"、体验"贤"、践行"贤",加深对"贤文化"丰富内涵的认识,激发学生的"敬贤"情感和"齐贤"愿望,开展与读本内容相关的参观访问活动,建立祭扫烈士墓和"红色寻根"活动的长效机制,并与春秋游社会考察、民防训练等活动有机结合,让学生在丰富多彩的社会实践活动中,贴近"贤人",感受"贤文化"的魅力,自觉接受"贤文化"的熏陶。

4. 文化育贤

重视校园文化建设在实施"养贤明之德 育贤达之人"中的作用,依据学校办学理念,结合文明校园创建活动,因地制宜开展校园文化建设,使校园秩序良好、环境优美、校园文化积极向上、格调高雅,提高校园文明水平,让校园处处成为育人场所。一是充分利用现有物理环境,总体构思文化环境布置格局,充分利用板报、橱窗、走廊、墙壁等进行文化建设,可悬挂革命领袖、科学家、英雄模范等杰出贤人的画像和格言,展示学生自己创作的作品或进行主题创作,突出"贤文化"宣传在校园环境布置中的比重,班级文化建设要体现育贤班级特色,形成全校性的"贤文化"建设氛围;二是加强校风教风学风建设,校训、校风、教风、学风、校徽、校规、校歌、校旗等校园宣传,设计符合教育规律、凸显育贤特点和办学理念,形成引导全校师生共同进步的精神力量,重视构建良好的人际关系为核心的温馨教室建设,积极开展人文课堂研究,努力促进学生的主动学习,鼓励学生自主设计班名、班训、班歌、班徽、班级口号等,增强班级凝聚力;三是进一步优化学校"节"文化建设,读书节、艺术节、科技节、体育节、民俗节等活动,努力挖掘"贤文化"教育元素,培养学生具有良好的行为习惯、积极的情感态度、健康的身体心理、扎实的文化基础、丰厚的人文底蕴等"世贤少年"核心素养要求;四是充分发挥民族传统节日的教育作用,将爱国主义、感恩教育、尊老教育、礼仪教育等融入民族传统节日教育之中，引导学生深切感受中华民族传统文化的魅力，传承优秀的民族传统，弘扬"贤文化"。

三、"行为规范"良好习惯的持续养成

行为规范教育，既是现代德育的重要组成部分，也是青少年健康成长并最终有效融入社会生活的重要保障。小学阶段的学生，正处于行为习惯的重要可塑期，养成教育尤为重要。从教育的本质问题看，教育对于学生的影响一般可以从思想和行为两个维度进行阐释。教师对学生的行为不但应当经常关注，在必要时还有责任加以干涉。[1]从这个角度出发，培养学生良好的行为习惯，不仅是高质量人才培养体系的重要内容，也是促进学生更好地实现自我成长的题中之义。在前文的论述中，尽管已经在学校立德树人的整体实践框架中提及了行为规范教育的相关内容，但是考虑到学生良好行为习惯养成的重要价值以及学校围绕学生良好行为习惯所进行的一系列探索，在此部分中，有必要对学校行为规范教育的思考、设计和实践进行针对性说明。

对于学生的行为规范教育，作为校长，我有自己独特的理解和思考，特别是在整个教育系统都非常重视学生行为规范示范校评审的情况下，行为规范教育到底应该怎样实施，到底有怎样的价值和意义，我认为，作为校长是必须要有清醒的认识的。

对于行为规范教育的价值和意义，作为校长，我的理解主要有两个维度：其一，从学生的角度看，良好的行为规范不仅是学生良好思想素质、行为习惯的表现，也是学生实现终身成长的重要基础，如果没有良好的行为习惯，再好的学业成绩也难以匹配社会需要的人才培养目标。更何况，从大量的实践研究看，学生良好行为习惯与其学成成就的表现呈显著性相关关系，这意味着，要培养真正能够立足未来社会的学生，必须要关注其良好行为习惯的培养；其二，从学校的角度看，学校是立德树人的主阵地，学生的行为习惯不仅体现了他们个人的素养，也体现了学校整体的样貌，特别是学校的

[1] 陈桂生."学生行为管理"引论[J]. 华东师范大学学报（教育科学版），2007，（01）.

精神气质。作为一所办学历史不长的新学校,如何以最快的速度在社会上立足,如何让学生、教师、家长、社会认可我们,除了尽快提升办学质量之外,还要有属于学校独特的精气神,这种精气神很大程度上就是体现在学生的日常行为之上。因此,培养学生良好的行为习惯,不仅关乎学生个体成长,也关乎学校整个的改革发展,特别是学校精神气质的打造。

对于学生行为规范的培养,我也有自己的思考。在当下的学校教育教学体系中,行为规范教育往往是作为德育的一个分支呈现的,在学校层面主要依靠制度的规范和班会、国旗下的讲话等活动来开展。这样的设计,不仅零散,而且与学校整体的课程教学和人才培养往往难以真正融为一体,也不容易引发学生的共鸣,行为规范教育的实际成效往往不容乐观。要保障行为规范教育的成效,就要从系统性的高度对行为规范教育进行谋划,这种谋划,既要有完善的制度体系作为保障,也要注重激发教师的全员育德意识,为学生编织行为规范养成的健全网络。要把行为规范教育整体纳入学校的课程教学建设和改革之中,发挥课程教学的主阵地、主载体作用,让学生通过外部引导和内部察省的双重路径不断涵养良好行为习惯的养成意识,也让行为规范教育在学校的实施更加制度化、课程化和常态化。

基于这样的认识,我在引导学校开展行为规范教育的过程中,着重进行了以下几个方面的尝试。

(一) 健全管理网络——行规教育制度化

为确立行为规范养成教育在教育全程中的重要地位,保证行规教育在各项素质培养的活动中有效实施,学校在制度建设上做了如下工作。

1. 完善网络,管理育人

学校高度重视学生行为规范养成教育,将学生行为规范养成教育列为学校重点工作,建立了以校长为组长,学生发展部、课程教学部及学校班子成员为组员的学校行规教育领导小组;以家委会主任为组长,校外法制辅导员、优秀家长代表为组员的学校行规教育社会监督领导小组,构建学校、家庭、社区联动的行为规范教育网络和协作机制。

学校行规教育工作小组实施"三横一纵"立体管理(参见图 3-1):

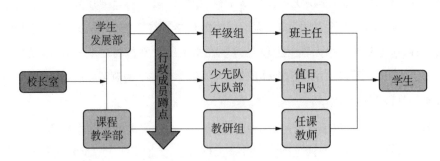

图 3-1　育贤小学学生行为规范教育管理网络图

"三横":学生发展部→班主任→学生,落实学生日常行为规范的训练与实践;课程教学部→任课老师→学生,在课堂教学中落实行为和学习习惯教育;少先队大队部→值日中队→队员(学生),指导与评价日常行为规范。

"一纵":各年级组行规教育实施由学校行政领导蹲点指导,有序推进,定期检查,及时反馈,多维评估,保障学生行规教育的落实推进。

2. 规范管理,制度育人

围绕奉贤区"贤文化"教育主题,构建学校德育活动框架体系,将行为规范教育纳入校发展规划与工作计划,行规养成教育成为学校"心愿教育"的重要内容。为此,我们制定了《育贤小学养成教育方案》《育贤小学一日行为规范》《一年级新生行规训练计划》《年级组长岗位职责》《班主任岗位职责》《升旗仪式制度》《五星班级评比实施方案》等一系列制度与考核细则,以制度保障行规教育有序开展。疫情期间,学校制定了《育贤小学家校协作沟通机制》《育贤小学线上班级管理机制》等相关制度,以制度规范师生行为。

3. 加强培训,全员育人

确立"人人都是德育工作者"的工作理念,开展各层面教师培训,提升教师教育管理能力。参加市、区各级组织的各类班主任培训班,如:翁薇老师参加上海市德育名师、优秀班主任冯志兰班主任工作室培训,唐晓霞、沈鑫玥等教师先后参加区骨干、职初班主任培训,提升班主任育德与管理能力。

我们以"请进来"的方式,邀请德育专家为全体教师开展专题教育讲座;我们以"走出去"的方式,选送优秀的班主任、任课教师先后赴北京东路小学、民办阳浦小学、世外小学等名校开展浸润式培训;我们以"校本研修"的方式,开展班主任培训和论坛,成立班主任工作坊、班主任成长坊,同伴互助,结对学习,提升育人能力。

4. 环境熏陶,文化育人

其一,丰盈"心愿文化"。注重校园文化建设,我们让"心愿文化"元素布满校园每一个角落,心愿大厅、中庭绿化、课程长廊、星辰之虹、心愿列车、乐耕园、心语轩、秀空间等校园景观展现了师生多彩的校园生活,滋养了学生的文明品行,丰盈了"心愿文化"氛围。发挥环境育人的功能,校园干净、整洁,《中小学生行为规范》《中小学生守则》、光盘打卡、防疫童谣、行为规范晴雨表等一一上墙,处处洋溢着文明与规范的气息;在学校宣传栏、黑板报、红领巾广播、十分钟队会等宣传阵地中广泛宣扬优秀事例,"最美育贤人""心愿少年"等典型榜样传播着正能量,为学生营造了和润的"育贤"氛围。

其二,品读楼道文化。教学楼的每一个楼层设计了楼层育人文化,一、二楼行为规范,三楼贤文化,四楼核心素养。同时,在行政楼各楼层开辟了"艺术人文""科学探究""快乐博览"等区域,品读多彩的楼道文化,校园成为学生健康成长的摇篮。

其三,创建班级文化。班级文化创建做到"让每一堵墙壁都说话"。教室内,窗明几净,墙面包上毛毡布,师生、家长齐动手,布置温馨教室,班级文化提升了班级凝聚力。各班教室开辟了"中队风采""小贤人榜""六小争章""主题活动""荣誉榜""心愿角""公示栏""植物角""读书角"九大板块,每个板块都有孩子们的心声、主题活动的成果、好人好事积累等,家一样的教室环境让孩子们爱上班级,爱上每一个班级里的小伙伴,增强集体荣誉感和主人翁精神。

(二) 推进教育实施——行规教育校本化

1. 融入课程建构,分段实施

以"明事理,种心愿;爱学习,长心愿;乐运动,强心愿;会审美,亮心愿;勤实践,圆心愿"的"心愿少年"为育人目标,引导学生明事理,培养学生家国情怀与远大志向;爱学习,让学生在学习与阅读中开拓视野,提升文学素养,在实践与探究中启迪智慧,培养创新能力;乐运动,培养运动能力,塑造体育品德,形成健康行为;会审美,培养学生艺术修养与审美情趣;勤实践,培养学生的劳动技能与职业理想。依据学生的年龄特征,我们将育人目标细化分解为低中高三个年段的分年级目标。

将行规养成教育融入"小心愿"课程,我们依据学生身心成长规律,以"小贤人课程群"为重要渠道实施行规养成教育,形成了分年级行规养成教育方案《ＡＢＣＤ大步走,心愿少年有规范》,探索将行规课程纳入"小心愿"课程的路径与策略,分年段规划行规养成教育侧重点,低年级注重习惯培养,中年级注重行规强化,高年级注重行为规范,具体落实于1—5年级分年级学生一日常规,使行规教育更具科学性和针对性。同时,结合少先队雏鹰争章活动,制定《育贤小学"小心愿章"分年段获章标准》,在"小贤人章""小文人章"等争章活动中,分年段进行行规养成的过程性评价。

2. 丰富活动模式,内化实施

其一,主题教育日,落实行规训练。学校的主题教育活动中,渗透着丰富的行规内容,主题教育日变成了行规训练日,内化为学生的自觉行为。

其二,校园八大节,展示行规成果。学校为每个孩子搭建了成长的舞台即"校园八大节",在活动中培养展示学生行规训练成果,培养能自立、懂感恩、知礼仪、乐健身、爱阅读、会审美、善创新、勤实践的贤少年。

其三,潜能生帮教,纠正行规偏差。教师自觉遵守师德规范,为人师表,示范引领学生,对行规偏差学生实施个别化教育和心理疏导,帮助学生行为转化。班主任与任课老师对班级行规潜能生进行一对一帮教,纠正行规上的偏差,形成动态记录,发现学生进步,有的学生一学年后已经不需要帮教,甚至有的学生通过帮教,成为了班级同学们的榜样。

其四,家校社协同,护航行规养成。学校注重对家长的行规教育指导和沟通,有计划、成系列。家校社相互沟通,形成教育合力,家长学校、家庭教育讲座等活动帮助家长更新观念,树立科学的教育方法;学校的"一日校长"活动中,每周一位校级家委会成员担任"一日校长",从早晨进校到观察课堂教学、学生课间活动、午餐文明、放学路队等,及时发现问题、解决问题,促进学生良好行规的养成。"贤爸贤妈快乐成长营"的"妈妈故事会""爸爸去哪儿""亲子摄影社"等课程带领父母和孩子开展丰富的亲子活动。疫情期间,开展线上家长学校活动,帮助家长解除焦虑,丰富孩子线上线下的生活与学习;从学生返校复课开始,每天清晨,家长志愿者在校门口协助维持进校秩序,指导家长停放车辆、为孩子打开车门,牵着小朋友过马路……"紫马甲"们精神饱满地站在各自点位,笑容满脸地迎接到校学生及家长,除了保障孩子们的安全出行,家长们也为孩子树立了良好的榜样,他们以身作则,言传身教,引领孩子努力成长为言行文明、乐于奉献的贤少年!

3. 注重过程管理,系统实施

其一,开展红领巾值周。红领巾值周班是学生自主开展行为规范教育的主阵地。3—5年级学生每周轮流值日,以行规示范员的身份参与到全校行规教育活动中去。学生通过参与自主管理和评比,在"心愿章"的争章过程中明确行规是与非,促进行规养成。

其二,用好宣传阵地。通过升旗仪式、校园广播、"小星愿"电视台、微信公众号等载体,开展行为规范教育,学生通过节目表演、发放倡议、国旗下讲话等形式进行自主管理、自我激励,促进良好行规的养成。

其三,形成竞争机制。校园里有两张公示表,在你追我赶的竞争中促进了学生行规养成。一是"学生行规养成晴雨表":每周将师生检查的校服领巾、两操、礼仪、卫生、纪律、节能、午餐等各类行规指标进行综合亮分,表现优秀的班级晴雨表相关栏目中会出现彩虹。二是"文明用餐表":根据队伍整齐、安静用餐、光盘行动、餐桌整洁四大指标,每天由值日老师进行考评,当天亮出结果,表现好的班级在相应的栏目中得棒棒糖一颗。每月综合打分,表现出色的班级将获得月度优秀班集体荣誉。落实光盘行动,每月评选一次"光盘小达人",颁发奖状的同时,小达人的光荣形象也将张贴在"光盘小达人"榜上。

在一次次规范行为的过程中,学生良好的行为习惯逐步养成。综合各类考评,每两周评选一次行规和卫生流动红旗,期末评选"文明小贤人""心愿班集体",良性竞争,以评促改,最终达到人人养成良好行规的目的。

其四,研发校本课程。研发《育贤小学行为规范校本教案》,1—5年级学生行规分类教育,各年级30个教育主题,每学期15个主题,利用周二的午会课实施教育,做到行为规范教育序列化。上好一年级行为习惯第一课,我们组织新生入学体验活动和成果展示活动,编写《我有一个小小心愿——入学课程》,引导新生了解和学习行为基本规范,尽快适应小学生活。

其五,渗透学科教学。发挥课堂教学优势,挖掘学科中的行规教育,把行规养成教育内容贯穿在道法课教学始终,渗透在各学科教学之中,充分利用班队、道法、晨午会、十分钟劳动等途径,开展学生行规 ABCD 养成教育,通过比一比、评一评、夸一夸等多种形式,促使学生坐姿标准、书写规范、举手积极、答题严谨,在学习、劳动、交往、举止等方面提升能力。

(三) 养成良好习惯——行规教育实效化

我们将学生的生活习惯、学习习惯、人际交往、公共规范等行规养成内容纳入"小心愿"课程顶层设计,结合学校实际开展丰富多彩的教育教学活动。育贤学子怀揣"小心愿",养成好习惯,在五年小学生活中从一年级新生行规训练起步,掌握了正确的读写姿势,学会了上课认真听讲、积极举手发言、作业字迹规范,习惯了进出校门主动和家长志愿者、老师、保安打招呼,校园内见到老师热情问好,懂得了惜物与节俭,做到了文明用餐和光盘打卡。走在育贤校园,我们看到的是校园环境整洁雅致,师生关系和谐温馨,学生活动文明有序,每一名育贤学子时刻将行规养成内容内化于心、外化于行。

四、"我型我秀"展示平台的特色打造

新时代对人才培养工作提出了新要求,学生能力建设成为我国深化教育体制机制改革的主旋律。学校的人才培养,不再是单纯的知识传递过程,也就是说,学校不能够把学生仅仅培养为知识的储存者,培养为"考试的机器"。要注重学生能力的培养,特别是关键能力的培养。任何能力都是在特定政策环境、人际关系与教育境遇中生成的,时代背景不同,改革形势不同,社会对学生能力的理解水平也不同。[1]经济合作与发展组织(OECD)将关键能力完整定义为:关键能力是个人实现自我、终身发展、融入主流社会和充分就业所必需的知识、技能及态度之集合,它们具有可迁移、多样化的

---

[1] 杨洁.能力本位:当代教师专业标准建设的基石[J].教育研究,2014,(10).

功能。[1] 在新时代的背景下,学生的关键能力可以理解为超越某一特定学科或专业领域,具有可迁移性和普适性,对学生未来发展起关键性作用的通用能力。它不是一成不变的某种技能,也不是孤立的某一种能力,而是多种跨界性能力的集合体。[2]

学生能力的培养,不同于知识的培养,它更多地需要依赖于学生在真实环境中面对实践性问题所进行的独特思考和行动来进行培养。在这一过程中,学生是否乐于参与活动,是否能够积极主动地进行思考、探究和展示,是学生关键能力培养的重要影响因素。从这个角度出发,育贤小学在人才培养的过程中,创造性地提出精彩"秀空间","秀"出"小心愿"系列活动,通过学生自我展示平台的打造,让学生随时随地展示自己在成长过程中的所思、所行和所获,为学生关键能力和综合素养的培育提供更生动、更现实的载体,也让学校的人才培养工作更具特色。

《基础教育课程改革纲要(试行)》指出:"评价不仅要关注学生的学习成绩,而且要发现和发展学生多方面的潜能,了解学生发展中的需求,帮助学生认识自我,建立自信。发挥评价的赋能功能,促进学生在原有水平上的发展。"

基于这一理念,着眼于学生全面发展和能力提升,学校搭建了"秀空间"平台,以综合学科中的音乐、美术、科技、体育为突破口,探索与之相适应的学业评价,以此推动学校课程与评价的拔节与生长,推动人才培养的品质提升。

"秀空间"分为"静态 show"和"动态 show",在"秀"的过程中,教师与学生、学生与学生、学生与家长激情碰撞、合作展示,衍生出丰富、鲜活的教学资源与学习成果。

(一) 琳琅满目的"静态 show"

"静态 show"源于学生的作业。众所周知,作业是教师"教"和学生"学"的双边活动成果。许多学生在完成作业(作品)后就想展示给大家看看,希望得到更多人的认可。而事实上,很多时候学生绞尽脑汁创作的作品,往往只得到了教师一个人的欣赏,简单地在作业上打个分就完事了,如此严重挫伤了学生的创作热情。

---

[1] Dominique Simone Rychen, Laura Hersh Salganik,滕梅芳,盛群力. 勾勒关键能力,打造优质生活——OECD 关键能力框架概述[J]. 远程教育杂志,2007,(05).

[2] 吴增礼,蒋宇萌,肖佳. 学生关键能力与教师人才培养能力的愿景互视与衔接机制[J]. 现代教育科学,2019,(07).

"静态 show"为学生"秀"出作品搭建了一个平台，全体师生共同参与"秀"的布展，体验"秀"的过程，开展"秀"的评价，收获"秀"的快乐。在学校"心愿大厅"陈列着一排排整齐的展板，上面是学生美术作品和手工绘本，留下了学生学习的足迹；二楼休息区，墙面上展示的是学生儿童画、版画、线描、中国画、书法作品，展台上的彩泥、衍纸、手工艺品琳琅满目，令人惊叹原来身边的小伙伴是如此多才多艺！

（二）激情四射的"动态 show"

评价是一个动态建构的过程，在教师与学生、学生与学生合作、对话、碰撞的学习过程中，衍生出丰富、鲜活的教学资源。因而，"动态 show"更像是一个激情四射的炫彩舞台。

"动态 show"的形式不拘一格，有个人才艺秀、团队挑战秀、师生合作秀、课程展示秀，也有亲子同台秀。"动态 show"的内容多元丰富，有人演课本剧，有人打架子鼓，有"钢琴王子"的琴声悠扬，也有"孔雀公主"的舞姿曼妙……在"动态 show"中，学生还可以邀请教师一起"秀一秀"，"翰墨育贤"师生书画展、"小荷才露尖尖角"师生音乐会、"不服？来战！"技能挑战赛等活动让学有所成的孩子对学习成果有了更为清晰的自我评价，也起到了引领和示范作用，成为令人羡慕的校园"小达人"。

无论是"静态秀"还是"动态秀"，对于"走秀"和"看秀"的学生来说都是一个自我激励与评价的过程，每个学生都可以根据自己的兴趣与特长向老师提出申请，老师向学生发展部与课程教学部申报，学校统筹安排展示地点、时间与参与对象，不同的学生都能面向不同的观众，"秀"出不同的个性与特长。

"秀空间"实施以来，课程与教学的评价模式发生了很大的变化。学校搭建平台，为学生打开了另一个学习空间，学习与评价的主动权到了学生手中——"心愿列车"上、走道里、墙面上，随处可见学生的作品，到处留下学习的痕迹；"心愿大厅"的钢琴不再只是摆设，午间、放学后，学生团团围坐，琴声悠扬；体育馆里，飞叠杯、运球、颠球表演吸引了许多孩子和家长的目光。

"秀空间"的评委由学生、教师、家长共同担任，评价方式突破了"教师单一评价"模式，融入了"生生互动评价方式""家长参与体验评价方式"，学生既要评价他人又要自我评价，在"秀空间"体验式的学习活动中，学会合作、学会尊重、学会交流。

"秀空间"以其宽泛的评价形式、丰富的评价主体和不断延伸的评价场所激活了学生的潜能,成就了学生的美好心愿。给孩子一个展示的舞台,孩子必将还我们别样的精彩,满怀最真的深情,我们实践积淀,我们持续前行,让每一个孩子的美好心愿"秀"出精彩,"秀"出蓬勃的生命与活力!

育贤立德树人实践之道

立德树人是教育的根本任务,也是学校教育治理的核心价值。透过育贤小学的立德树人体系设计,可以凝练出以下三条鲜明的思路。

其一,立德树人需要系统性的设计。立德树人是一个系统性的工程,贯穿了学校整体教育教学和管理变革的方方面面。要实现立德树人,需要课程教学的支持,需要学校独特管理、制度、文化的保障和浸润,需要教师"三全育人"意识和能力的提升,也需要个性化的活动设计。在培养人才的过程中,要把立德树人的核心价值体现在学校课程教学改革的整体设计之中,使之成为一条不变的主线。

其二,立德树人需要从细微着手。立德树人是一个大工程,彰显了学校教育对于未来人才培养的整体性思考和设计。但是,要培养学生的能力和素养,践行立德树人的教育根本任务,必然要从细节做起,特别是要着重加强对于学生的良好行为习惯培养。在现代立德树人体现下,学生的良好行为习惯,已经不仅仅是关乎学生个体成长和思想道德修养的问题,也是关乎学校整体发展,特别是学校精神风貌打造的关键性问题。要培养优秀学生,要践行立德树人教育根本任务,就要关注学生良好行为习惯的养成。

其三,立德树人需要遵循天性。现代教育倡导以学生为本,对于学生道德的培养也好,对于学生整体素养的提升也好,所运用的素材,所采用的方式,不能仅仅思考"学校有什么",更要着力思考"学生要什么",要通过接近学生真实生活情境的真问题、真探究、真体验,让学生形成提升自我道德素养和综合能力的内在自觉。这个过程中,尤为重要的是通过多样化的活动和平台设计，让学生有展示自我、发现自我、成就自我的舞台，这是以人为本在学校教育系统中的重要体现，也是教育治理始终围绕立德树人教育根本任务的内在要求。

第四章

劳动教育——聚焦学校治理的特色途径

【校长的思考】学校的教育治理和整体发展，是一项常做常新的工程，既要扎实做好常规工作，也要聚焦教育教学改革的新兴领域，树立起清晰的品牌意识，通过新兴领域的聚焦式变革创新，凝练探索教育改革新问题的新思考和新路径。在当下的教育教学和人才培养改革中，劳动教育是一个既相对独立又相对重要的领域。特别是全国教育大会召开之后，"德智体美劳"五育并举的人才培养格局越来越受到重视，相比较其他诸育，劳动教育是一个重新被提及的教育领域，这种理念和方式的转型其背后必然有深层次的价值和意义，也必然需要学校在劳动教育的实践领域不断进行探索。作为校长，我在办学之初就非常重视劳动教育的开展，不仅设计了丰富的劳动体验活动，也通过专门的场域开发和课程设计，让劳动教育真正成为学校立德树人体系的重要组成部分。学校也因此被评为上海市首批"劳动教育特色校"。围绕劳动教育的探索，进一步提升了学校的整体知名度，形成了学校治理和改革发展的特色品牌。

"培养什么人""怎样培养人"是教育的基础性问题。在全国教育大会上，习近平总书记提出，社会主义教育要培养德智体美劳全面发展的社会主义建设者和接班人，并系统阐述了德智体美劳全面发展教育方针的内涵和要求。在很长一段时间内，我们国家的教育方针一直是"德智体""德智体美"等维度的表述，这次劳动教育在人才培养体系中的回归，使全面发展的教育方针更完整。[1] 这种教育方针的完善和转型，既凸显了新时代人才培养更加全面的价值导向，使得"五育融合"成为重要的并且可行的人才培养理念，也使得劳动教育成为当下学校人才培养体系建构中最受关注的教育样态。

一、新时代小学劳动教育的科学认识

劳动，是人类实践活动的一种特殊形式，多指创造物质财富和精神财富的活动。"劳动教育"是以促进学生形成劳动价值观和养成劳动素养为目的的教育活动。劳动教育既具有普通教育的特征，也具有价值教育的属性，并且体现出鲜明的时代特征和社会属性。[2] 不同于其他维度的教育，劳动教育对于资源、条件、场所、教师的需求更加广泛，对于学生亲身体验的操作范式也更加倡导。在实践之中，由于认知、理念和

---

[1] 顾明远. 新时代教育发展的指导思想——学习习近平总书记在全国教育大会上的讲话[J]. 北京师范大学学报(社会科学版)，2019，(01).

[2] 檀传宝. 劳动教育的概念理解——如何认识劳动教育概念的基本内涵与基本特征[J]. 中国教育学刊，2019，(02).

资源上的局限,长期以来,劳动教育在学校育人体系中的重要价值一直没有得到很好的发挥,劳动教育要么被人为排挤在正常的育人体系之外,要么被狭隘地理解和实践为劳动技能的教育。新时代劳动教育肩负建设新时代教育发展道路、治理劳动教育异化的历史使命和任务,[1]必须树立起全新的劳动教育认知观、价值观、实践观,充分整合和利用校内外资源,创新劳动教育的实践样态,拓展和保障劳动教育的育人效能,真正以高质量的劳动教育补齐"五育融合"的育人短板,涵养学生的劳动精神,提升学生的劳动技能,培育学生的劳动价值。

作为校长,对于新时代小学劳动教育,我有以下三个方面的认识:

(一) 小学劳动教育价值的多样性

任何活动都无法回避价值维度的考量,在小学阶段对学生进行必要的劳动教育,不仅能够帮助学生学会一定的劳动技能,掌握基本的生产生活方式,提升其自我生存能力和未来社会的适应能力;也能够让学生从小就养成敬畏劳动、尊重劳动的良好品性,这是学生良好道德修养的内在价值。不仅如此,从人才培养的角度看,劳动教育能更好地关联学生成长的理论世界和生活世界,让学生在丰富的感知和体验中获得成长,这是一种契合学生身心成长规律的教育方式,也是一种旨在建构更加健全完善的人才培养体系的教育方式。

(二) 小学劳动教育设计的课程性

近年来,随着五育并举理念向中小学的延伸,各学校纷纷开展了劳动教育的探索,五花八门的劳动教育特色活动开始在学校之中不断出现,这固然在一定程度上加深了学生的劳动体验,为劳动教育提供了一定的载体。但是,作为一种独特的教育门类,要真正实现劳动教育的多方面育人价值,就不能够仅仅满足于不同类型劳动教育活动的零散性设计,要从课程开发的维度进行劳动教育的整体设计。要聚焦学校的人才培养特色,形成明确的劳动教育课程目标、课程内容、课程实施、课程评价体系,要完善相应的课程制度和课程团队,要匹配相应的课程实践场所。只有如此,才能够保障劳动教

---

[1] 肖绍明,扈中平. 新时代劳动教育何以必要和可能[J]. 教育研究,2019,(08).

育的深度和有效性,更好地发挥劳动教育应有的育人价值。

(三) 小学劳动教育实施的联动性

劳动教育要取得成效,课程的设计是基础,课程的实施是关键。在我看来,劳动教育是一种实践性很强的教育,非常注重学生的感受和体验,因而,在劳动教育的实践过程中,就不能够仅仅依靠静态的课堂教学,要充分发挥理论和实践的联动,校内和校外的联动。理论和实践的联动,就是既要让学生在课堂上学习相关的劳动知识,也要让学生在真实的场景中参与劳动实践,获得劳动的真切体验;校内校外的联动,就是要充分发挥学校、家庭、社会等不同力量,通过协同为学生的劳动教育提供更多的支持和资源。

二、新时代小学劳动教育的独特设计

育贤小学自 2015 年 9 月创办以来,一贯注重探索劳动教育校本化实施路径,将劳动教育与办学理念"为了实现每一个孩子的美好心愿"相结合,将劳动课程纳入学校"小心愿"课程框架,构建家校合作、社会参与的劳动教育体系,坚持课程育人、实践育人、协同育人,让劳动的种子在孩子心里扎根。

据国内外相关调查显示,美国小学生平均每天的劳动时间为 1.2 小时,韩国 0.7 小时,而中国小学生平均每天的劳动时间只有 12 分钟。2020 年 7 月,教育部印发《大中小学劳动教育指导纲要(试行)》,要求各中小学劳动教育课平均每周不少于 1 课时。如何让这至少 1 课时的劳动教育不流于打卡、拍照等形式,真正让孩子从小热爱劳动,拥有劳动的习惯和劳动的能力呢? 育贤小学积极探索将劳动教育潜移默化地融入孩子学习与生活的路径,学校申报了区品牌计划项目"'农耕园'劳动实践基地",在"心愿教育"引领下充分挖掘劳动教育资源,创新劳动教育形式,以课程为引领,以活动为载体,家校社协同,创新开展新时代劳动教育,发挥劳动育人的实效。

育贤小学结合奉贤千年独有的"贤文化"底蕴以及地处郊区所特有的绿色文化优势,不断探索与创新劳动教育实施路径,将劳动教育与课程活动、基地实践、职业体验与创新教育相结合,家校社联动,融入学生成长的全过程。建校规划初期,育贤小学充分利用富余土地,开辟了占地面积近 200 m² 的"农耕园"基地,用于创设学生劳动教育的乐园,建立了"农耕园",使之成为对学生开展劳动观念和劳动技能教育、生态文明教育的实践基地。在推进过程中,"农耕园"更名为"乐耕园",学生在"乐耕园"的田间地头体验耕种之"乐",在"乐耕园"的播种采摘中收获劳动之"果"。

育贤小学"乐耕园"目前以班级为单位开展相关活动,每班分配一块土地,在符合学校规划的前提下,自主开展蔬菜、瓜果、花卉等农林园艺的种植、管理、采摘体验活动,学生在班主任和家长的指导帮助下安全耕种,科学实施。随着逐年开班,"乐耕园"已由校级基地逐步延伸到班级基地,逐年创设各具特色的班级"乐耕园",构建一个基地辐射成长链。目前,全校共有 30 个班级基地,做到班班有基地,人人有任务:低年级学生在老师、家长的指导下松土、播种、浇水、施肥等;高年级学生则自主开展蔬菜、瓜果、花卉的种植、采摘等生产劳动。学生在劳动中体会乐趣,用勤劳的双手收获劳动的硕果,学会与人分享,亲近自然,感恩珍惜。下一阶段,育贤小学也会聘请专业的校外辅导员进行培训和评价,更有针对性地提升教师与学生的劳动意识与能力,提高教师的劳动教育专业素养,探索有效的方式方法,进行常态培训培养,实现"人人育人,时时育人,处处育人"的专业保障。

育贤小学也充分利用"乐耕园"实践基地,以劳动教育为手段,以项目化实施为途径,让学生完成农作物种植的劳动任务的同时,围绕"农作物的生长"等驱动问题开展项目化学习,根据种植、培育、实践、研究的需要,确定各板块负责老师和相关辅导教师,增强学生动手操作、科学探究、艺术审美等综合能力,以农耕劳动为契机促进学生学习方式的改变。

育贤小学也将继续构建家庭、学校、社会三位一体的劳动教育体系,进一步梳理以"乐耕园"为抓手的劳动教育内容与途径,完善劳动教育的评价模块,形成更完整的劳动教育实施方案,构建一个有目标、有操作、有评价支撑的劳育体系。在做好校内基地"乐耕园"的同时,运用"走出去"的思维,因地制宜,主动与坐落于奉贤的上海市农科院等基地对接,共同打造家庭、学校、社会三位一体的全方位劳动基地,建立日常生活劳动、生产劳动和服务性劳动全覆盖的劳动实践基地体系。

2021 年 4 月 30 日下午,育贤小学 100 余名师生来到学校"乐耕园"劳动实践基地,开展以"美好生活,劳动创造"为主题的劳动实践活动。活动中,辅导员老师和家长辅导员带着孩子们一起翻土、挖坑、播种、栽苗、浇水、拔草……一系列种植步骤一丝不苟。看着"乐耕园"中绿绿的青菜秧、嫩嫩的玉米苗,还有刚冒头的小辣椒,大家虽满身汗水和泥巴,却忙得不亦乐乎!孩子们还为自己班级的"乐耕园"起名,一块块精心设计的标牌寄托着孩子们美好的心愿,大家纷纷表示要把劳动实践精神贯穿到生活中,为家庭、为学校、为社会贡献自己的一份力量!

"炎热的下午两三点,我们去'乐耕园'劳动。这样的活动使我体会到了农民伯伯的辛苦,感受到了食物的来之不易,我以后一定要珍惜粮食,不能浪费。"三年级的小滕同学在"耕种日志"里这样写道。确实,"乐耕园"劳动实践基地落实"五育并举"理念,通过开展农耕实践活动提高学生的劳动素养,引导学生崇尚劳动、尊重劳动、热爱劳动,促进他们形成良好的劳动习惯和积极的劳动态度。

这是一段对育贤小学劳动教育的场景和学生感受描述,透过这热火朝天的劳动场景,我们能够感受到学校对于劳动教育的个性化设计及其在实践中所生成的积极的育人价值。这种价值发挥的背后,实际上体现了学校对于新时代劳动教育的个性化思考和系统性探索。

(一) 团队组建,推进有力度

学校劳动教育的开展是一个系统性工程,其中建立健全教育行政部门从上到下的劳动教育的组织领导机构和管理体系是重要的基础性工作。通过针对性地领导和组织团队建设,领导和指导加强劳动教育教学标准制定、教材建设、师资队伍建设、教学设备配置、基地建设等,加强评估监测工作,促进教育教学工作的落细、落小、落实、落地,[1]对于学校层面劳动教育的有效实施具有直接价值。

1. 健全组织架构

我们成立了"乐耕园"劳动实践项目领导小组,由校长担任组长,其他班子成员担任组员;成立"乐耕园"劳动实践项目专班,由学生发展部主任担任组长,各年级组长担任组员。领导小组和工作专班的成立确保了"乐耕园"项目的有效落实。

---

[1] 徐长发.新时代劳动教育再发展的逻辑[J].教育研究,2018,(11).

2. 组建教师团队

根据学校师资情况,组建"乐耕园"项目组,由班主任成长坊骨干成员和优秀青年教师组成,通过校本培训、外出学习、宣讲交流等措施不断优化教师队伍,培养了一批德才兼备、能力突出、具有实践操作能力和有发展潜力的优秀教师团队。

3. 畅通宣传途径

学校十分重视"乐耕园"项目的宣传工作,通过校园橱窗、升旗仪式、小星愿电视台、微信公众号、主题班会、家长学校等途径,全方位多角度开展宣传,让全校师生和家长在思想上重视、在行动上落实、在技术上掌握。

4. 确保项目实施

学校拨出专项资金,给教师开展各级层面的培训、讲座、专家指导等活动;学校在校园内为学生开辟绿色实践基地"乐耕园",聘请有特长的教师担任"乐耕园"种植辅导员,开展校级社团活动;也聘请校外辅导员,指导学生和教师在"乐耕园"搭建暖棚、翻耕土地、指导种植课程。"乐耕园"项目责任到人,检查到位,反馈及时,全员参与,每一个班级、每一个孩子都拥有了属于自己的一方绿色天地。

(二) 课程导向,实施有保障

围绕"乐耕园"项目实施方案,我们把学校"乐耕园"划分为校级种植区域和班级种植区域。校级"乐耕园"区域主要种植作物为草莓、棉花以及各种蔬菜;班级"乐耕园"区域的 5 个年级、30 个班级分别种植蔬菜(粮食作物)、蔬菜(叶类)、蔬菜(果实类)、花卉(观叶类)、花卉(观花类)。学生分校级和班级两个层面参与"乐耕园"课程学习,做到班班有基地、人人有任务、个个能参与。

项目起始阶段,学校就开展了基于"乐耕园"的项目化学习,把"乐耕园"课程落实到课表。具体做法是把每班学生按人数一分为二,前八周的"快乐星期五"中,每班一半学生跟随班主任开展"乐耕园"种植项目化活动,另一半学生在教室里参加其他主题式项目化课程;后八周的"快乐星期五"中,同班学生之间互相交换所学课程。我们要求所有主题式项目化课程必须以跨学科项目化形式开展,以问题为引出以项目为驱动,注重探究过程中的资料积累以及课程结束后的成果展示,学期末上交过程性资料并进行成果展示评比、表彰。

2021 年,我们实施了主题为"快乐'小园丁',探秘'乐耕园'"的劳动实践课程,带领学生开展"乐耕园"主题综合活动,完善和优化课程设置,探索具有学校特色的劳动教育评价机制,形成序列化的新时代劳动教育校本课程,引导学生在真实生活、生产、生态中夯实劳动根基、养成劳动习惯、培育劳动素养、获得劳动情趣。"新时代小学劳动教育主题综合活动的实践研究"申报了市德尚课题和区一般课题,贴近学生需求的课题研究内容让学生在有形的主题学习与探究活动中获得无形的、整合性的成长经验。

每周一、三、五下午最后一节课,是校园最热闹的时候,到处可见学生忙碌的身影,他们在"乐耕园"体验式的劳动实践中认识不同的植物,了解植物的习性,绘制植物名片,设计班级标牌,启迪智慧,陶冶性情,学生综合素养得以全面发展。具体课程内容参见表 4 - 1。

表 4 - 1　育贤小学"乐耕园"体验式劳动实践课程安排

内容	时间	具体要求
种植活动	每周一下午 15:00—16:30	每班至少 2 名家长辅导员带领学生在班级"乐耕园"开展活动
	每周三下午 15:35—16:30	由校级耕种辅导员带领家长与学生在学校"乐耕园"开展活动
	每周五下午 15:35—16:30	由耕种辅导员(班主任或搭班教师)带领家长与学生开展活动
	双休日(时间任选)	每班至少 2 名家长辅导员带领学生在班级"乐耕园"开展活动
探秘活动	4 月	学生与家长携手为班级"乐耕园"起名,制作牌匾进行展示
	4—5 月	为"乐耕园"里的植物制作"名片",从中文名、英文名、科属、原产地、习性、作用等方面,以"文字 + 图片"形式设计、制作并参与校级评比
	6—8 月	开展"昆虫大探秘"活动,家长与孩子一起探究"乐耕园"里的昆虫,研究昆虫的种类与习性、制作昆虫标本以及昆虫对植物的影响等内容
展示活动	8—9 月	借助项目化学习(PBL)的形式对课程成果进行展示与表彰

学校对"乐耕园"劳动实践课程的实施情况进行过程性检查与阶段性评估,其他课程不得耽误和占用劳动实践课,学生参与情况涉及学生自评、互评、家长评和教师评等多个维度,班级活动情况计入班主任工作评优与绩效考核,课程实施得到充分保障。"乐耕园"劳动实践基地在师生的共同努力下,初见成效,同学们也拿起手中的笔以耕种日志的形式记录植物的生长变化,收获满满。

(三) 活动融合,实践有途径

我们把"乐耕园"劳动实践融入了学校教育教学的全过程,借助校园节庆、主题活动等多种途径,树立爱家乡、爱劳动的价值观,培养有创新精神、科学精神、劳模精神、工匠精神的新时代劳动者。

1. 校园节庆,搭建平台

学校有多彩的"校园节庆",为学生搭建体验劳动、走进社会的平台,引导学生崇尚劳动、尊重劳动,增强劳动意识,培养社会责任感。

"自立节"根据学生年龄特点,分层开展劳动技能的学习与展示。

"科技节"为学生搭建发挥智慧、动手实践、创新劳动的天地。

"启职节"让父母走进课堂,介绍自己的职业;带孩子走出校园,体验不同岗位的特点;与父母交流,体会长辈的辛劳;与劳模对话,感悟劳动的价值。

"读书节"以"书香作伴好耕读"为主题,开展基于"乐耕园"劳动实践的 24 节气系列活动,节气绘画、节气阅读小报、节气诗词书写、节气亲子绘本等丰富的活动让学生走出课堂、走进生活,他们在做中学、在学中做,学习传统文化,传承中华美德,提升劳动能力。

2. 主题活动,提升素养

学生在丰富的主题活动中与大自然亲密接触。活动涉及科学、生态学、植物学、数学、艺术、设计、园艺知识,培养学生健康饮食、节约用水、爱护环境的习惯和自给自足的劳动精神。

2021 年春季开学,学校举行"拥抱春天,播种心愿"——"乐耕园"春耕日活动,在近 200 平方米的"乐耕园"里学生开展主题综合活动,翻地、播种、浇水、施肥、捉虫,认领属于自己的菜苗,坚持每次活动记录"耕种日志";等到瓜果蔬菜成熟,学生就会捧着劳动果实去送给各行各业的劳动者和敬老院的老人们，一起分享劳动收获的快乐。

(四) 资源整合，育人有实效

发挥"家校社"协同育人功能，"乐耕园"实践活动充分整合家长和社区资源，达成协同共建、携手育人的目标。

1. 开拓校外基地

从建校之日起，每年"植树节"学校都会在校外劳动实践基地"江氏园林"的"心愿林"开展种植体验活动以及"绿色小课堂"植物挂牌活动，学生不仅可以掌握各种种植小技能，更可以学习一些环保小知识。

学校积极挖掘社会资源，开拓了多个校外劳动实践基地，将劳动教育内容拓展延伸：学生可以在"耕贤酒楼"开展服务型劳动，学习餐巾的折叠方法、进行端盘子比赛，领悟劳动光荣；在"伟星管业"体验生产劳动，深入了解生产车间的每一个细节，体会工匠精神；参观"东方美谷"高科技产业基地，理解劳动创造美……学校还鼓励学生在公益劳动、志愿服务中开展雏鹰假日小队、研学之旅等活动。在 2021 年奉贤区"水天一色"立功竞赛活动中，三年级的庞刘玛珈荣获奉贤区"美丽学生"称号。

2. 开展家庭劳动

学校开展"以劳立行，学会新技能"假期家庭劳动实践活动。在"家务劳动，当家有我"活动中，学生用辛勤的劳动迎接农历新年的到来；在"养护水仙，美丽有我"水仙养护活动中，学生在父母的指导下种植水仙花，从亲手挑选水仙花球做起，用图画、照片、视频、日记等形式记录水仙的生长过程。在大家的精细养护下，一盆盆美丽的水仙在春节期间静静绽放，为节日增添了快乐、为家庭增添了喜气，家庭俨然成为另一个"乐耕园"。

3. 开发家长课程

充分挖掘家长资源，学校家委会尝试开发家长"乐耕园"系列课程，从家长的角度提供丰富的资源和生动的案例。在每个班级的"乐耕园"中，都有学生自主聘请的家长志愿者担任种植辅导员，学生在班主任和家长志愿者的指导下安全耕种、科学培育。家长参与、指导"乐耕园"活动，极大地增强了亲子沟通与合作，更拓宽了学校劳动教育的新空间。

目前,学校"乐耕园"有一个校级基地和 30 个班级基地,参与劳动实践的学生共 1 000 余人,覆盖在校 5 个年级全体学生,低年级学生在老师、家长的指导下松土、播种、浇水、施肥等;高年级学生则自主开展蔬菜、瓜果、花卉的种植、养护、采摘等生产劳动。学生在基地活动中体会劳动的乐趣,学会与人分享、亲近自然、绿色低碳、感恩珍惜。

我们把"乐耕园"项目融入了正在编制的《新时代劳动实践指导手册》中,探索"学、做、行、评"相统一的劳动教育实施新模式,进一步细化"乐耕园"活动的考核评价及激励机制;我们积极研究"乐耕园"的衍生活动项目,探索学校"心愿微社会"的建构与实施,在校园内打造真实的生活场景,在"乐耕园"基础上,建构"超市""银行""车站""餐厅""剧场""作坊""工厂"等一系列校园"微社会"的组成机构,学生通过社会角色扮演和劳动实践可以获得相应的"心愿币",以"心愿币"为纽带,把相对独立的劳动实践项目巧妙连接,使劳动教育变得更加有趣、更有张力。

近年来,学校相继获得奉贤区"劳动教育基地校"、上海市"劳动教育特色校"等荣誉,"乐耕园"劳动实践基地让学校的劳动教育从"一纸文件"到落地生根、开花结果,更让育贤学子体验耕种之"乐",收获劳动之"果",走出书斋一隅,走向广阔的劳动舞台,在劳动实践中全面而有个性地幸福成长。

育贤劳动教育创新之道

学校要创新发展,必须有坚定的品牌意识。全国教育大会召开后,作为学校管理者,我敏锐地认识到做实做活做精劳动教育将是未来学校教育的重要方向。我借助学校的区位优势,提出以劳育贤的理念,着力打造劳动教育特色品牌,为学校高品质发展寻找到新的"引擎"。透过育贤小学的劳动教育思考和实践,以下四个方面的特色性做法是值得借鉴的。

其一,科学规划,组建劳动教育核心团队。成立以校长室为主导的学校劳动教育领导小组,强化过程管理与指导,层层推进,确保劳动教育的有效落实。

其二，系统整合，架构劳动教育课程体系。将劳动教育全方位融入到"小心愿课程"体系的每一个课程群，努力追求适合学生健康成长的劳动教育课程新样态。依托学校"乐耕园"项目，带领学生开展"乐耕园"主题综合活动，完善和优化课程设置，探索具有学校特色的劳动教育实践机制，形成序列化的新时代劳动教育校本课程。围绕各年级学生身心特点，按照生活劳动、生产劳动、服务性劳动三大类，编写各年级的《新时代劳动教育指导手册》，涵盖 9 大主题 123 个劳动项目，采用图文加视频，以"码"上会的形式，对相应的劳动技能进行指导，让学生更直观地去学习、去实践。

其三，五育融合，丰富劳动教育实施载体。将劳动教育渗透于学校日常运行和校园活动之中，搭建多元的活动平台，提高学生劳动知识技能，培育劳动情感与价值观。设置"校园""班级"小岗位，将劳动教育和班级管理相融合，形成自主的班级管理模式，锻炼学生的劳动技能，激发学生的劳动光荣感与责任感。找准劳动教育与德育活动的契合点，把劳动教育融入"校园八大节"，让学生在实践中丰富劳动体验、收获劳动技能，赋能学生成长发展。

其四，协同联动，提升劳动教育育人实效。开拓了多个校外劳动实践基地，通过社会多维实践场所，增加学生的劳动体验方式，鼓励学生在公益劳动、志愿服务中开展雏鹰假日小队、研学之旅等活动；通过教师引导，家长示范，引领学生制定个性家务清单，每周确定劳动目标，和爸妈一起设计"劳动小能手"的计划表，完成劳动小技能；充分挖掘家长资源，学校家委会尝试开发家长"乐耕园"系列课程，从家长的角度提供丰富的资源和生动的案例。

第五章

教师发展——培育学校治理的核心力量

【校长的思考】教师是教育的第一资源,是学校教学质量和人才培养质量的最重要决定因素,不论是学校整体改革发展,还是现代学校治理体系的建构,都无法回避教师的参与和职能发挥。不同时期的教师队伍建设,有着不同的具体目标,也有不同的建设方法。优秀教师也是各具特色,风采各异的。但是,作为校长,一定要能够把握住教师队伍建设中的共性元素和要求,比如,对师德师风的重视,对不同层面教师成长个性化需求的满足,对教师团队建设的支持,对教师精神世界和物质世界的双重满足等。把握上述核心要素,持之以恒推动教师队伍建设,打造匹配学校整体改革发展需求的高素质、专业化教师队伍,这既是治理学校的重要内容,也是学校实现持续成长的核心支持力量。

从某种程度上说,学校治理是通过一定的组织结构和制度安排,协调学校管理者、教师、学生、家长等多元主体,共同管理学校内部事务的过程。在学校治理背景下,教师作为学校内部管理的核心要素,是对学生发展、教育教学改革等方面的情况体会最为深刻的群体。吸纳教师参与到学校管理中不仅仅是法律的要求,更是完善学校内部治理体系、实现学校民主管理的需要。[1]

教师参与学校治理是一个系统过程,需要教师相应的治理参与意识和参与能力作为保障。有研究表明,教师主要通过"防卫式参与""动员式参与"和"自主式参与"三种方式进入学校治理。[2]但就当前的情况看,教师参与学校治理主要面临两个方面的问题:其一,是由于传统观念的影响,特别是学校民主管理文化、意识的缺失,很多教师认为学校管理就是管理者的工作,参与学校治理的意识不够主动;其二,即便有的教师有明确的学校治理参与意识,但是对于现代学校治理的内容、理念、方式等缺乏了解,也就没有办法形成匹配参与学校治理的能力与素质。

从根本上说,专业性是教师参与学校治理的核心特质。这种专业性主要体现在教师需要依托扎实的专业素养在学校课程、教学、育人等工作中主动贡献智慧,推动学校核心工作的改革发展。研究表明,教师的专业认知是影响其参与学校治理的最强指标,如果教师认为活动是积极的、校长参与其中、活动与课堂有相关,即学校的活动是

[1] 侯玉雪,杨烁,赵树贤.学校治理背景下教师参与学校管理的困境及对策研究[J].教育理论与实践,2019,(13).
[2] 魏叶美.教师参与学校治理研究[D].上海:华东师范大学,2018:1.

与其专业有关的,那么他将更积极地参与学校治理。[1] 由此,要实现教师参与学校治理的价值,就必须以教师高度的专业素养为基础。由此,从当前学校治理现代化建设的角度看,在普遍提升教师参与学校治理意识的同时,对于学校而言,最为重要的是通过扎扎实实的校本教师专业发展支持体系建构,帮助教师不断提升专业素养,建构起能够匹配现代学校治理的能力与素质,进而以教师队伍建设为抓手,培育起现代学校治理的核心力量。

作为校长,要把促进教师专业成长作为办学治校的重要领域和关键抓手。促进教师专业发展,是一个理论与实践兼顾的命题,从多年学校管理和教师队伍建设的实践看,我有三个方面明显的感悟:其一,要促进教师专业成长,必须把师德师风建设放在首要位置。任何职业都有道德层面的要求,但是,对于教师而言,这种道德层面的要求是远大于其他任何职业的,守牢道德底线,守好师风红线,这是学校教师队伍建设必须恪守的基本原则。其二,要促进教师专业成长,必须进行分层分类的设计。教师的成长有显著的阶段性特征,处于不同成长阶段的教师,在专业发展的需求上有不同的表现。学校也好,校长也好,要善于通过观察分析,准确研判和满足不同阶段教师的成长需要,做好学校教师队伍建设的分层分类培养设计,让不同阶段、不同层次、不同水平的教师都能够有适合自身特点的成长之路。其三,要促进教师专业成长,必须发挥内因外因两个维度的作用。既要通过相应的制度保障和丰富的实践平台、成长路径,为教师专业发展提供支持,也要关注教师的精神世界,让教师真正感觉到被尊重、受认可,通过文化的浸润和精神世界的升华,让教师涵养起自觉成长的意识,从而为其专业发展提供源源不断的内在动力。

基于上述理解和思考,对标新时代的成长教育要求,学校致力于打造一支有敬业精神、专业智慧、乐业情怀的"贤达教师"团队,建设一支结构优化、梯次分明、可持续发展的高素质教师团队。在学校"分层培养,递进发展"培训计划的指引下,加强对各层次教师的指导培养,进一步提升全体教师的综合素养和专业能力。聚焦教师专业发

[1] Unni Vere Midthassel. Teacher Involvement in School Development Activity and Its Relationships to Attitudes and Subjective Norms among Teachers: A Study of Norwegian Elementary and Junior High School Teachers [J]. Educational Administration Quarterly, 2004, (03).

展,创新区域内涵式发展格局,以教师研训为载体,以教师专业发展为目标,科学管理、有效实施,唤醒教师潜能,通过"贤达教师塑造工程"等项目的实施,不断提升教师专业化发展品质,积极创建"区教师专业发展优秀校",为学校治理现代化的建设和学校整体办学水平的提升提供源源不断的人力资源保障。

一、在"三全育人"的理念中铸就专业道德

任何行业都有道德层面的规范,但是教育领域,教师职业,对于道德的约束和要求显然是更深刻、更严格、更全面的。回溯教育的诞生和沿革历史,可以发现师德修养是一个亘古不变的主题,《礼记·中庸》中就有记载:"君子尊德性而道问学",德性自古以来就被看作是读书人的毕生追求,尤其是师者的修养追求。不论是太学、国子学的儒学大师,还是私塾的老先生,无时无刻不在注重个人的道德修养,完善自我人格。中华人民共和国成立以后,尤其是改革开放以来,党和国家许多教育方面的法律法规对教师道德素养也提出了明确要求。进入新时代,为满足人民群众对美好生活的需要,解决教育发展过程中不平衡、不充分的问题,党和国家的相关文件对教师的师德提出了更高的要求,十九大报告强调要"加强师德师风建设,培养高素质教师队伍,倡导全社会尊师重教"。中共中央、国务院在《关于全面深化新时代教师队伍建设改革的意见》中提出要弘扬高尚师德。健全师德建设长效机制,推动师德建设常态化长效化,创新师德教育,完善师德规范,引导广大教师以德立身、以德立学、以德施教、以德育德。[1]习近平总书记也多次在重要场合强调要加强教师队伍的道德建设,提出了"四个引路人""四有好老师""四个相统一"的教师队伍职业道德建设要求,系统阐释了新时代师德的内涵、意义、特征、内容和加强师德建设的举措,形成了严密完整的师德观,[2]为加强新时代教师职业道德建设提供了根本遵循。在近年来的学校德育变革中,传统的仅仅依靠德育队伍开展道德教育的理念已经逐渐被否定,"三全育人"正在

[1]闫建璋.新时代师德修养的三重境界[J].教育科学,2021,(01).
[2]戚如强.习近平师德观述论[J].社会主义研究,2018,(03).

成为引领学校德育变革的重要价值,这实际上也对教师的职业道德和育德能力提出了新的要求。对于学校而言,要在"三全育人"的整体理念下,不断加强教师队伍的道德建设,着力提升教师的育德意识和育德能力,建构教师支撑"以德育德"的综合素养,让教师职业道德建设的新内涵、新要求在学校教师队伍建设中得到更加全面的体现。

(一) 多角度锤炼教师职业道德

学校高度重视教师职业道德建设,以建设高素质的"贤达教师"为目标,以"学高为师、身正为范"为准绳,围绕"为了实现每一个孩子的美好心愿",深入开展"为人、为师、为学"主题教育活动。如"老园丁专题讲座""教师文馨讲坛""最美育贤人"等活动。同时,健全教师管理制度和师德评价制度,提升教师师德修养,厚植教师为师底蕴。学校教师口碑良好,师德认可度高,无违反师德投诉。张宏、顾莉梅等老师因为在师德领域的良好表现获得区级奖励。

在具体的教师职业道德建设中,育贤小学始终倡导和坚持"学校无小事,事事关教育;教师无小节,处处是楷模"的师德意识。在教师中广泛开展师德建设活动,引领教师自我反思、自我修正,收到了实效。

1. 以"规"约师德

学校严格执行有关师德建设的各项规定,并结合学校实际建立健全了师德管理的各种机制,如《师德规范五不准》等。规章约束了教师的言行,内化了教师的行动,社会对教师的满意度逐步提高。

2. 以"评"导师德

学校结合实际制定和完善了《关于建设师德档案制度的实施意见》《师德建设"五不准"实施办法》等。在考评过程中,通过自评、互评、学生评及家长评等多种办法对教师师德状况进行有效评价和判断,用评价及时引导和修正。

3. 以"学"提师德

师德是道德的特殊体现,而道德的维持是通过道德主体内心信念的建立,以及适当地借助于舆论、传统、教育等精神力量进行的,[1]道德主体内心信念的确立是最为

---

[1] 杨连俊,姜建成. 牢固确立新时代师德建设的信仰之基[J]. 江苏高教,2021,(03).

关键的一步,道德的本真之处在于道德主体的自悟、自觉、自律。通过针对性的学习来培养教师的道德信念,这是学校加强师德建设的重要思路。学校能够保证每两周一次政治学习时间。例如,组织教师撰写学习职业道德的心得体会;学习贯彻党的最新会议精神、学习于漪精神、争做"四有"好教师、学习法律法规政策等,通过小组讨论、精读原文、中心发言、观看专题片等形式,增长阅历,丰富内涵,从而进一步提高了全校教师的政治思想素质和师德修养。

(二) 深层次提升教师人文素养

师德修养非一朝一夕之功。[1] 新时代的教师职业道德建设,除了教师自身的道德素养之外,还需要教师形成以德育德的能力,教师的育德意识和能力成为新时代教师职业道德建设的应有内涵。一般而言,教师的育德能力包含育德意识、育德觉知能力和自身的示教能力三个方面,即育德意识、育德觉知能力和自身的示教能力。[2] 尽管很多时候知识不能等同于能力,但是,要真正提升教师的育德能力,必须以教师丰富的人文素养、道德知识等为基础。基于这样的认识,育贤小学在教师职业道德建设过程中,注重以"文馨讲坛"为渠道,提升教师综合素养,特别是通过教师人文素养的提升帮助教师建构起与新时代教师职业道德相匹配的育德能力。学校开展主题为"采撷人文馨香,成就贤达教师"的"文馨讲坛"活动,挖掘教师群体中优秀典型,为学校教师搭建平台、展示风采。通过讲坛活动,引领教师拓展视野;通过与专家对话,与名人交流,提升教师人文素养,增强文化底蕴,让人文的馨香伴随教师的成长,让"文馨讲坛"营造"馨香校园"。"文馨讲坛"先后开展了"播种 STEM 理念,点燃教育激情""我们的品牌我们做主""抓好复习迎考环节,稳步提升学业成绩""新时代背景下的 3D 打印＋""让项目化学习助推课堂教学变革"等内容,邀请了各方面的专家、名师、学者走进校园,与教师分享教学的启示和教育的信息。通过多主题、常态化的教师讲坛,帮助教师厚实人文素养,提升育德能力。

---

[1] 闫建璋. 新时代师德修养的三重境界[J]. 教育科学,2021,(01).
[2] 杨小玲. 中小学教师育德能力的现状及改进策略[J]. 当代教育科学,2016,(20).

二、在"智慧课堂"的实践中提升专业能力

教师专业能力是教师专业发展体系中最具实践价值的组成部分,也是教师专业发展的重心所在。从概念上说,教师能力是指教师在教育教学活动中表现出来的、直接或间接影响教育教学活动的质量和完成情况的个性心理特征。

在教师专业能力的相关研究中,"国际培训、绩效、教学标准委员会"(IBSTPI)基于大样本调查研究开发的教师能力标准是最具代表性和影响力的研究成果。IBSTPI将教师能力标准界定为:一整套使个人可以按照专业标准的要求完成特定职业或工作职责的相关知识、技能和情感态度。在这个定义下,IBSTPI根据对大量教师及教育利益相关者的调查研究,总结概括了涵盖5个维度、18项能力和96条具体绩效指标的教师能力标准体系。从这个教师能力标准体系中可以发现,尽管随着时代的发展和教育的变革,教师的能力标准越来越丰富,但是这些多元化的能力标准大都聚焦于教师的课程和教学工作。由此可以推断,教学的设计、组织、实施和评价应该是教师最为核心的专业能力,课堂教学的实践应该是培养教师专业能力的最重要阵地。基于这样的认识,育贤小学以"课程教学"为阵地,依托"智慧课堂"的打造,建构教师专业能力提升的实践平台,促进教师能力维度的专业成长。

(一)编写课程指南,引领教学设计

学校组织开展教师课程学习与培训,开展课程教学实践,指导教师寻找自己的课程坐标,研发课程,编写课程纲要。目前《我有一个小小心愿——课程指南》已经完成编写,《我和纸盘有个约会》《茶香润童心》《衍纸变变变》《尚贤皮影》《心愿少年学安全》《"我有一个小小心愿"一年级入学课程》等特色课程读本已印刷并投入使用。

积极参与学习的课程建设,使教师专业得到快速发展。如,学校的"魅力宝贝 T台秀"少儿模特课程为学生创造学习与展示的平台,与此同时,我们教师的特长与潜能也被挖掘,他们参与课程、教学相长,自学校开办以来,每一届上海少儿模特风采展示活动学校都积极参与,数次获得了市级奖项。通过经历"小心愿"课程建设,学校打造了一支"修德、修业、求实、求新"、具有较强课程建设力与执行力的教师队伍,教师成长

走上快车道。

(二)建构智慧课堂,开展智慧教学

"智慧课堂"项目倡导教师积极主动地参与基于信息技术的教学实践与探索,学校推进教师内修于心、外练于行,内修外炼提升"心愿课堂"的教学质效。我们以构建"智慧课堂"为主线,推进课堂教学转型。学校组织青年教师进行"智慧课堂"应用培训,并确定"智慧课堂"项目组和实验班。随后,项目组的语文、数学、英语、自然、道法、音乐等学科教师开展教学实践活动,带领学生体验平板电脑在课堂教学中的妙处,聚焦课堂教学,改进教学行为,让教与学和融共生,促进师生的共同成长。

(三)拓展教师视野,组织学习交流

学校也组织教师走出校门、走出育贤看教育,参与世外教育集团的各项活动,也来到兄弟学校学习交流。如,英语学科工作室团队赴宝山区顾村实验学校开展学校英语分级阅读项目学习交流活动,参与第一届世外教育集团英语节汇演活动;学校"小心愿"课程研究团队的教师赴嘉定区安亭小学开展学校队伍建设与课程改革交流活动;2018IEIC 国际教育创新大会在上海展览中心隆重开幕,学校中层与骨干教师团队在本人带领下参与盛会。这些浸润式的交流活动拓宽了教师的视野,变革了教师的理念,使教师站在新的高度看教育,引领教师进一步探索教育的规律。

(四)建设学科组织,注重示范引领

为了更好地发挥教学之于教师专业发展的积极效能,让相同学科的教师能够在相对固定的专业组织中共同钻研学科教学,提升教师的教学能力,育贤小学在教师队伍的能力建设过程中创造性地提出了建设"学科工作室"的理念,通过制度性的设计,明确"学科工作室"的建设条件、工作重心、内容要求等,为学校教师专业能力的持续提升进一步丰富了载体。

育贤小学"学科工作室"实施方案

为充分发挥骨干教师的专业引领、示范、辐射作用,把握好教师专业成长的基本着力点,培养造就更多的卓越教师,提高教书育人水平,促进教师专业成长,促

进学校发展和提升,特制定本方案。

一、工作室成员基本条件

1. 热爱教育事业,师德高尚,乐于奉献,善于学习。在教育教学中自觉贯彻党的教育方针,敬业奉献,为人师表,坚持以德立身、以德立学、以德施教、以德育德。

2. 具有一定的专业能力、良好的教育教学实践和研究能力。理念先进,主动进行教育教学改革,具有较强的教育教学能力及研究能力,形成自己的教学风格和教育艺术。

3. 具有教育教学智慧与灵气,具有团队合作精神。教学质量高,教学成绩优秀;有一定的自我完善、自我突破、自我发展的意识。

4. 具有不断学习,提升自我的愿景。能确保坚持参加工作室为期三年的各项研修活动,高效完成各项研修任务,有团队合作意识,能与其他成员团结互助、共同进步。

二、加入工作室程序

1. 个人申报:符合主持人教师填写学科工作室成员自主申报。

2. 主持人推荐:主持人根据相关教师的日常表现进行推荐。经过学校和主持人共同研究确定工作室成员。

3. 公示结果:对拟招收教师情况组织公示,经公示无异议的,同意其加入,报课程教学部备案。

4. 成员增减:工作室成员,三年为一个聘任周期;在工作室周期内,成员未通过年度考核的以及调出(借调)出本单位的,视为自动脱离工作室。新成员经个人申请、学校考核推荐、工作室审批同意后加入。

三、工作职责

(一)工作室主持人职责

1. 负责主持工作室开展各项工作。

2. 拟定工作室年度具体工作方案,开展实施工作。

3. 承担骨干教师培训等相关指导工作。

4. 通过工作室工作加强对成员培训,在学校日常工作中引领和带动本校教师开展教学研究,提高教师业务能力。

5. 帮助每位成员制定专业发展三年规划,促使每位成员尽快提高教育教学和科研能力,推动成员的专业成长。

（二）工作室成员职责

1. 工作室成员要结合工作室计划制定三年自我发展计划,力争三年内在教育教学方面成为区级以上骨干。

2. 积极参加教育教学活动（包括校际交流、各级学科会议、各级学科培训和论文与经验的交流活动等）,有效发挥示范辐射作用。

3. 成员要系统学习学科的前沿理论与课程改革理论,不断提升自己的理论水平,做好读书笔记并定期在学校网站平台发表读后感言,交流心得体会。每年至少撰写一篇有价值、有水平的科研论文,完成2节展示课,1次讲座。

4. 成员要积极参加工作室确定的科研课题,定期检查阶段性成果,汇报自己的课题实施进度,并逐渐形成独立开展课题研究的科研能力。

5. 积极参与学科教研,主动承担学校分配的各项任务。

四、工作室运作

1. 工作室的主持人和成员,除了要履行好各自的工作职责外,每月至少还要开展2次集体活动（线上和线下）,开展专题研讨、课题研究、交流工作经验和学习体会等。

2. 在所在学科起带头作用,促进学校各项工作和活动的开展。

3. 开展课例研讨活动。工作室成员要认真学习先进的教育教学理念,要奋发进取、勇于拼搏,具有吃苦精神。要加强课堂教学反思,及时记录教学中的问题、经验和心得体会,并从理论层面进行分析和阐述,逐渐形成自己的教学风格。每学期每个成员至少要开设一节高质量的公开课。

五、管理办法

1. 成立学科工作室领导小组,负责名师工作室建设的组织、协调、检查、评估,领导小组组长由校长担任,组员有课程教学部等相关负责人。

2. 工作室原则上以三年为一个工作周期。每学年学校名师工作领导小组对名师工作室进行考核和奖励。

3. 学校为工作室活动提供便利条件,工作室成员将在各类外出交流学习考察、职称晋级、岗位聘任等方面予以优先考虑。

4. 参加工作室组织的活动,计入工作量参加年终考核。

三、在"枝繁叶茂"的设计中打造专业团队

教师专业发展,必然面临文化层面的考量,需要在教师个人主义文化和教师团队合作文化中达到合理的平衡。教师自作为一种社会职业产生以来,其作为类的生存方式似乎已经逐渐定型。即教师并不是以群体的方式呈现,而是作为一个"独当一面"的个体而存在,这种单独工作的孤独状态造成了教师的个人主义。[1]但是,现代教育的改革发展,特别是教育、教学、管理等工作复杂性的日益彰显,又使得学校必须通过教师之间的合作,依托专业发展共同体的建设,打造专业团队,实现教师的整体发展。从学校治理的角度看,教师参与学校治理也好,教师专业素养的提升也好,主要是一种集体层面的提升和参与。如果把学校的教师队伍比作一棵大树,在推进教师队伍建设的过程中,就不能仅仅谋求一两个精美的果实,而是要实现"枝繁叶茂"的集体发展。从这个角度出发,要推进学校教师队伍建设,就必须根据不同阶段、不同群体教师的特点,组建教师专业发展团队,实现教师共同成长。建构教师共同体的目的在于提升教师专业水平,促进教师知识共享。[2]教师专业合作是指教师为了追求专业发展和改善学校教育实践,就共同感兴趣的问题探讨解决策略,而形成的一种批判性互动关系,[3]这种互动关系能够推动教师成为彼此专业发展过程中的"重要他人",能够建构一种自然合作、共同成长的专业发展文化,最终有利于克服教师专业发展的个人主义文化,打造"枝繁叶茂"的教师团队。基于这样的理念,育贤小学在教师队伍建设的过程中,注重结合不同群体教师的特征,设计针对性的培训路径和专业成长组织,有效

---

[1] 姜新生. 从个人主义到自然合作:教师文化的理性建构[J]. 教师教育研究,2010,(03).

[2] 刘波,王帅. 教师个人文化:教师共同体构建的必要向度[J]. 教育理论与实践,2016,(16).

[3] 邓涛. 教师专业合作的影响因素探析[J]. 外国教育研究,2008,(12).

促进了教师专业团队建设和教师集体专业发展。

（一）关注学校管理团队的能力提升

学校整体治理的效能，学校的系统性改革发展，首先依赖于管理团队的能力和素质。现代学校管理中，管理人员很多已从教学人员中分离出来专门从事管理工作，有了真正意义上的管理，并且对学校各类管理人员提出了不同的管理性规定。[1] 学校管理专门化有利于促进教育规模化发展，但难以避免学校中教育与管理的"职能"性分离。由此，必须要结合学校教学、管理等核心工作，不断推动管理团队的能力与素质提升，保障学校管理工作的教育性回归，[2] 发挥管理团队对学校整体改革发展的引领价值。

1. 校长团队领导力的建设

校长是学校领导的核心，也是学校整体发展的掌舵者、引领者和重要的实践者。社会及教育的不断变革为中小学校长带来新的考验与挑战，伴随教育改革的不断深入以及对教育家办学诉求的不断加深，校长能力建设问题的重要性日益凸显。从《义务教育学校校长专业标准》来看，中小学校长基本能力包括规划学校发展、领导课程教学、引领教师发展、优化内部管理、协调公共关系等方面。[3] 在学校改革发展的现实中，如何提升校长的领导力，把校长打造成学生成长、教师发展和学校变革的"重要他人"，这是学校管理过程中必须给予足够关注的命题。

在育贤小学看来，学校是一个组织，因此团队建设是学校发展的关键。校长要引领教职工实现学校既定的发展目标，首先要思考的是如何打造一个有凝聚力和战斗力的团队。一个具有领导力的校长，面对一盘棋局、一线机会或一场竞争，要能让团队成员在他的指引下，抓住稍纵即逝的机遇，赢得成功。因此，团队建设领导力的提升过程，就是校长教育实践积累的过程，也是学校团队建设与成长的过程。基于这样的认识，育贤小学着重从四个维度入手，打造校长团队，引领学校校长、副校长等争做幸福

[1] 吴式颖. 外国教育史教程[M]. 北京：人民教育出版社，1999：249.
[2] 周元宽，葛金国. 学校管理教育性的回归：制度设计与路径选择[J]. 中国教育学刊，2014，(05).
[3] 张茂聪，侯洁. 中小学校长能力建设问题探析[J]. 中国教育学刊，2013，(10).

教师、幸福学生和幸福学校的筑梦人。

（1）校长应该是一个学习者

陶行知先生说："校长是学校之魂。"这句话说明校长不仅要有敏锐的眼光和深入的思考力，还应具备相应的专业素质，承担起教育改革引导者的角色，带动学校这艘航船在改革的浪潮中远航。

校长要做一个真正享受成长乐趣的学习者。一个校长，从合格走向优秀，最后走向卓越乃至成长为教育家型校长，至为关键的是要有一种为教育事业的发展不断追求成长的渴望。学习，应该成为校长应对时代变迁、不断促进自我改变的主要路径。"不管你年纪多大或者境况如何，你在教育上的任何缺陷都可以通过学习和思考来补"，这应该成为校长的一种信念。

（2）校长应该是一个服务者

就职位而言，校长首先是一个管理者，但就管理工作的运行，校长又是一个服务者。校长应树立服务意识，练就服务本领，为学校的真正发展服务。

就校长的角色而言，校长应该是服务者。校长是学校的代表，是学校的形象，是校园文化的建设者。校长长远的目光，思辨的头脑，风趣的言谈，文明的举止，高尚的品格，敬业的精神，公平的处事原则，平等的待人态度，无一不在潜移默化地影响着全体。这本身就是一种服务，只不过这种服务是以一种隐形的状态时刻存在着，并时刻起着作用。正所谓潜移默化，润物细无声。

就校长的责任而言，校长仍是一个服务者。校长要把学校办好，要使学校每年都得到发展，就需要依靠教师，依靠团队的合作。教师队伍是学校发展的最重要的力量。教师的成长、提高，教师成为典型、骨干，需要校长引导。而这种引导，一般情况下，当以对话式、商讨式、建议式的方式平等交流。这样教师的进步，团队的进步，就会由"你要我能"，变成"我要能，我愿能，我乐能"。由此，校长心中的那种期待就能成为现实，这是一种服务，更是一种格局和境界。

（3）校长应该是一个造梦人

心理学家马斯洛曾说，杰出团队的显著特征便是具有共同的愿望与目的。有一位哲人说"人是生活在希望之中的"，这个希望就是梦想。梦想，其实就是我们通常所说的愿景，它是全体教师强烈地想要实现的理想，并且这种梦想，要成为教师心之向往，充满激情的追求。纵观一代又一代的教育家,无不是编织教育梦想的卓越人才,甚至有一批伟大的教育家,将自己的梦想变成了人类共同的教育理想,如杜威、陶行知等。

在梦想实现的过程中、在办学实践中,校长要善于把自己的教育理念、教育价值观及教育情怀转化为整个学校的教育梦想,建立共同愿景、倡导共同价值观。校长要拥有一种魔力,不断召唤、激励着教师自我成长;校长要能够为教师指明方向、搭建舞台,使得每一个教师的梦想都有实现的无限可能。

校长要坚持以正确的舆论引导教师,真诚的情感凝聚教师,严格的制度管理教师,精湛的业务培养教师,成功的事业造就教师。加强教师的业务学习,为教师的专业成长搭建平台,给他们提供展示才华的机会,为他们脱颖而出创造条件。

（4）校长应该是一位艺术家

仅仅将学校教师团队管理当作一门科学是不够的,因为科学不免要唯"数字"和"标准"马首是瞻,在面对立体的人、情感的人的时候,科学往往变得不科学。

校长非一般意义上的管理者,校长更应该是领导者,而领导是一门艺术。作为艺术家,校长应该举着旗帜,而不是拿着鞭子。只有源于内心的期盼,才是教师成长的动力;只有各种成长要素的和谐,才能生长出美丽丰硕的教育成果。

校长应掌握管理的基本技巧,以艺术的手法灵活运用,校长必须学会艺术地激励与激励的艺术。校长的管理绝不是僵化行政手段的再现,也不是板着面孔的说教,它一定是生动活泼、富有情趣、生活气息浓厚、喜气洋洋的艺术杰作,它富有真实、真情、真挚、真知的色彩。

校长团队建设领导力决定着一所学校的发展,作为一名校长,不能只是一只辛勤的蜜蜂,而要成为类似放风筝的人:心中有天空,眼中有目标,手里有分寸,脚下有土地。

校长要成为一名学习者、服务者、造梦人、艺术家,用心与心来沟通,情与情来交流,智与智来启迪,增强教师归属感和主人翁意识,调动教师工作的积极性和主动性,打造一支"心往一处想,劲往一处使"的团队,引领学校不断实现内涵发展,最终以高质量学校教育承载自己的职业理想,满足学生的美好心愿。

2. 中层干部领导力的建设

围绕"想干事,能干事,干成事"的干部培养目标,学校党政工合力,抓好班子队伍建设,做到工作中,携手并肩、精诚团结、补台不拆台;生活中相亲相爱、情同手足、交心不多心。通过干部"三表"评议制、浸润式跟岗、自我学习、反思交流等途径提升干部管理效能,培养一支政治素质高、业务水平精、管理能力强、群众基础好的中层干部队伍。特别是学校充分借力世外托管团队高位引领,培养管理队伍独当一面的能力与素质,为学校内涵发展和品质提升培养了坚强的引领和保障力量。

对于一所新学校来说,管理团队的能力尤为重要。我们的管理团队中新手较多,缺少管理经验,但他们有热情,有干劲,有创意,如何让他们思想上合心、工作上合力、行动上合拍,实现高位引领,独当一面? 我们依托上海世外教育集团委托管理的契机,借助优质资源力量,通过参观交流、专题培训、跟岗学习、带教指导等途径,提升教师专业素养,主要做了以下努力:

(1) 积极开阔眼界,提升管理效能

思想有多深,行动就有多远。为了提高管理者眼界,引导他们在学—思—悟—行上下功夫,学校先后选派校级领导、中层干部来到世外系学校,从行政管理、教育教学管理等多角度观摩取经、参加各类专题培训、开展浸润式跟岗学习,在学习与分享中进行思维碰撞,感悟管理真谛,懂得既要遵循常规管理中的技术,做到精益求精,又要从繁琐的技术层面中跳出来,能够引领、能够设计。从而引导他们从"术"走向"道",从"管理"走向"治理",从"知道"走向"致道",最终成为一名有思想的管理者。如,我们课程教学部主任在对学校教学现状进行 SWOT 分析后,引进了世外"Kids' Stories"课程,以此拓展了教学内容、强化英语口语;还引进了"一阅读"平台,在"线下阅读、线上测评"的同时,开展阅读小达人的评选,激发学生阅读兴趣,拓宽学生阅读视野。不仅提升了学校课程的品质,更是在实践中锻炼和提升了教学管理素养。

(2) 实施项目管理,历练综合素质

学校实施项目化管理,是借助现代管理思想,融入教育实践的一种"嫁接",是实现管理团队成长的一种"载体",更是体现管理者自我价值、实现自我成长的平台。为此,我们建立了管理人员项目负责制,如星光灿烂计划、学校课程建设、劳动教育实践、校园主题活动等,每一个项目的推进、活动的开展均由专人负责,全程参与,在项目的实施中培养管理者独当一面的能力。

例如,劳动教育项目由我校学生部具体负责,如何创设学生喜闻乐见的劳动教育活动载体,搭建多元的劳动教育活动平台?为此,学生部进行了积极探索、系统思考与实践。创设基地,以点带面:学校开辟了"乐耕园",他们带领各班开展各具特色的班级乐耕活动,实现班班有基地,人人有任务,初步形成了一个基地辐射成长链,让孩子们在农耕实践中,劳在其中,学在其中,乐在其中,分享劳动成果,收获劳动快乐。编制手册,培养技能:学生部管理团队率先进行《新时代劳动实践指导手册》的编写,并进行示范,指导教师分年级开展实施与编制,从1.0的框架雏形到2.0的板块内容,再到3.0的图文并茂,如今已到4.0的三维呈现,这都展现了他们独当一面的能力。目前,我校编制的《新时代劳动实践指导手册》已成为区域共享试点"标准"。

(二)关注学校教师队伍的分层成长

从教育的专业属性来看,教师队伍可视为学校教育的第一资源,构成学校的核心竞争力。"没有好老师,就没有好学校。"建设一支师德高尚、业务精湛、结构合理、充满活力的高素质专业化教师队伍,才能落实立德树人、培养德智体美劳全面发展的社会主义建设者和接班人的根本任务。[1]进入新的历史发展时期,党中央将教师工作摆在前所未有的重要地位,教师队伍建设迎来了新的历史机遇和发展契机,[2]国家和区域层面一系列教师队伍建设的政策制定,为学校教师队伍建设和教师专业发展提供了很好的引领、支持和保障。对于学校而言,就是要充分理解新时代教师队伍建设的内涵、精神与价值,结合学校实际,围绕不同群体教师的专业发展需求,设计针对性的、层次性的教师专业发展路径体系,促进教师队伍的分层成长。

基于对新时代教师队伍建设重要性的理解,育贤小学立足学校教师队伍现状,围绕一个中心——"育贤达之人",着眼于教师的发展需求,围绕"让每一位教师都出彩"的培养目标,努力搭建专业成长的平台、寻求专业提升的途径,让全体教师在教育教学实践中实现自我、追求卓越。学校提出了"枝繁叶茂"的教师队伍整体建设和分层培养理念,针对教师队伍,通过示范辐射、分层培养、校本培训等,提升专业素养,培养一支爱岗、敬业、能干的教师队伍。以此实现这三个目标:凝聚管理团队,使他们高位引领,

[1]罗来金.新时代教师之责任、使命与风范[J].人民教育,2019,(23).
[2]王定华.新时代我国教师队伍建设的形势与任务[J].教育研究,2018,(03).

独当一面;打造骨干队伍,使他们形成特色,示范辐射;培养青年教师,使他们尽快成熟,站稳讲台。学校搭建多层次平台,满足不同发展水平的教师在教育教学、科研信息等方面的需求,如学科工作室、青年成长坊、文馨讲坛等,为每一位教师搭建成长的舞台,提供成长的机会。

1. 培养青年教师,促进快速成长,站稳讲台

青年教师、新教师,是教师队伍建设的生力军,决定着教师队伍和学校教育教学的未来,注重青年教师和新教师的培养,是世界各国、各地区和各学校在教师队伍建设中的共性选择。当新教师进入学校的场域中,实际上是进入一个新的环境,应该对刚开始从事教师职业的教师给以特别的关注,因为他们的最初职位及他们将要进行的工作,对其以后的培训和职业具有决定性的影响。[1]正如劳森所言,成为一名教师不只是从某一角色到另一种角色的简单转变,它其实是一个包含新教师和资深教师及其所处的错综多元环境之间复杂的互动过程。[2]不同的新教师进入不同的学校情境中,其所遭遇的问题可能是千差万别的,其专业发展的需求也是多种多样的,因而新教师专业发展的方式也要兼顾多元。[3]育贤小学注重新教师的培训和青年教师的成长,通过多元化的路径设计,引领青年教师迅速成长,尽快适应岗位。

(1)"岗前培训"育新人

"工作坊"关注签约教师岗前培训。对于签约教师,我们要求他们每月上汇报课,每周撰写教学札记,每日记录跟岗日志、练习三笔字等等,通过通识培训、带教指导、跟岗学习、课堂训练等,使他们能尽快熟悉日常教学工作,了解班级管理,不断提升自己的专业素养,通过锻炼,使他们能够在9月顺利踏上教师岗位。

(2)"岗位练兵"促成长

见习教师——站稳讲台。对于见习期教师,我们关注在岗培养,选配校内外骨干教师签订协议进行带教。我们要求见习教师每节课备出详案,师徒两人每周互相听课不少于3节;徒弟要不断对自己的教学进行反思。通过这样的带教,许多新教师在各

[1] 联合国教科文组织. 全球教育发展的历史轨迹:国际教育大会年建议书[M]. 赵中建,等,译. 北京:教育科学出版社,1999:530.

[2] Lawson,H. A.. Beyond the conception of teacher education [J]. Journal of Teacher Education,1992,(03).

[3] 宋萑. 新教师专业发展:从师徒带教走向专业学习社群[J]. 外国教育研究,2012,(04).

类评比及公开教学中脱颖而出。

职初教师——胜任岗位。对于1—3年期职初教师，我们继续为其制定带教计划，落实带教措施，实施专项评价。我们有意识地把他们推上公开课、汇报课的讲台，放到各类教育教学竞赛中进行磨炼，促其快速成长，逐步走向成熟。

2019年初，我们的"小语成长坊"成立了。这是一支由1—3年期的语文教师组成的队伍，由组内成员自己担任主持人。每次活动，主持人都会拟定一个主题，组内成员两人一组进行交流，并轮流做好资料整理及通讯撰写，学员们在问题探讨、经验分享中互相学习、共同进步。目前，学校组建10个跨年段、跨学科的成长共同体，涵盖了语数英及综合学科、项目化学习等领域。"青年成长坊""项目工作坊"为青年教师们搭建了互相学习与专业化成长的平台。青年教师们在成长共同体中不断提升教育理念，拓宽教育广度，收获教育智慧。

潜质教师——成为骨干。对于三年以上有潜质的青年教师，学校的基本要求是：有自己的教学思想，积累自己的教学经验，形成自己的教学风格。依据这一基本要求，"成长坊"要求他们制定个人发展规划，对其进行悉心培养，努力使这部分青年教师早日成为教学骨干。2019年起，每两周一次的世外导师来校指导，更促进了他们的专业提升。执教的青年教师开展说课与教学反思，导师对课堂教学中存在的不足会一一提出指导性的建议，为青年教师的课堂教学改革及教师专业发展指明努力的方向。

与此同时，我们借助"成长坊"平台开展青年教师的教育教学技能培训、评比及分享活动。如，每周举行的书法技能培训，让青年教师在横平竖直、一笔一画的书写中，享受着书法的熏陶，提高教师教学基本素养；每学期进行的团员主题活动，让团员青年教师在"读书分享·教育碰撞"中，畅谈教学的困惑与收获，在交流中产生思想的碰撞，形成思维的火花；每学年开展的"育贤杯"青年教师课堂教学评比活动，成为青年教师专业成长的新起点；这些活动为青年教师的"出彩"搭建了展示的舞台，更为育贤校园增添了一道道绚烂的风景线！

2. 锤炼骨干队伍，形成教学特色，示范辐射

"工作室"不仅是职初教师成长的沃土，更为学校成熟教师成为业务骨干搭建平台。我们注重锤炼骨干队伍，打造一支有教学特色和教学主张，能起到示范辐射作用的骨干教师队伍，推动学校的可持续发展。

（1）"三个主动"促引领

我们要求骨干教师在"工作室"中主动展示、主动指导、主动分享。通过"教学示范""教学指导""研思沙龙"等途径，引领教师专业成长。

"主动展示"：我们要求区"名教师""优秀骨干教师""优秀青年教师"等骨干教师做到每学期上一节教学示范课，发挥骨干教师的示范引领作用，从而推动全体教师教学能力的不断提升。

"主动指导"：我们要求骨干教师每学期指导组内每位教师上好教研课，发挥骨干教师的示范指导作用，营造浓厚的教研氛围。尤其是职初教师更要关注全过程指导，从教材处理到教案设计，从教学过程到教学评价，都要一一进行指导，助推职初教师的快速成长。

"主动分享"：我们要求骨干教师做到带头学习、带头研究，分享自己的教学主张。为此我们定期开展骨干教师"研思沙龙"，分享学习的收获、提出实践的困惑、亮出独到的观点，切实起到示范带头作用。通过馨苑校刊、微信平台、校园网站等平台发表观点，辐射思想，从而进一步引领骨干教师的成长。每学年，学校骨干教师都要开展"阅读名家著作，研究教学教法，交流学习心得"活动；结合世外培训、教研活动等学习，围绕主题进行"培训感悟交流"等活动。

（2）"二次成长"助发展

一位骨干教师要成为优秀教师乃至成为卓越教师，一定需要经历专业的二次成长。大量的调查和数据都说明了二次成长是成为卓越教师的不二法则。二次成长成就卓越教师的关键点分别是读书、教学反思、课例研究、参加研讨会以及论著写作。为此，我们从以下三方面推进。

支持"高层次"培训。我们有计划地为骨干教师创设机会，支持他们参加各级各类培训以获得更高层次专家的理论和实践指导。如，我们推荐翁薇参加上海市冯志兰班主任工作室，推荐钱莉莉参加市项目化学习培训等，从而助力骨干教师的专业成长。

搭建"工作室"平台。我们先后成立体育"名师工作室"、语数英"学科工作室"、班主任"工作坊"，分别由区卓越教师担任主持人，聘任市、区级专家、教研员担任顾问，通过课堂教学、教学反思、课例分析、讲座研讨等一系列丰富的活动，推动骨干教师的二次专业成长。

建立"教科研"机制。我们要求骨干教师除平时撰写教育教学论文外,还要引领校本科研,积极参与学校课题的研究或校本课程的开发,两年内必须完成一项区级课题,成为学校的科研先锋。近年来,学校有多个区级课题顺利结题。重点课题"基于组织文化模型的3.0学校课程变革研究"获奉贤区第十二届教育科研成果一等奖。在2022年奉贤区首届新成长行动研究成果评选中,学校共获一等奖2项,二等奖1项,三等奖一项。

总之,我们始终秉承骨干教师是带动学校发展的中坚力量这一思想,在充分发挥他们的骨干引领作用的同时,助推他们专业的二次成长,向卓越教师奋进。

3. 成就全员教师,助力专业发展,追求卓越

学校着眼于教师的发展需求,围绕"让每一位教师都出彩"的培养目标,努力搭建专业成长的平台、寻求专业提升的途径,让全体教师在教育教学实践中实现自我、追求卓越。

(1)"一个讲坛",涵养教师教育情怀

习近平总书记说,好教师应该"有理想信念、有道德情操、有扎实学识、有仁爱之心"。为达成"四有教师"的追求目标,学校以"采撷人文馨香,成就贤达教师"为主题,每月定期开设"文馨讲坛"。"讲坛"开设以来,致力于为全体教师搭建平台,带领教师触摸课改前沿、领略名师风采、分享成功经验,涵养育贤教师的教育情怀。

(2)"两项研究",助推教师专业发展

我们以教师个性化需求为导向,打造共享共进、追求卓越的教师发展共同体,系统推进,覆盖全员,在引导教师做好个人发展三年规划基础上,实现自我发展,克服职业倦怠,为教师专业成长铺路搭桥,为教师追求卓越领航助力。

一研"课堂",提升课堂有效性。课堂教学是整个教学工作的主阵地,是至关重要的一大环节。我们通过推门听课、集体备课、重点展示、点将上课等方式,开展课堂教学研究,努力做到"三个狠抓"及"四个把握":一抓教学常规,二抓学习习惯,三抓作业规范;把握教学目的明确性,把握教学环节条理性,把握问题解决的准确性,把握训练活动的有效性。学校以"教学研讨课""精品展示课"为载体,现场把脉,查找问题,改进课堂,有效的教学研讨让每一位教师都有展示与成长的机会。

二研"课程",提升课程研发力。课程体现着一所学校的教育哲学,课程建设是学

校发展的核心竞争力,是教师专业发展的"加速器"。我们组织教师开展课程培训,邀请课程专家进行专题指导;我们帮助教师寻找自己的课程坐标,指导教师人人参与课程指南的编写,在课程的研发与实施过程中,全体教师的专业能力都得到快速提升。目前,学校《我有一个小小心愿——"小心愿"课程指南》已经完成,《指南》涵盖了学校课程的背景、目标、内容、实施和评价等基本要素;在《指南》框架下,教师们积极行动,研发课程,编写学材,完成了《我和纸盘有个约会》《茶香润童心》《衍纸变变变》《心愿少年学安全》《一年级入学课程》等校本课程读本的编写;"炫动足球""衍纸变变变""尚贤皮影"等多个校本课程成为区级共享课程。丰富的课程研发为学生创造了体验与展示的平台,也挖掘了教师的特长与潜能,打造了一支具有较强课程研发力与执行力的教师队伍,教师在课程的研发与实施中实现教学相长、收获专业成长,教师专业发展走上快车道。

四、在"聚焦问题"的研究中凝练专业智慧

教育工作是情感智力双重投入的工作,要做好教育教学和管理工作,既需要教师相应的知识、技能作为基础,也需要教师不断积淀和厚实自身的专业智慧。专业智慧是教师处理日常教育教学问题所表现出来的机智、技巧与艺术。[1]教师的专业智慧是一种基于实践积累和自我反思提升的过程,缺少实践的积累,教师的专业智慧就如同无源之水无法长久;缺少自我的反思,教师的专业智慧永远都是一种外在的智慧,难以抵及教师的内心世界,也就无法对教师的教育教学和管理行为产生积极的价值。教师如何形成自己的专业智慧,一个重要的方法就是参与教育科研活动。育贤小学充分认识到教育科研活动在学校整体发展和教师队伍建设中的重要价值,以学校龙头课题为引领,以实践性问题为导向和对象,组织教师积极参与课题研究,以研究促进问题的解决,促进教师的发展,促进学校的变革。

在育贤小学看来,教不研则浅,研不教则枯。为进一步提高教师的教科研能力,学

---

[1] 李秀霞. 新时代教师专业发展研究[J]. 宁夏大学学报(人文社会科学版),2018,(06).

校以科研为抓手,完善校本特色课程,发展学校特色。2019学年第一学期,区级重点课题"基于组织文化模型的3.0学校课程变革研究"顺利结题。以学校龙头课题为引领,鼓励教师开展子课题研究,每人一课题,也可以伙伴结对一课题。围绕课题具体开展"五个一"系列行动研究:每位教师每学期至少读一本教学专著,做好读书摘记,写好读书体会;各教研组根据学校龙头课题形成教研组子课题,每学期要围绕课题上至少一节研讨课;每位教师每学期基于课题内容撰写一篇教学论文;学期末,各教研组根据课题进展做一次课题报告(汇报);各教研组基于课题研究开展一场命题活动或者办一次现场展示。将课堂教学、教研活动与课题研究三者紧密结合。

育贤小学的教育科研活动,紧紧围绕教师专业发展而组织开展,在实践的过程中,具有以下两个方面的显著特征。

(一) 注重现实问题的聚焦

在教师参与课题研究的方法论选择中,行动研究是一种重要的、普遍的方式。行动研究本来是在社会学、心理学研究中运用范围较广的方式,一开始也是作为社会学、心理学的概念存在的,后来被美国教育学界引入到教育领域。自20世纪80年代末90年代初经国人介绍后,迅速在国内推广开来,并成为教育研究中的一种基本形态。这种研究方式弱化了教育研究的神秘性,推进了教育科研的普及,提升了教师从事研究的自觉性,"教师即研究者"深入人心。更为重要的是,行动研究便于教师及时发现教育教学中存在的现实问题,引领教师聚焦于具体的问题开展研究,这是行动研究的重要价值,也是育贤小学在组织教师科研活动中的首要特征。

在育贤小学看来,教师参与课题研究,并不是要求教师建构一种属于自己的独特的教育理论体系,而是要培养教师在教学实践中对标学生需要,对标学科教学,对标时代发展等,自觉审视在教学和管理过程中存在的问题。在发现问题的基础上,通过针对性的实践研究、行动研究,及时寻找具有自身特征、学校特质的问题解决之道。例如,当今时代,信息技术的发展是最为显著的特征,信息技术与教育的深度融合不仅形成了信息时代教育改革与发展亟待研究的问题体系(参见表5-1),也给教师专业发展带来了新的内涵和要求,重塑了教师专业发展的结构体系(参见图5-1)。

表 5-1 信息时代教育变革与发展研究的问题体系[1]

序号	问题	属类
1	教育领域中的技术界定及其合理性分析	本体论
2	人类进化与技术发展的关系分析	
3	教育进步与技术发展的关系分析	
4	教育领域中的技术价值分析	价值论
5	高技术支持的教育系统的特征及利弊分析	
6	信息技术背景下教学组织多元化的判断与选择	
7	教育信息表达多媒体化的合理性	
8	教育领域中的技术异化现象	
9	教育技术实践的规范与伦理问题	实践论
10	如何审视教育实践中各方的价值诉求	
11	信息技术下教学时空拓展的悖论	
12	教学交互便捷性的悖论	
13	新技术培训与教育行政霸权	
14	技术援助是否能够弥补教育信息鸿沟的探究	
15	网络成瘾问题的分析	

对于学校而言,必须要认识到信息时代为促进教师专业发展提供了新的机遇和挑战,必须认真研究教师专业素养的新内涵、新内容,密切注视和时刻关注教师专业发展的新特点、新动向,才能更好地促进教师面向信息化的专业发展,才能更好地胜任教师所肩负的伟大使命。在这样的情况下,每一个教师都应该仔细对标信息时代的教育,审视自己在教学和发展过程中存在哪些方面的问题,思考如何通过信息技术的运用优化和改进自己的教学和管理行为,这实际上就生成了学校范围内一个具有很强实践价值的研究命题。育贤小学抓住这一契机,引导教师聚焦信息时代的专业发展问题,特别是基于信息技术的教学改革,组织教师开展针对性的研究,让教师在研究中探索形

---

[1] 李政涛.现代信息技术的"教育责任"[J].开放教育研究,2020,(02).

127

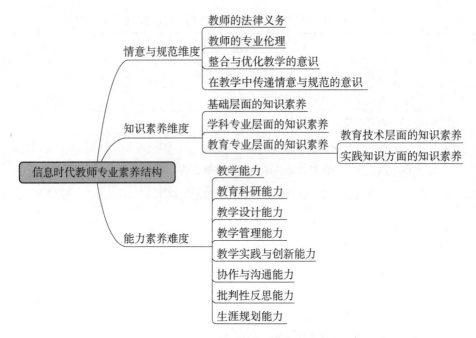

图 5-1　信息时代的教师专业素养结构体系图[1]

成了属于自己的信息化教学之道,不仅化解了教师的实践困惑,也通过研究促进了教师的专业发展(参见以下故事和案例)。

结合信息技术,激发低年级学生问题意识

【背景】

　　核心素养是学生在接受相应学段的教育过程中,逐步形成的适应个人终身发展和社会发展需要的必备品格和关键能力。南开大学的顾沛教授曾说"数学素养就是把所学的数学知识都排除或忘掉后剩下的东西"。因此基于数学学科核心素养,我们强调学习是在"发现问题—提出问题—解决问题"中获取知识的过程,其实也就是用知识解决问题的过程。而知识的获得和知识的应用是紧密相连的,也就是说,我应当强调把学习设置到复杂的、有意义的问题情境中,通过学习者合作解决真实性问题来学习隐含于问题背后的科学知识,形成解决问题的技能,并发

[1] 马宁,余胜泉.信息时代教师专业素养的新发展[J].中国电化教育,2008,(05).

展自主学习的能力。问题探究是研究性学习的一种主要模式,也是当今基础教育课程改革的重要思路。

【现状概况】

走进我们的数学课堂,课堂教学模式基本都是启发—讲解—接受,学生学习方式基本都是听—思考练习—再现老师传授的知识。学生完全处于一种被动接受的状态。由于大班额课堂上每个学生被提问的次数非常有限,再加上有的孩子对学习缺少兴趣,不爱发言,长此以往,这部分学生养成了不爱思考、不爱提问的习惯,学习劲头不足,不利于学生的数学学习。因此,保护好学生提出问题的热情,改变仅仅以解决问题为目的的教学方式,培养学生的数学问题意识,逐步提高学生问题的质量就显得尤为重要。

教育家陶行知说过:"发现千千万,起点是一问。"从教学上来说,培养学生的问题意识是教学的重要一环,当学生感到要问"是什么""为什么""怎么办"时,其主动性思维才真正得到激发和启动。在传统数学教学中,似乎总是老师提问多,学生提问少。如何在数学教学中培养学生的问题意识,对激发他们的学习积极性,开发他们的智力,培养他们的创造力和掌握知识有着十分重要的意义。

一年级学生具备一定的问题意识,但是在如何有针对性地提出问题,如何提出有效问题上尚有一定困难。他们能够简单地提出计算相关的问题,但对于概念性问题的提出往往不知所措。因此,在教学中老师要有意识地培养学生的问题意识,创设情境,引导学生有针对性地提问,做到会问、善问,最终能够用所学的知识来解决问题,从而真正将知识内化。

不仅如此,现如今的信息科技手段多种多样,信息技术这种现代化教育手段,正好适应孩子们的心理特点,它的呈现方式是立体的、丰富的、生动有趣的,能够在课堂中有效地激发学生的学习兴趣,唤起学生的好奇心和求知欲。让学生在兴趣的驱动下主动获取知识。因此,作为新时代的数学教师,不仅要精心设计教学环节,也要结合信息科技,将信息技术运用于课堂,服务于课堂。

【案例分析】

基于这些考虑,在"几时、几时半"一课的教学设计中,我主要采用了以下策略:

1. 营造民主氛围,促使学生敢问;

2. 创设问题情境，引导学生想问；

3. 构建自主探索，培养学生会问、善问；

4. 学习知识技能，帮助解决问题。

针对以上教学策略，我是如下进行课堂教学的：

1. 情境引入，提出问题

课前2分钟准备时间里，让学生"玩"钟面，在"玩"的过程中让他们自由发挥，提出与本节课相关的核心问题：针的长度为什么不一样？针是怎么走的？时间怎么读？接着围绕这三个核心问题在课堂中展开探究学习。

考虑到"几时、几时半"一课是学生第一次正式地系统地认识时间，在本节课的学习中，学生需要结合生活经验学会看几时和几时半，能够初步感知24时计时法。知道时间不像长度和重量那样容易用具体的物体表现出来，是一个"看不见、摸不着"比较抽象的概念，但是时间又是和生活紧密相连的。教会学生认读钟面，不仅是教学的内容，也是生活的必需。因此在课堂上，要充分体现数学和生活的密切关系，让学生体会到"生活中处处有数学"。

2. 自主探究，解决问题

在正式的课堂教学环节，我制作了短视频《我们的一天》，将此作为引入，在视频中学生能够看到自己在学校中不同的时间点所做的事情，结合这些时间点引出三个钟面，让学生在观察、比较中得出结论：分针指着12，时针指着几，就是几时。接着，我继续结合学具钟，让学生小组合作探究，在拨动指针的过程中，思考两个问题：分针从12开始走半圈，走到了哪里？这时，时针是怎么走的，走到了哪里？围绕这两个问题，学生能够很快地发现"几时半"的认读规律：分针指着6，时针走过几，就是几时半。经过了这两个环节的学习、探究后，学生很容易就能攻克本节课的难点：掌握认读整时和半时的方法。

3. 师生互动，总结评价

在最后的巩固环节，通过交互式电子白板技术的运用，及时反馈学生的练习情况。

【成效反思】

在自主探究环节中，根据学生已有的生活经验，交流解决简单问题；对于暂时不能解决的复杂问题,由我带领学生通过学习探究一一解决,锻炼学生解决问题的能力,并将所学知识运用到解决实际问题中去,让学生发现,数学问题来源于生活,数学知识运用于生活,从而培养学生的问题意识。在巩固练习中结合交互式电子白板技术的运用,使课堂教学形式更为丰富,教学手段更为多样,采用互动式学习的方式,让学生乐于学习。用练习巩固新知,激发学生的学习积极性。练习设计从易到难,层层递进,拓展学生的思维。

有了这样的教学设计,整个学习过程中,学生的主动性得到了充分的发挥,从发现问题到提出问题再到解决问题,他们体会到了解决问题的成就感,从而激发了学生乐于发现问题,敢于提出问题,勇于解决问题的问题意识。(本案例作者:育贤小学　乔晨元)

依托信息技术　构建高效课堂

【背景】

在传统教学中,数学教学平淡朴实、严谨规矩。然而,随着现代信息技术进校园,数学课堂也能无限精彩。在当代小学数学课堂上,老师会经常借助平板电脑、希沃白板、课堂实录开展教学活动,为小学生创有利的学习条件,突破传统数学课堂的教学方式,引导小学生自主探究,体验不同以往的数学学习过程,为数学课堂增添活力。

【案例描述】

在"三角形与四边形"搭一搭和分一分环节中,我邀请每组的组长交流他们组分类的结果,一位组长将他们的分类结果用语言描述了一遍,还有位组长用手举起了每种分类。这时,只听见底下几位学生说道"老师,我看不见;老师,我不知道他在说什么……"于是,我陷入了思考,如何将每组的分类结果清晰地呈现给所有的孩子看? 小学生的记忆是短时的,直观地呈现能让孩子更加印象深刻。经过询问,了解到平板电脑可以拍摄分类的过程以及分类结果的照片,我立刻安装软件,学习使用方法,将学生拼搭及分类的过程用视频呈现,分类的结果用照片拍摄展示到电脑屏幕上。在"看数射线做加、减法"探究新知中,我将小兔子在数射线上跳远用手势表示,发现学生积极性不高,于是,我借助希沃白板制作小兔子在数射线上跳远的动画,激发学生学习兴趣。果然,学生兴趣大涨、气氛活跃。每次上完课,我都会认真撰写教学反思,但我无法知道自己上课的教姿教态以及语气语调,于是,在得知学校有录课设备后,我积极参与课程的录制,以便更好地反思自我。

【总结】

1. 运用平板电脑,展现思维过程,呈现数学结果

平板电脑的使用,为教学改革增添了一种新型的教学手段。其视听结合、手脑并用、学玩一体等特点,对学生有着极大的吸引力。同时,平板电脑的出现,也为我们教学手段的改进提供了新的发展机遇,从传统的学生讲述到实时视频直播、实物呈现到拍照上传,极大地优化了教学效果。

例如,在"三角形与四边形"一课中,学生利用学具,动手拼搭并分类自己喜欢的图形时,教师运用平板电脑,拍摄学生拼搭及分类过程的视频,直接展示在电脑上,很好地呈现了学生的思维过程。有的小组在分类时将三条边的分成一类、四条边的分成一类、五条边的分成一类;而有的小组将认识的图形分成一类、不认识的图形分成一类;还有的小组将三角形分成一类、正方形与长方形分成一类、不规则四边形分成一类、五边形分成一类、六边形分成一类。不同的分类,不同的思维过程。分类完成后,学生反馈环节,教师运用平板电脑,每组成员都可以看到其他组的分类情况。有了平板电脑,数学教学不再枯燥无味,每位学生都能投入到课堂中,积极参与每个环节。

当然,平板电脑在教学使用中也存在一定问题。如对网络的过于依赖、导致原始教学模式丢失;自控能力较差的学生,只顾自己玩,本末倒置。但是我们不能因噎废食,毕竟网络化教学是今后教学改革的一大趋势,我们应当顺势而为,充分发挥平板电脑的优势,不断拓展教学空间,努力提高课堂教学质量。

2. 借助希沃白板,课堂及时反馈,丰富教学内容

希沃白板是近年来交互式电子白板技术发展的一种突破,打破了传统媒体教学中的局限性,是一种功能强大的科技辅助教学工具。传统教学方式虽然在教学的方法上有些过时,但在适当的时机下也能发挥巨大的教学作用。多媒体教学模式虽然能够丰富教学资源,但课堂教学灵活性不足。希沃白板可以打破传统教学模式与多媒体教学模式的壁垒,教师可利用希沃白板开展"传统＋多媒体"教学。

例如，在"看数射线做加、减法"一课中，教师借助希沃白板，制作小兔子在数射线上跳远的动画，吸引每位学生仔细观察，激发学生的学习兴趣。学生通过自主探究很容易发现往右跳，用加法；往左跳，用减法。传统的教学方式无法展现动态化的过程，导致数学教学平淡无味，学生不感兴趣，而希沃白板将教学内容生动地展现给每位学生，丰富了教学内容，使数学教学变得生动有趣。在练习环节，投影反馈学生答案时，教师利用白板笔，直接在屏幕上批注错误的地方。这样做既节省了时间，又清晰地将正确答案呈现出来，并很好地起到了教师示范的作用，使学生具有向师性。教师的批注字迹清秀端正，对学生的字有着极大的影响。

3. 善用课堂实录，及时反思教学，提供优课示范

课堂实录是现代信息化教学的新型记录课堂的模式，将优质课进行全程录制，有助于教师及时自我反思，为教学研讨提供有利素材，给其他教师起到示范作用。

例如，在"三位数减法（横式计算）"一课中，教师利用学校资源，将课堂录制，课后，通过观看自己的课堂实录，审视自己的教姿教态、言行举止、教学环节等，及时进行教学反思。发现教师站位有点偏、语言平淡不够激情、动作生硬不够自然、环节中过渡不流畅、学生讨论时间过长等。随后，立刻整改，为下一节课作好充分准备。如有条件进行第二次课堂录制，将两次课堂进行对比，取长补短，进一步对自己的课堂教学进行反思。最后，将最优的课堂实录存档，作为教师自己的宝贵"财富"。

运用课堂实录教学，不仅给老师起到了示范作用，而且也是孩子们学习的榜样。通过课堂实录我们可以学习名师的一言一行，一举一动，学习他们先进的教学理念，优美的教学语言，优秀的教学方法，优化的课堂结构，得体的教学姿态，能够不断完善自身素质，不断提高教育教学水平，不断总结教育教学经验。

总而言之，与传统的数学课堂教学方式相比较，运用现代信息技术辅助数学教学具有教学资源更丰富、教学工具更灵活、教学内容更直观的优势，更容易得到教师和学生的青睐。信息技术对于提高小学生数学课堂质量来说，具有举足轻重的作用。因此，在小学数学教育中，教师应合理运用信息技术，构建高效课堂，促进高效学习。

当然,信息技术辅助数学课堂教学,并不是一把万能钥匙,现代信息技术只是辅助课堂教学的手段之一。注重学以致用,合理利用包括信息技术在内的可利用的一切教育资源,开展综合性的数学学习活动,方能实现小学数学教学的初衷——让数学问题回归生活。(本案例作者:育贤小学　沈辰悦)

运用新媒体技术推动空间思维的发展

【背景】

随着时代的变迁,越来越多的新兴技术能够进入课堂,如交互性电子设备(电子平板)等,这些技术的引入使得某些抽象的数学知识以3D的形式展现给学生们,课堂练习也不再是单一的纸质图,学生可以在交互性电子设备上进行旋转观察等,正如这节课例"正方体的初步认识"。

本课结合现代化交互性电子设备(电子平板),将数学模型如正方体清晰地展现出来,学生能通过旋转、移动、翻转的过程中深入了解正方体的特点。此外,此技术不仅能结合本课的内容教学,同样对于其他的图形教学如长方体、圆柱体等知识的教授有很大的帮助。

在几何教学中,尤其是立体图形的教学,往往很难打破平面化的教学,屏幕上展示的是图片是二维的,课堂练习也是二维的,学生该如何从二维的图想象成三维的图呢?那么利用交互性电子设备(电子平板)以三维模式将正方体展现给学生,学生能有很好的直观感受,进而数学空间思维能得以发展。

【案例描述】

本节课是沪教版数学二年级第一学期"正方体、长方体的初步认识"的第一课时"正方体的初步认识",数学概念的学习是建立在学生对事物认识的基础上的。利用交互式电子设备,帮助学生清晰反馈、清晰展现学生在学习过程中对任务单的完成情况,教师能有的放矢地教。学生通过阅读任务单,明确活动要求,在探究过程中观察、比较、分析进而感知正方体的特征。

鉴于二年级的学生对于建立数学模型的能力还没有完全发展起来,因此为了帮助学生能正确建立正方体模型,教师在课堂中利用交互式终端设备,采用了云课堂的"照相机""作品库""资源推送"等功能,帮助学生建立空间模型,加深学生的印象。

在教学中，学生先复习旧知，由于一年级时学习了正方形的特点，经过了一年之后，大部分学生对于正方形的特点有所遗忘，因此我在交互性电子设备（电子平板）设计一个环节，学生能通过旋转正方形，感受到正方形的每一条边都是相等的。这能很好地帮助学生回忆旧知，并因为有视觉上的直观感受，学生的空间思维能发展得更快。

在练一练阶段使用"互动—推送资源"功能，及时将练习题推送给每位学生，学生在练习中大大节约了书写的时间，提高了效率。同时，在练习过程中，学生能直接触屏旋转，能以不同角度清晰地看到正方体，学生思路清晰，空间思维就能提升。在比一比环节采用"班级作品库—拍照上传"功能，将每一组同学搭的小正方体拍摄下来后上传到作品库中，增加学生之间的交流。同时教师能按时间顺序排列，找到搭得较快的小组，并邀请他们分析拼搭的过程。在此过程中，学生间有隐性竞争，良性竞争，共同进步。通过交互式电子设备在此阶段使用"互动—推送资源"功能，将动画及时推送给学生，学生能拖动小正方体进行拼搭，使传统课堂中较难实现的环节变得可行。同时让每一位同学参与到活动中，增加学生积极性，加深学生的印象。

【反思】

数学课堂的教学力求启发学生的逻辑思维能力和动手实践能力，培养学生的数学核心素养。而传统教学中，课堂主要以教师讲解，学生听为主，因此如何在有限的课堂时间内借助新媒体技术来提升课堂效率就变得尤为重要。

1. 提高学生学习兴趣，激发积极性

传统教学中，很难在课堂里充分调动学生的积极性。而新媒体技术进入课堂，学生对此好奇、感兴趣，可以激发学生学习的积极性，使之后的学习能事半功倍。

2. 快速统计练习情况，实现高效化

在传统教学模式中，学生的练习情况很难快速在课堂上统计出，教师的教学依据过往的教学经验以及个别同学的反馈，具有片面性。而云课堂中"工具—作答统计"的功能能展现全班学生的练习结果，教师能快速找到学生普遍有问题的地方，从而有针对性地进行讲解，这样就能大大提升课堂效率。

3. 创造多种交流方式，达到高互动

传统教学中，学生分享作品的机会很少，通常组内分享，但全班分享基本很难达到。即使个别同学上台分享，由于座位远近的不同，很难很好地达到分享的效果。针对这一情况，新媒体新技术的"工具—课堂投影"和"班级作品库—拍照上传"的功能，大大优化了教学环节，学生能看到全班同学的作品，不离开座位便能近距离欣赏，实现课堂中的生生互动，体现学生在课堂中的主体地位。

4. 对新技术的教学适用性的思考及对其有关功能改进的建议或意见

时代不同，教学方式也一定是不同的，新技术融入课堂能大大提高课堂效率。在教学过程中利用新技术突出学生课堂主体地位，让他们能更直观地学习，提升逻辑思考能力、动手实践能力和培养建立模型的能力等。

任何一项技术都是在不断改进、不断磨合中达到完美，既然将新技术作为工具引入课堂，教师就必须要先熟练应用。当然设备仍有需要改进的地方，在作答统计中遇到一道题有4个空时，系统的统计会出现错误，容易影响学生学习的积极性，因此希望可以改进为逐空统计。另外在拍照功能里设备的像素不是很高，学生手轻微抖一下照片就会模糊，因此希望能提高设备的像素，或者增加防抖动功能。（本案例作者：育贤小学　宋静怡）

上述三个案例，教师聚焦的是信息技术环境下的课程与教学改革问题，研究的选题，既符合信息时代的整体背景，也找到了信息技术背景下课堂教学改革的不同突破口，通过学生问题意识的培养，课堂教学方式的创新，课堂教学时空环境的重塑等，探索了一线教师如何回应信息技术的转型和运用。这种基于实际问题，立足课程教学改革前沿的探索，能够让教师更主动地理解和把握教育教学改革的最新趋势，确保自己专业素养的提升能够符合时代发展需要。这对于一所新办学校而言，是非常关键的。

（二）注重教研成果的转化

在育贤小学看来，学校的教育科研活动，如果仅仅停留在研究成果的取得上，那是不完整、不充分的，要通过教科研成果的转化，丰富学校校本培训、校本研修的体系，让教师研究反哺学校整体性的专业发展。基于这样的理念，育贤小学注重教研成果的转化，建构"学研训用"的研修模式，让教师教科研成果惠及更多同伴和团队的成长。"学研训用"的研修模式,是以"学习者为中心"的教师培训理念为指导,基于学习者的真实问题、教学经验和发展需求,开发研修内容,设计研训形式,组织实施培训、研究、实践和反思的全学习过程,旨在促进教师有效参与研训过程,引领教师愿意学、能够学、学得到、用得上,直到发生自主性地学、创造性地学,让教师的学习增值、增效,促进教师的专业学习和发展。[1]这其中一个核心的环节是将教学教科研的成果进行校本教师培训课程的转化,核心的理念是科研和培训的有机融合,在具体的实践中,我们发现这是促进教师专业发展,扩大教师科研效能的有效方式。

以下案例,展示了育贤小学研训结合促进班主任队伍建设的情况,体现了这种新型模式对于教师队伍建设的实践效能。

研训融合 促进班主任专业成长

【概述】

班主任是学校中全面负责一个班学生的思想、学习、健康和生活等工作的教师,是一个班的组织者、领导者和教育者,也是一个班中全体任课教师教育、教学工作的协调者。我国《中小学班主任工作规定》【教基一[2009]12号】中明确规定了班主任的基本任务,即:"关心爱护全体学生,平等对待每一个学生,尊重学生人格。采取多种方式与学生沟通,有针对性地进行思想道德教育,促进学生德智体美全面发展。""培养学生的规则意识、责任意识和集体荣誉感,营造民主和谐、团结互助、健康向上的集体氛围。""经常与任课教师和其他教职员工沟通,主动与学生家长、学生所在社区联系,努力形成教育合力。"班主任是"天平",一头担着学校的要求,一头担着学生的心愿。"要求"的箩筐里已被教学任务塞得满满的,纪律、卫生、活动的加载又会随时出现。"天平"的另一头儿,不仅有幼稚天真的共性和单纯固执的个性构成难调的众口,还有家长几多殷殷的期盼。如何保持这天平的平衡,精打细算地摆放天平的砝码,需要班主任具备相应的专业素养,只有这样才能提高班级管理水平,发挥人生导师作用,促进学生全面发展,进一步推进未成年人思想道德建设。

---

[1] 白雪峰.基于教师专业学习视角构建"学研训用"研修模式[J].中小学教师培训,2019,(06).

【故事】

"张开梦想的翅膀,追逐前进的方向,未来路上有你有我,童年生活充满阳光……"伴随着美妙的歌声,2015年9月1日,奉贤区育贤小学正式落成。她,甜美文静,当年七月刚从大学校园走出。学校"为了实现每一个孩子的美好心愿"的办学理念,深深吸引了她,让她义无反顾地成为了一名光荣的人民教师,在育贤的家园里践行着一位青年教师的爱与责任。初为班主任的她,曾彻夜难眠,勾画着班主任生涯的宏伟蓝图,无数次梦想着自己与孩子、家长们亲切交流、快乐互动,孩子们乖巧可爱、家长们积极配合……然而,骨感的现实将她丰满的理想击打得支离破碎:班里有个孩子一进校门就哭着闹着要回家,怎么安慰都不听;任课老师告状,她班级学生听讲习惯差、上课不守纪律、下课到处乱跑;很多家长不看消息,布置的任务总不能按时完成,主动与家长沟通要探讨孩子的教育问题,家长总说"忙",甚至还有家长因为不理解而责骂她……焦虑、无奈包围着她班主任生涯的起始阶段。她崇拜唐老师拥有的每天"呼风唤雨"的神技能,她羡慕王老师班上的学生静如处子动如脱兔,她渴望有一天自己能和朱老师一样与家长、学生沟通无碍。她曾经试过各种方法,然而对班级管理的提升效果微乎其微。

要强好学的她,并没有被现实击垮,擦干眼泪,奋勇向前。只要有班主任培训,她都积极报名参加,认真学习、研究、反思、提升。学校为她搭建了宽广的成长舞台,校内班主任培训她从聆听者到发言者,推荐她参加区级职初班主任、骨干班主任培训班、生涯指导规划师、优势家庭教育指导师培训班等,经过全方位的研训融合,她的班级管理水平突飞猛进。如今的她,已是区班主任工作坊的一名优秀学员,她所带的班级各方面都十分优秀。在学生心中,她是良师又是益友;在家长心中,她是朋友又是家庭教育指导专家;在同事心中,她是班级管理能手,是全校班主任的榜样,她的班级管理经验多次在校内外推广。她终于把自己锤炼成了自己理想中的那一位"班主任",最初的梦想经过五年的实践、磨炼得到初步实现。

【反思】

"她"是我们育贤小学所有年轻班主任的典型代表,她的成功与她自身的努力和学校系统化研训融合促进班主任专业成长密不可分。班主任每天所要面对是一个个有灵魂、有思想、有个性的个体,而不同的个体需要采用的教育方法是不一样的。同样,班主任培训方法也应着重拓宽教育思路、开辟全新路径,只有这样,才能培养出思维活跃、理念先进、管理能力强的全能型班主任。

(一) 创新思路,提升育人水平

1. 论坛分享会。班主任工作论坛,已成为学校班主任研训的常规平台。学校邀请经验丰富的班主任作为论坛发言人,从家校、心理、行规等角度毫无保留地进行经验分享。大家在相互探讨、交流的过程中达到互相学习,共同进步的目的。如"蜕变成蝶　共同成长""内修外炼铸品质,交流分享促成长"等论坛活动,拓宽了班主任的工作思路,碰撞了思维火花,提高了整体育人水平,缩短了班与班之间的差距,促进了学校教育均衡发展。

2. 案例研讨会。各班主任以案例研究为背景,从学生行为习惯的养成、家校协同教育、教师无声的爱等角度出发,在文本基础上,以年级组为单位,全体班主任共同演绎展示。如"不负韶华,做智慧的班主任"案例研讨会上,通过角色扮演,班主任明白了教育要从点滴处入手,从细微处改变。要在平时的工作中,练就一双慧眼,善于发现学生的闪光点。用心思考、用心感悟、正面引导、积极鼓励,走进学生内心,用教育智慧与学生一起健康快乐成长。

(二) 巧用资源,掌握管理经验

1. 浸润式培训。选派四位年轻班主任赴黄浦区北京东路小学参加了为期两周的浸润式培训,学习优秀的班主任管理经验。培训过程中,四位班主任细心观察,不断思考,将每天所见、所闻、所思以图文并茂的形式记录下来,通过自我消化、吸收后,带回学校与其他的班主任分享,以提升全体班主任的管理水平。推荐职初、优秀班主任参加区级职初、骨干班主任培训班等学习活动,理论结合实际,广泛吸纳优秀班主任工作经验并结合班级实际进一步优化,为培养全面发展的学生奠定良好的基础。

2. 专题式讲座。邀请上海市班主任工作室带头人冯志兰、上海市名师培训中心基地学校——黄浦区北京东路小学德育主任冯励分别作"少成若天性　习惯如自然""在充满童真的生命经历中养成好习惯"等专题讲座,树立"人人都是德育工作者"的育人理念,手把手教会班主任班级管理的技巧与方法。鼓励班主任积极探索班级管理经验，相互学习、取长补短，关注细节，用爱呵护，不断提高育人水平。

3. 同伴式互助。我校是一所开办刚满五年的年轻学校，目前已开设的25个班级中35岁以下青年教师占全校班主任92%，一至三年级班主任占56%。年轻班主任充满活力，工作积极性高，但是缺乏班级管理经验，日常管理比较松散，容易造成学生纪律差，思想不集中。根据现状，学校除了常规的各类培训和师徒带教外，还在全校班主任中加大力量开展班主任一帮一"同伴互助行动"。充分发挥了我校优秀班主任的示范指导作用，营造了相互学习、共同提高的良好氛围。提高了年轻班主任的教育管理能力，促进全体班主任共同进步，共同发展。

古人云："学而不厌，诲人不倦。"为师之道，既要严，更要有爱，要从内心深处真正地去关心、尊重、理解每一位学生。新时代的少年儿童富有幻想、敢于实践，因此，学校要为每一位班主任提供全方位、多角度的培训，促进班主任综合能力的提升，使其在不断的学习中实践、体验、感悟、提升，成为适应时代发展的、学生健康快乐成长的人生导师！（本案例作者：育贤小学　张菊英）

透过上述案例，能够直观地感受到育贤小学教师队伍，特别是青年教师快速成长背后的基因和密码：首先，依托课题研究的成长方式，能够帮助年轻教师更好地在课堂教学和管理的过程中发现真实问题，在这种真实问题的思考和解决中，青年教师对于课堂、教学、管理的认识更加科学化，这种基于实践获得的经验能够更好地匹配其专业成长需要，青年教师的快速成长和发展也就成了现实；其次，依托自我反思的成长方式，倡导教师不仅要善于发现问题，善于开展研究，也要善于对研究的过程、方法和结果进行个体反思，特别是要通过反思来发现自己专业成长的问题与优势，不断进行问题的破解和优势的积累，这就有助于教师不断积累属于自我的专业智慧，打造自我专业发展的特色品牌；最后，依托团队发展的成长方式，将教师个体的成长与学科、团队的建设紧密关联，让教师真正找到了组织，也让组织的协同、服务效能更好地服务于教师成长。这些独特的设计，通过教师个体的案例体现，说明它是真正被教师认可的方式，也是真正能够促进教师成长的方式。

育贤教师队伍培养之道

教师是教育的第一资源,也是学校长久发展的核心支持。对标新时代的成长教育要求,育贤小学通过系统化的设计和实施,致力于打造一支有敬业精神、专业智慧、乐业情怀的"贤达教师"团队,建设一支结构优化、梯次分明、可持续发展的高素质教师队伍,这个过程中,学校特别注重四个方面的整体考量:

其一,注重教师职业道德建设。始终坚持把师德师风作为教师队伍建设的第一标准,以建设高素质的"贤师"队伍为目标,以"学高为师、身正为范"为准绳,围绕"为了实现每一个孩子的美好心愿",深入开展"为人、为师、为学"主题教育活动。健全教师管理制度和师德评价制度,提升教师师德修养,厚植教师为师底蕴。学校教师口碑良好,师德认可度高,在区满意度调研中,学校连续两年位于区第一。

其二,注重教师智慧教学能力提升。以"课程教学"为阵地,依托"智慧课堂"的打造,建构教师专业能力提升的实践平台,通过编写课程指南,引领教学设计;建构智慧课堂,开展智慧教学;拓展教师视野,组织学习交流等系列举措,促进教师能力维度的专业成长,帮助教师快速积累专业智慧,形成教学中的经验、特色和品牌。

其三,注重教师团队的建设。克服教师专业成长中的个人主义文化影响,通过制度性的设计引领教师团队成长。关注学校管理团队的能力的提升,开展校长团队、中层团队领导力的建设;关注学校教师队伍的分层成长,围绕"让每一位教师都出彩"的培养目标,努力搭建专业成长的平台,如学科工作室、青年成长坊、文馨讲坛等,让全体教师在教育教学实践中实现自我、追求卓越。

其四,注重教师教育科研活动的开展。以学校龙头课题(区重点课题)为引领,鼓励教师围绕课题具体开展"五个一"系列行动研究(读一本教学专著、上一节研讨课、写一篇教学论文、做一次课题报告、进行一个现场展示)将课堂教学、教研活动与课题研究三者紧密结合。通过立足实践的研究,帮助教师更好地理解教学、理解学科、理解学生,从而走上专业发展的快车道。

第六章

协同育人——架构学校治理的完整体系

【校长的思考】从概念上说,治理在核心价值上对传统的
"管理"的重要突破,就在于倡导一种以"多元共治"谋求"教育善
治"的局面,多元主体的共同参与是现代学校治理的内在要求。
如何将这种多元主体共治的理念转化为学校改革发展的实践,
为学校整体品质提升和完整的育人体系的建构赋能,这是校长
必须要认真思考的问题。作为学校管理者,我一方面注重在现
代教育治理理念下,对传统的家校社合作进行重构,充分发挥学
校、家庭、社会的协同育人价值,构建完善的协同育人体系;另一
方面,注重抢抓机遇,通过与世界外国语小学结对合作,形成办
学集团,通过外部力量的引入促进学校更快速、更高质量发展。
在上述两个维度的协同联动中,育贤小学很好地凝聚了学校改
革发展的内外部力量,形成了内外协同育人的有效体制机制。

在学校治理现代化的建设范畴中,最为基础的工作,或者说学校治理现代化建设的逻辑起点,应该是建构多元共治的现代学校治理共同体。治理,从概念上说,其对传统的管理的超越,最核心的表现就是倡导一种多元主体共同参与的治理格局,以多元主体的"共治"谋求学校整体改革发展的"善治",这是现代学校治理体系建构应有的价值与追求。治理主体是学校治理的逻辑起点,主要回答"谁来治理"的问题,体现了系统治理的特征。治理是一个主体多元的系统工程,不同的主体扮演不同的角色。学校治理的多元主体是学校治理体系的重要组成部分。学校治理体系是教育治理体系的重要组成部分,是学校发展和学校改革的基石。

学校治理体系包括学校内部治理体系和学校外部治理体系。当前,随着学校民主管理的推进,学校内部治理格局的优化调整已经走出了重要一步,在学校改革发展,特别是课程、教学、管理、文化等建设领域,管理者已经普遍树立了民主管理的意识,教师、学生普遍能够通过一定的方式参与到学校治理过程之中,这是学校内部治理体系建设和完善的重要表征。但是也应该认识到,学校治理的现代化,不仅包括内部结构的现代化,也应该包括学校与校外教育治理元素的优化重组,构建多元参与、共建共治共享的学校治理共同体,[1]这是现代学校教育治理变革中每一个学校都必须要面临的现实问题。

在育贤小学看来,传统的学校相对比较封闭,家长、社会参与学校管理、与学校的互动较少。在现代学校制度建设和现代学校治理体系建构过程中,学校被视为一个开

---

[1] 成刚,朱庆环.学校治理现代化再认识:理论特质与未来趋势[J].中国教育学刊,2021,(04).

放的组织,以学生的发展为核心来构建校内制度和校外制度,强调家庭、学校、社会多方在制度构建和发展中的作用。"养贤德 育贤人"是我校的办学宗旨,"贤"字,指的贤达教师、贤德学子、贤能爸妈。我们认为,只有教师、家长、学生成长了,学校、家庭、社会相互配合和协同发展了,才能真正培养出德才兼备的贤德学子。由此,学校注重以现代治理理念为引领,着力建构家校社协同联动的学校治理新格局,让多元化的主体共同参与到学校治理过程之中,为学校各项事业的发展源源不断地贡献新的动能。党的二十大报告中指出:"健全学校家庭社会育人机制""加强家庭家教家风建设"。这为我们在新起点上推进协同育人提供了更强大的支持。

一、发挥家校协同的育人效能

家庭和学校是学生成长与发展的最重要场域,学生的健康成长与全面发展,既需要学校教育的支持,也需要家庭教育的保障。同时,学校治理体系和治理能力的现代化,必然呼唤包括家庭、家长在内的多元主体的共同参与。由此,不论是基于学生成长,还是基于学校治理的现代化,都有必要在现代治理的理念下建构家校协同育人的共同体,发挥家校协同的育人效能。当前,尽管家校合作已经在很多学校不同程度地开展,但是由于"行政本位"管理思想在学校中普遍存在,依法治校和民主管理思想尚未成为所有学校管理者的内在自觉,甚至在大量学校管理者和教师眼中,家长依然只是"教育的对象""沟通的对象"和"发号施令的对象",并没有真正认识到家长作为学校治理主体的合作价值,[1]这其中既有认知层面的因素,也有实践领域家校协同育人机制不健全、载体不丰富等因素。推动教育治理体系现代化是当下学校教育改革的重要目标向度,有效的家校合作则是学校教育治理现代化的题中之义。教育治理理念为新时代家校合作创新提供了新的空间和思路,从"共治"视角创新家校合作具有理论上的可能性与实践上的可行性。育贤小学充分认识到现代学校治理体系建设和学生成长过程中家校合作共育、共治的积极价值,通过持续不断地探索和建构,逐步在现代治

---

[1]朱红.现代学校制度建设与家校合作关系构建[J].教育探索,2014,(01).

理理念下建构起了家校协同的治理格局和育人体系。

（一）完善家校共育的制度建设

育贤小学认为，家校能否实现共治以及家校共治的层次、深度，决定性的因素在于学校。学校必须要树立坚定的家校共治意识，转变自身的管理理念和决策方式，形成有助于家长参与的学校决策机制，健全有利于家校共育工作开展的制度体系。

1. 统筹规划，明确目标，规范管理

将家庭教育工作纳入学校《章程》，保障家长对学校办学活动和管理行为的知情权、参与权和监督权。学校在开办初期，就制定了《"依法治校　以德立校"学校管理制度汇编》，在"德育管理"中，明确规定了学校与家庭、社区联系的相关内容和要求，为开展学校与家庭、社区教育指明了方向。

学校规划制定能凸显家庭教育重要性，明确家校合作的目标、任务和具体措施。在学校《"养贤明之德　育贤达之人"三年规划》中，有"家校携手，培育贤人"家庭教育实施项目，开辟学生社会实践基地，努力办好家长学校，搭建家校合作平台，融合各种教育资源，构建学校、家庭和社区三位一体的校内外育人共同体，形成全员育人、全程育人、全方位育人的良好德育工作格局。

学校年度工作计划将家庭教育列为重点工作。编写校本家庭教育理论学习教材，针对不同年级、不同学期，以理论结合实践的方式开展家庭教育，每学期举行一次家庭教育成果学习交流。积极构建校级、年级、班级三级家长委员会，家长委员会制度、家校社区联系制度等细致规范，实施常态化管理。

2. 健全机制，工作有序，职责分明

建立工作领导小组，学校成立以校长、书记为组长，德育分管领导为副组长，学生发展部、少先队大队辅导员、年级组长、班主任为组员的德育工作小组，宣传国家的教育方针、政策，协调与家庭教育、社会教育的关系。对家庭教育、社会教育进行指导，主动沟通与家庭教育、社会教育的信息渠道，交流教育信息。联合家长委员会实行三级管理，社区参与家庭教育工作指导。领导小组每月召开家庭教育专题会议，每学期有计划、总结、反思。

组建家庭教育骨干队伍，学校建立了一支由家委会主任、学生发展部主任、年级组长、优秀班主任组成的家庭教育骨干团队。聘请市、区家庭教育方面专家担任学校家庭教育指导者;挖掘校内经验丰富的教师组建家庭教育中心组,指导全体教师做好家长学校培训和教学工作;校级、年级、班级家长委员会成员发挥骨干力量,分工明确,各司其职。

学校将家庭教育指导服务计入教师工作量,并纳入年度考核,给予相应激励。规定家庭教育指导服务的要求和内容,将教师开展家庭教育指导(寒暑假、双休、校内)工作给予一定的工作补贴,并纳入绩效考核单项奖。每学年开展一次"最美育贤人"评选,通过自荐、班级、年级推荐、微信平台推送、《馨苑》校刊宣传等方式,传播家校共育动人事迹。每学年评选园丁奖、优秀管理者、骨干教师时将家庭教育工作作为评选条件之一,并进行表彰鼓励。

充分整合家庭、社区资源,成立育贤小学社区教育委员会,建立"家—校—社"家庭教育协调共建机制。分别与民旺苑居委、罗克节能、和汇集团、江氏园林等多家校外资源建立共建关系,形成校内外育人共同体,并设常驻办公室,定期开展各项活动。学校开办以来,通过亲子活动形式,以小队为单位,利用双休日、节假日,来到共建单位,开展职业体验启蒙教育、劳动教育等实践体验活动,为学生全面成长提供平台。

(二) 提升学校家庭的共治能力

家庭学校要实现有效的协同育人,必须以双方一定的能力和素质为基础。家校合作作为一种特殊的教育路径和学校治理方式,兼具艺术性和科学性的要求,要顺利开展家校合作,除了合作双方具有"共治"的意识之外,合作任务的主要承担者——教师和家长还必须要有相应的能力作为保障。新时代教育改革发展赋予了家校合作新的内涵和要求,但是,一方面,学生家长的教育经历、生存环境、职业种类等存在很大差异,绝大多数家长并不具备先天的教育治理参与能力;另一方面,不论是职前师范教育还是职后教师培训,往往都容易忽视家校合作能力的培养。因此,家长和教师促进家校合作有效开展的能力短缺问题,已经成为制约家校合作价值深层次体现的重要因素。[1]

[1] 江平,李春玲.教育治理体系现代化视角下家校合作创新实践[J].上海教育科研,2020,(02).

如何提升家长、学校的共治能力,厚实家校协同育人的人力资源基础,这是育贤小学一直在思考和努力的问题。

1. 全员培训,能力提升

有效的家校合作对教师和家长的能力都提出了更高层面的要求,如何通过适切的手段提升家长和教师的共治能力,这是决定家校合作成效的关键性因素。梳理近年来的教师专业发展经验发现,专题性的校本培训是被实践证明了的、有效的教师能力素质提升方式,这一路径同样可以被引介到教师和家长共治能力的提升之上。[1] 育贤小学面向全体教师开展家庭教育指导方法和技能的培训,提高教师家庭教育指导能力。如:利用"文馨讲坛"的平台,邀请杨雄里、梅子涵、水冰、张治、盛兰新等专家来校作"深入学习践行师德规范 做快乐幸福的小学教师""在充满童真的生命经历中养成好习惯""守望教育 做学生喜欢的老师""重塑'良师益友'学做'四有'教师"等讲座,对教师进行指导和培训,提升教师家庭教育指导能力。推荐干部参加市级家庭教育指导师培训,掌握最新家庭教育方法。经常利用业务学习的时间,学习家庭教育指导的相关模块,以问题为导向,理论结合实践,将家庭教育指导实践能力的提升,作为教师专业发展的重要内容。

2. 分层研修,骨干引领

形成一定数量的具有较高家庭教育指导能力的稳定的教师核心团队,定期开展分学段、分年级、分层次的家庭教育指导和研修活动。成立学校家庭教育指导教师核心团队,由书记担任组长,德育分管领导担任副组长,各年级组长、班主任和有指导能力的家长志愿者担任组员。团队成员中,有参加过上海市家庭教育指导师培训的教师,有长期一线班主任工作岗位且家庭教育经验丰富的教师,有致力于家庭教育研究的家长。队伍稳定,善于发现问题,研究问题,解决问题。不定期开展家庭教育指导研修活动,根据不同年级、不同学段,分层次制定家庭教育指导方案。

3. 专家指导,优化师资

学校定期聘请学生家长、社会各界有专业特长的人员来校为家长作家庭教育指导

---

[1] 江平,李春玲.教育治理体系现代化视角下家校合作创新实践[J].上海教育科研,2020,(02).

讲座,同时,也鼓励学校德育骨干或优秀家长为家长开设讲座,提升学校家庭教育师资队伍能力。如德育专家张惠老师的"重视家庭、重视家教、重视家风"讲座,我校张菊英老师的"用爱陪伴孩子"讲座,家长们感触颇深。

(三) 丰富家校共育的实践路径

家校协同育人,本质上是家庭和学校围绕共同目标共同开展的治理行为,实践性是其重要特征。因此,有必要建构丰富的家校共育载体,拓展家校共育的实践路径,为家长有效参与学校治理提供可能。

1. 完善家长委员会建设

建立"学校—年级—班级"三级家长委员会,分工明确,各司其职,分别成立家长委员会组织策划部、宣传联络部、教育教学管理部、志愿者管理部和后勤保障部,推选有爱心、有热心、有专长、能干事、肯干事的家长委员会成员担任各部门负责人和家长志愿者,在家长委员会主任的带领下,分工合作,实践创新。

每年7月,利用新生家访的时间,向家长宣传家长委员会的组织意义,鼓励责任心强、乐意为大家服务、具有一定的组织协调能力的家长参加家长委员会的竞选。每年9月的第一次家长会上,通过自荐和民主选举产生班级家长委员会。通过班级之间的竞选,产生年级家长委员会。年级家长委员会中的成员,通过他荐的方式,进入校级家长委员会。整个程序规范、架构合理、权责相当,家长们都知晓家长委员会是家庭教育中相对自治的组织,因而大家都十分积极主动,做好班级、年级、校级的桥梁纽带,协助学校管理。

家长委员会通过微信群、讲座等多种途径为家长提供形式多样的家庭教育指导服务,面向家长定期宣传科学的家庭教育理念、知识和方法。如:新生刚入校时,需要家长学习如何培养孩子良好习惯的"细节决定成败,好习惯受益终身"的专题讲座;针对三年级学生家长开展诚信教育的"亲子共守诚信"的专题讲座等。每学期组织2次家庭教育指导活动,根据各年级不同,分别于学期初或末、学期中等时段中进行。每学期积极开展家庭教育实践活动不少于2次,如:亲子爱心义卖、陶泥制作、贤文化探寻、水培植物栽培、学雷锋献爱心、文艺汇演等,有记录,有反馈。开展部分群体学生家长的辅导,根据学生情况不同,采取个别辅导的形式,给予需要帮助的家长长期支持。

学校为家长委员会的建立与运转提供必要条件和有力保障,确保家长委员会依法、规范、有序、有效地对学校、教师的教育教学、管理活动实施监督,提出意见建议。设立"家长委员会"办公室,落实"一日校长"驻校巡检制度,彰显家校紧密联系特色。坚持公开办学原则,实行"一日校长"工作制度,即每两周有一位家长委员会成员进入学校,担任"一日校长",从课堂观摩、校园巡视、学生午餐、师生谈话等全方位了解学校教育教学动态。"一日校长"从早上8:00前到校直到学生放学,从在校园的一天时间内,根据职责严格履职。通过亲身实践体验,发现学校管理的经验及努力方向,为学校进一步发展提供有效的建议。"一日校长"驻校巡检制度实施至今,深受学生家长喜欢,成为学校家长委员会的一大特色。

2. 推进家长学校建设

家长学校是以未成年人的家长及其抚养人为主要对象,以提高家长教育素质和家庭教育水平为目的而组织的成人教育机构。家长学校作为家庭教育指导服务体系中的"主阵地",是国家治理体系中基本公共服务体系内的一部分。新时代家长学校治理是对传统家长学校管理模式的超越,有助于以家长学校作为战略支点撬动家庭教育指导服务体系的整体构建,推动形成"政府主导、部门协作、学校组织、家长参与、社会支持"的协同育人格局。[1]

育贤小学的家长学校有师资队伍、有教学计划、有教材、有主题、有活动开展和成效评估。学校建立了一支事业心强,具有丰富的家教理论知识和家教指导实践经验的家长学校师资队伍,选拔一批有志于家教事业、乐于钻研的骨干教师,承担家长学校教学任务。"用爱陪伴孩子""好习惯受益终身"等家庭教育指导课深受家长喜爱。

学校每学期能针对不同年级家长的需求、热点和难点问题举办1—2次专题培训、讲座,家长参与度高,有记录、有反馈。如:五年级的"家长要做孩子快乐的玩伴"、二年级的"帮助孩子养成正确的学习方法"等。

整体上看,育贤小学的家长学校每学年组织家庭教育指导实践活动不少于6次,家长参与率达97%,每次活动都有记录和反馈。如:"亲子共守诚信""营造良好的家

---

[1] 张笑予,祁占勇,穆敏娟. 新时代家长学校治理的价值意蕴与实践逻辑[J]. 当代教育科学,2021,(10).

庭学习环境""有效沟通　共同成长"等家庭教育指导活动,得到家长非常高的评价。

3. 积极开展家校互动

学校精心策划组织校园开放日、接待日、家长会等,依托重大纪念日、民族传统节日等活动平台,让家长走进学校,了解学校,增进亲子沟通和交流。如:以"相约在美丽的春天""让我们带着梦想一起长大""点亮心愿,携手奋进"等为主题的校园开放日、家长接待日、家长会。同时,学校在读书节、体育节、迎新日、儿童节、十岁生日等重大节日中开展的各类活动,邀请家长参与,通过观摩课堂、亲子互动、成果欣赏、聆听讲座、分享经验等丰富多彩的形式,让家长走进学校,及时了解学校办学、教育教学和管理,了解学生在校生活状态,增进亲子沟通和交流,紧密伙伴合作关系。

充分发挥学校教育优势,多途径开展个性化指导;建立完善家访制度,了解学生家庭生活状况,及时提供有针对性的指导。积极开展传统家访活动,每年暑假,班主任、任课教师对新接班的学生进行全面上门家访,其他班级普访一半学生;寒假期间,对各班级特殊学生进行上门家访。对于非常特殊的学生家庭,学校领导和班主任、任课老师一同家访,给予每一位学生合理化的成长建议,帮助孩子健康快乐成长。

学校运用现代信息技术和新媒体,建立家校共育的信息共享服务平台。益课堂、晓黑板(现已停用)、微信群、QQ群是各班级家校联系推送通知、互动交流的平台。教师在教育教学中优秀的经验、家长育子心得等都会及时发送到这些平台,供大家阅读学习。为做好班级群的管理,推出"班级公约"制,大家积极遵守公约要求,使班级群成为大家交流互动的地方,气氛活跃、融洽。同时,为方便家校沟通和交流,普及家庭教育理念和方法,在校园网"贤润家校"、校门口橱窗、微信公众平台等对外窗口,发布教育教学信息和动态,以便家长及时了解学校教育教学动态,掌握家庭教育好方法。

学校关注家长意见和建议,通过家长委员会、校长信箱等多个诉求渠道让家长反映问题,并能及时回应家长的诉求。

积极参与社区家庭教育指导工作,给予社区以专业的指导。学校家庭教育指导团队,不仅针对本校家长进行指导,还积极参与社区的家庭教育指导工作,让更多的人享受资源。如"三五"学雷锋,由我校书记领衔的家庭教育指导爱心摊位,吸引了不少家庭教育方面有困惑的家长,通过指导,缓解家长心中的焦虑,给社区工作者开展家庭教育以帮助与支持。

(四) 提供家校共育的研究引领

作为一种新的学校治理样态,如何开展家校共育工作,需要理论和实践层面的双重探索,也就需要相应的研究作为支撑和保障。一般而言,教育研究有两个向度:一是针对教育学科本身,对教育、教育学的一般概念、原理的认识及超越,这是教育研究的理论向度;二是面向教育实践,对教育现象、教育问题的解释和决断,这是教育研究的实践向度。两个向度在研究的不同层面分别诠释了教育的不同问题,促使教育研究在理论上更加丰富,在实践中更加深入。[1] 在育贤小学看来,要使得传统的家校合作在新时代教育治理的理念下更好地发挥积极效能,就要不断探索家校共育的新理念、新载体和新方式。学校通过针对性的课题研究,引导教师主动探索新时代家校共育的有效理念和路径,建构了课题引领家校共育变革创新的学校路径。

学校积极开展家庭教育课题研究,学校开办第二年,由书记领衔的家庭教育研究工作积极开展调研,解决家庭教育中的热点和难点问题。

推动家庭教育课题"城郊学校实施'上海市家庭教育指导内容大纲'的行动研究""家庭教育中的感恩活动指导及其研究"为开展家庭教育指导提供服务。《家校齐携手培育贤少年》家校共育文章在《奉贤教育》(综合版)刊登。

自学校开办以来,在家庭教育指导团队的努力下,家庭教育指导校本教材,进入实施阶段,受到家长的喜爱。

经过学校家庭教育团队的实践研究,符合学校实际、家长实情的家庭教育指导校本课程正不断改进和充实。

经过多年的家庭教育指导,我校家长教育子女的水平明显提高,问卷显示,孩子们对家长的满意率达到 98%,学生对自己所成长的环境满意率达 90%,家长对学校提供的家庭教育指导服务满意度达 96%。

---

[1] 刘燕楠. 对教育研究的再认识——教育理论研究与教育实践研究之辨[J]. 教育理论与实践,2014,(10).

二、借力集团化办学的发展优势

近年来,在追求公平而有质量的教育过程中,集团化办学成为一种越来越受到重视的模式。[1]在具体的实践中,集团化办学有很多不同的样态,其中最为常见的是名校集团化办学模式,即以当地著名中小学为发起单位或创始单位,联合当地薄弱或者相对薄弱的学校,甚至重新创办新学校,形成以著名中小学的教育品牌为名的教育集团,[2]政府主导、名校引领和质量提升是其主要特征。[3]众所周知,在学校发展过程中,名校的引领帮扶作用对于学校教育教学质量的提升,特别是薄弱学校的改进具有直接价值。

(一) 对集团化办学"育贤模式"的创新理解

集团化办学,对于当下的课程教学改革和学校整体发展而言,已经不是一个新的领域、新的命题,但是它却是一个需要不断给予思考和创新的命题。

作为一种指向于教育优质均衡发展的合作办学样态,集团化办学的理念和思维模式,完全可以在更加广阔的领域进行延伸和创造。这意味着,尽管从集团化办学的初衷看,这种独特的设计,更多的是希望能够充分发挥传统优质名校对薄弱学校的引领价值,实现经验、技术、理念从优质学校到薄弱学校的单向度传递,进而达到帮助薄弱学校整体提升办学效能的目的。

然而,在育贤小学看来,集团化办学的价值和功能应该远超于此。除了优质学校和薄弱学校的"被动结对"之外,作为一所新成立的学校,我们完全可以通过主动出击的方式,通过与更加优质的学校进行主动合作,在双方的整体设计和协同联动中,促进优质教育资源的共建共享,进而让学生高位发展的目标有更多的支撑,这也应该成为当下集团化办学的新思路。

---

[1] 张爽.集团化办学的阶段性反思与体系重构[J].中小学管理,2019,(03).
[2] 周彬."名校集团化"办学模式初探[J].教育发展研究,2005,(16).
[3] 张建,程凤春.名校集团化办学的学校治理:现实样态与实践理路[J].中国教育学刊,2016,(08).

基于这样的理念,育贤小学主动出击,在区教育主管部门的协同和牵线搭桥下,育贤小学与世界外国语小学教育集团成功结对,并致力于探索一种区别于以往集团化办学理念的教育合作治理和学校共同发展新模式。育贤小学创办于2015年,非常有"缘"和世外教育集团同一年创办;同时我觉得也很有"分",因为,2018年我们有幸成为"世外教育附属育贤小学",成为世外教育集团的一"分"子。是"缘分",让我们走到了一起;是"缘分",让我们在2018年9月30日隆重举行委托管理启动仪式。委托管理是一种推动上海义务教育城乡优质均衡发展的战略,奉贤作为这种战略的承接地,我们也有幸成为了战略承接地中的一个点。"十三五"开局不久,育贤创办,2018年就搭上了如同奔驰在京沪高铁线上的"复兴号"列车,一路疾驰。

在我们看来,尽管我校和世外教育集团的合作也是一种集团化办学的尝试,但是这种尝试蕴含着我们对于集团化办学新的理解和思考:这是一种"双赢"的合作,双方可以通过优质教育理念、资源的共享,为双方的发展提供新的动能;这是一种超越"托底"的合作,即本质上不是为了改变一所落后的学校,而是为一所新办学校更加快速的发展提供支持;这是一种"主动"的合作,即双方结缘本质上并不是制度和行政层面的安排,而是双方基于自身实际,在综合考量基础之上形成的一种主动行为。因为有了这样的特征,我们希望能够在与世外教育集团的合作中走出一条"主动建构、高位嫁接、共同发展"的新时代教育集团化办学的新样态,打造一种具有育贤特色的集团化办学和发展之路。

(二) 对集团化办学"育贤模式"的整体探索

以集团化办学的模式接受委托管理以来,作为集团化办学的引领者,"世外"明确托管目标,在充分重视受援学校实际需求的基础上,本着"交流、合作、共赢"的托管原则,深入学校,注重实际,稳中求进,针对需要解决问题,扎扎实实提供管理服务和专业支持,达成"一步一个台阶"的工作实效,构建了良好的托管工作形态,托管过程成为双方相互切磋、友好合作、协同提高的过程。

1. 明确责任主体,制定托管制度

为了做好托管工作,我们首先建立托管委员会,徐俭担任托管委员会主任,托管团队和学校中层以上干部共同讨论托管方案可行性,反复修改,最终形成《上海世外教育

集团委托管理奉贤区育贤小学方案》。实行委托管理委员会领导下的校长负责制,全面开展学校各项工作。

充分发挥三个专家团队(管理指导、科研指导、学科指导)及世外母体校、直属校的优势,参与受援方学校管理,托管形式多样。

托管委员会每学期召开例会,制定工作计划,研究学校各项工作,针对学校办学实际,提出工作策略和要求。学校行政会议每周一次,在托委会领导下,共同讨论执行力的落实,部门各司其职。根据托管委员会的运行机制,文化融合,各尽其责,形成合力。短短一年内,《托管委员会工作职责》《专家团队工作职责》《学科导师工作职责》《托管学校各级领导管理职责》《委托管理专项经费使用规定》等制度相继出炉,切实提高托管实效。

2. 确立托管目标,创新托管模式

托管委员会在对学校初态评估的基础上,制定《上海世外教育集团委托管理奉贤区育贤小学实施方案》,确定了托管工作总目标,制定学校工作计划,按计划开展托管工作,并听取各方意见,先后多次修改、完善方案,宣传到位,让教职员工、家长和学生都明晰托管的目标和要求,增强托管工作的知晓度。

为保证托管工作有效实施,我们组建了由特级校长、科研专家、校长、学科名师等成员组成的"三个团队":"管理指导团队"与学校共同制定校发展规划,完善学校管理制度,加强课程建设;"科研指导团队"协助学校做好顶层设计,专业引领、确定发展项目;"学科指导团队"指导育贤小学教师开展校本研修及专业培训,提升教师专业素养,以课堂教学为主阵地,以培养青年教师为抓手,切实提高学校教育教学质量。

"上海世外小学"与"世外直属学校"根据需要向育贤小学输出管理经验,实现资源共享,上海世外小学作为母体校,全面参与育贤小学托管工作,组织学科专家团队现场指导,通过教育教学研究,聚焦课堂,提升育贤小学教育教学质量。

3. 优化托管过程,提升托管质效

托管双方紧密牵手、感情融合、形成共识,使托管工作更有针对性和实效性。托管团队和育贤小学有合作有分工,以项目推进方式开展托管工作,项目由专人负责,又有相互间的紧密合作。在托管过程中,及时向奉贤区教育局主管领导汇报,听取意见,使托管工作,处于边实践、边总结、边改进的过程之中。

世外教育集团利用自身的教育资源,为教师提供各种外出学习进修、参与课改、提高工作水平的机会,学科专家对教师进行实地或远程指导带教;管理专家对托管工作进行指导和决策研究。仅在委托管理的第一年中,托管专家团队、知名专家学者、外聘专业教师等就来到育贤小学进行指导、培训或开设讲座,共听评课 43 节次,托管团队成员参与听评课为 1764 人次,个别指导教师 50 人次,世外集团教师、专家团队与育贤小学教师互动人次 200 余人次。

回顾托管以来的历程,我们收获无限,得益无穷。

陶行知先生说过,校长是一所学校的灵魂。参加世外多次培训与交流,最大的触动即是校长作为一所学校的主心骨,要有领导力,这里的领导力不仅体现在学校顶层设计上,更要落脚于校园文化、常规管理、教师成长、信息建设等细微层面上,细节的体现才是教育的品质所在。

我们在世外托管团队的带领下,编制学校质量手册、制定学校五年发展规划,依法治校,规范办学;在思想领导和专业引领下,围绕量身定制的"干部能力提升计划"开展培训;在专家的指导下,对学校进行 SWOT 分析,结合实际有效推进区级品牌计划项目,将项目管理纳入到学校管理体系,助推学校全面发展。

我们也紧紧抓住世外教育集团委托管理这一契机,秉承着学校"让每一位教师都出彩"的培养目标,为每一位教师搭建成长的舞台,提供成长的机会。世外教育集团十分重视"人人都是德育工作者"的育人理念,张悦颖校长更是手把手指导我校德育管理团队,为我们呈现了一个全员育人、全程育人、全方位育人的德育工作新格局。

三、打造协同治理的特色品牌

在近年来的学校改革发展中,特色学校建设越来越成为一种重要的理念。每一所学校都要立足于本校实际,在充分认识自我、客观分析环境的基础上,积极寻求和创建有自身特色的管理模式。[1] 在学校特色建设的过程中,特色品牌、特色项目的打造

---

[1] 李保强. 论特色学校建设[J]. 教育研究,2001,(04).

往往是主要的逻辑起点和施力重心。就学校的特色发展品牌看,学校文化、课程教学等往往是最为主要的内容。而在育贤小学看来,学校治理特色的打造,特别是学校在推进家校社协同育人中的特色思路和做法,也能够成为学校特色发展的增长点。基于这样的认识,学校着力打造协同治理的特色品牌,形成了几个方面在实践领域具有影响力的特色做法,拓展了学校在协同育人中的品牌影响力。

(一)日常家校互动的多样路径

1. 文化自觉,专业引领

学校始终将"育'孩子',先育自己;育'师',先育'班子'"的理念贯穿于学校日常工作之中。在家庭教育工作中,学校通过"文馨讲坛"平台,多渠道、多形式提升教师的专业发展,努力培养"智慧型的管理队伍、术有专攻的研究型的骨干队伍、勇于实践的学习型青年教师"三支队伍。我们始终坚信,只有教师成长了,孩子才可能更好地发展。因此,在教师家庭教育专业发展的道路上,从班子成员入手,通过骨干引领,带动一大批教师发展。推荐学校家庭教育分管领导率先学习家庭教育指导师(高级)课程,理论结合实践,将专业知识充实进日常的家庭教育工作之中,指导全校教师做好家庭教育指导工作。让全校家长掌握正确的家庭教育方法,共同培育身心健康、全面发展的孩子。

2. 个性家访,送教上门

送教上门认真规范,积累教育孩子第一手资料。信息科技发达的今天,家校交流已经不受时空的限制,然而,传统的上门家访不可丢弃。家长、孩子、教师面对面的交流,还是非常有必要的。上门家访,可以让老师掌握孩子家中表现的第一手资料,善于发现优点,更好地在校内实施教育教学活动。因此,我校对寒暑假上门家访工作抓得很实,尤其是即将入校的一年级新生,让他们在正式入校前有机会认识自己的老师,可以更快地适应小学生活。老师也事先认识了孩子,熟悉了解了孩子的性格特征,在今后的教育教学中可以更好地针对每一个孩子实施教育。关于我校教师上门家访的做法,《奉贤报》有过专门报道。

3. 家长课程,丰富多彩

落实成长"3X"德育课程之"职业启蒙—实践修行"校本课程,邀请来自各行各业具有职业特色的家长担任学生职业启蒙老师。让家长走进课堂或带着孩子们来到工厂企业、走进大自然，通过近距离接触生活、亲近生活，感受生活的学习模式，更能吸引孩子们的目光，激发浓厚的学习兴趣。孩子们通过亲身实践体验，了解课外知识、学习急救常识、懂得建筑科学等。家长们结合自身职业特点、兴趣爱好，为学生带来的相关专业知识培训更有权威性和说服力，更好地引导孩子们共同参与并感知……一堂堂别开生面的职业启蒙教育课，让孩子们在兴趣的引导中学习知识，开阔视野。家长课程，这种别具特色的课堂教育延伸模式，构筑了家校互动平台，丰富了学校的课程资源，为善学善思的"贤少年"成长提供了全新的营养剂。

4. 家校活动，灵活多样

精心策划组织校园开放日、接待日、家长学校等活动，依托重大纪念日、民族传统节日等活动平台，让家长走进学校，了解学校，增进亲子沟通和交流。如"相约在美丽的春天""沟通从心开始，教育从爱出发"等家长学校活动，通过聆听讲座、经验分享等形式，让家长深刻地意识到在孩子的成长过程中，应家校合力，激发孩子的学习兴趣，和孩子一起探索世界；在教育孩子时，要用爱陪伴，和孩子一起快乐成长。在以"让我们带着梦想一起长大""相约育贤　遇见最美的'你'"等为主题的校园开放日活动中，邀请家长共同参与，通过课堂观摩、亲子互动、成果欣赏等丰富多彩的形式，让家长走进校园，及时了解孩子在校生活状态，增进亲子沟通和交流。同时，在学校读书节、体育节、建校纪念日等各类校园节庆日活动举行前，邀请家长共同商议出谋划策、成立家长志愿者服务队，保障各项工作的顺利开展。紧密合作的家校伙伴关系，让更多的家长理解学校，更好地配合学校工作，为培育自律自励的"贤少年"服务。

5. 榜样激励，树立典型

树立优秀家长典型，每学年，开展优秀家长评选活动，如"热心公益"好家长、"教子有方"好家长、最美育贤人（家长）等，通过榜样的力量，鼓励更多的家长认真学习家长学校课程，促进家长教育观念、方法的转变和提高，成为优秀的好家长，培养出全面发展的好孩子。

（二）疫情期间的安全守护

2020 岁末年初的新冠肺炎疫情，在很大程度上改变了人们的生活，重塑了人们的价值观,也对正常的教育教学活动造成了制约。自 2020 年 1 月底教育部为了应对新冠肺炎疫情的肆虐提出"停课不停学"政策以来,各省市纷纷推出了自己的指导意见和实施方案,全国范围内几乎所有学校、师生及家庭都投入到了这一场世界上规模最大的居家在线教学"大实验"之中。[1] 这一次大规模、普及性的在线教学实践探索,可以说是全世界在线教育发展过程中里程碑式的事件,同时也是一场全员性的教师信息技术应用能力实战性培训。育贤小学在做好疫情期间的线上教学工作之余,也充分认识到,在疫情期间和疫情常态化期间,师生的生命安全始终是最重要的因素。在这样的理性认识下,学校注重通过有效的家校协同,构筑起师生健康的"战斗堡垒",也书写了疫情期间家校协同育人的动人故事。

在育贤小学看来,疫情常态化背景下的"家校共育"工作既面临着"危",更蕴藏着"机"。学校发挥家庭教育在孩子成长过程中的重要作用,家长与学校、教师有效配合,形成家校共育的整合优势,为孩子营造一个和谐的家庭环境和校园环境,共同促进孩子的健康成长。学校和家长携手前行,让家庭教育更加暖心,让学校教育更有温度,让立德树人落地生根。

孩子的安全是学校和家长的共同心愿,家校协同才能达到"1＋1＞2"的育人效果。为给孩子们的上学路筑起一道更加坚固的安全防线,自返校复课以来,每天清晨,奉贤区育贤小学家长志愿者们自愿组成的"紫马甲"护校队都会准时准点、风雨无阻地出现在校门口的马路上,与值班老师一起为孩子们保驾护航。

1. 调研问卷,疏通堵点

我们关注到疫情期间,很多家长在孩子的家庭教育上表现出深深的焦虑,亲子关系中夹杂着一个个"堵点",出现不少摩擦。因此,返校复学之初我们就开展问卷调研,了解孩子们"心目中的好家长"的标准;也借助"云家长学校"活动和"问卷星"APP,架起"云"桥梁,调研了解家长教育孩子时的困惑与需求。有了这些调研,学校对家庭教育指导工作就更有针对性和时效性。我们通过"云家长会"把调研结果反馈给家长,统一家长的教育思想,达成共识,使家长注意与孩子的沟通方式,促进和谐家庭氛围的形

---

[1] 梁林梅,蔡建东,耿倩倩.疫情之下的中小学在线教学:现实、改进策略与未来重构——基于学习视角的分析[J].电化教育研究,2020,(05).

成,促进孩子身心健康成长。在此基础上,学校开展"育贤好家长"评选活动,涌现了一批"教子有方好家长""热心公益好家长""最美志愿好家长",树立榜样,典型示范,促进家长提升素质。

2. 家长学校,聚焦热点

学校开展线上线下的"家长学校"活动,组建了一支事业心强,具有丰富的家教理论知识和家教指导实践经验的"家长学校指导教师"队伍,为家长提供正确的家庭教育观念和方法,指导家长合理化解亲子冲突和家庭矛盾。家庭教育指导课程聚焦社会热点,"好孩子夸出来,还是管出来""家有二胎""用爱陪伴孩子""好习惯受益终身"等课程干货满满,专业的家教导师帮助家长提升家庭教育质量,深受家长欢迎。

3. 线上线下,破解难点

"家长学校"针对不同年级家长的需求和难点问题举办专题培训与讲座,如针对五年级家长的"家长要做孩子快乐的玩伴"、针对一年级家长的"好习惯帮助孩子快乐成长"、针对三年级家长的"亲子共守诚信"等。家长根据实际需求,选择现场观看、"钉钉"直播观看以及"钉钉"回放观看,家长参与度、打卡记录、线上互动都创出新高。

4. 贤爸贤妈,打造亮点

"家长学校"充分发挥家长的作用,推出"贤爸贤妈快乐成长营"活动,从家长的角度提供家庭教育的丰富资源和生动案例,开设了"亲子摄影社""妈妈故事会""爸爸去哪儿"系列课程,增进家长与孩子的亲子感情,感受亲子间互动的乐趣,记录下身边遇见的美好。"成长营"通过微信公众号、线上视频会议等方式组建家长的学习共同体,家长们在此分享经验、共享资源,在思维碰撞中形成积极向上的育儿观念,成为"家长学校"一大亮点。

(三)一日校长制度的独特设计

如何有效地开发和利用家长、社会的优质资源?让家长走进校园,积极投入到学校的教育教学管理之中,共同关注孩子成长,是家校协同的美好愿景。做好家校协同育人,家委会——家校桥梁纽带的群众组织,具有举足轻重的作用。鉴于此,学校开办初期就推出了"一日校长"驻校巡检制度,即根据学年初的排班表,每周安排一天的时间,让家委会成员以"一日校长"的身份轮流到校办公,通过值班制度、谈话制度、陪餐制度、督学制度、课程制度的落实,使家校社之间的沟通更顺畅,联系更紧密。

家长参与学校管理,行使一定的权力,通过民主协商、沟通协调、监督评价、策划宣传、课程服务等多项功能的发挥和完善,增强全校家长参与学校管理的积极性和主动性,是一所现代学校的标志。每周一天的"一日校长",其主要职责为早晚校门口迎送学生、观摩学生两操、随堂听课、分别与师生交流、品尝学生午餐、发现问题及时和相关领导沟通、做好当天的工作记录等。"一日校长"主要来自校级家委会和部分年级家委会成员,学年初各级家委会成员确定后,就对"一日校长"们开展岗前培训。"一日校长"与校长具有本质上的区别,他(她)可以和校长共同探讨学校管理上存在的问题、共同商讨家校协同策略,但不能替代校长全部的工作,是校长工作的一部分延伸和体验。"一日校长"驻校巡检制度,旨在提高学校的社会支持度,让家校沟通无障碍,让更多的家长关心学校、支持学校工作、提高参与学校活动的热情和为学校服务的积极性。

七年来,"一日校长"驻校巡检制度的落实,从起初的摸索阶段,到一步步的调整、改进,目前已基本完善,形成了制度和宝贵的经验,在区域家校协同育人工作中起了带头示范、辐射引领作用,为兄弟学校家校协同育人给出了新的思路和方向。

1. 不断完善的"一日校长"工作制度

"一日校长"驻校巡检制度,从"校门口迎送"—"观摩课堂"—"谈话制度"经过七年时间的不断完善和修改,通过优化组合已形成了以下制度。

值班制度——学年初,志愿服务部主任制定本学年每周的"一日校长"值班表,安排家委会成员轮流到校办公,要求值班人员将办公情况记录在《"一日校长"工作日志》上。办公时间为周三上午 7:30 到下午 2 点(如学校有重大活动,做适当调整)。

谈话制度——"一日校长"到校办公当日,需分别与学生、教师、校领导谈话交流,了解师生思想动态,并将学校管理方面的问题向学校有关职能部门反馈。

陪餐制度——"一日校长"到校办公当日中午,和孩子们共进午餐。了解孩子午餐的色、香、味等综合情况,检查当日菜品是否与菜单一致,将陪餐情况记录在《午餐情况记录本》上。

督学制度——"一日校长"到校办公当日,可随时参与学校教育教学,听自己想听的课,进自己想进的班级,全方位多角度了解孩子、老师、班级、学校办学理念,并将发现的亮点、问题和建议及时反馈给学校。

课程制度——校家委会策划部开展调研,鼓励愿意发挥自己的特长、职业特点的家长与孩子们分享;愿意共享家庭教育优秀经验的家长志愿者们,组成"家庭教育讲师团"。研发家长学校授课方案,开展家长进课堂、职业体验等课程实践活动,丰富学生的学习经历、丰润家长家庭教育知识。

"一日校长"驻校巡检制度实施下来,深受师生家长喜爱,为学校更好地服务于学生成长,提供了源源不竭的精神营养和动力。

2. 行之有效的"一日校长"培训制度

每一轮"一日校长"们在正式上岗前,都会进行系统的培训。培训内容主要是对学校现状的分析、"一日校长"制度的学习、如何正确填写工作日志等。通过培训,"一日校长"们知道了自己工作的职责范围、工作的特殊性、如何行使职责、具体有哪些观测点、发现问题如何正确处理等。如:发现学校饮水机有问题,应及时向后勤保障部反映;发现周边有安全隐患的,及时跟学校安全分管领导沟通;发现学生有不文明的现象,应及时阻止并教育,同时向学生发展部汇报、通知各级家委会成员,要求家长们做好家庭的文明礼仪教育,家校共同配合、教育好孩子。"一日校长"驻校巡检当日,有学生发展部相关老师对接,指导工作。学期末,召集"一日校长"们开展工作研讨培训交流活动,分享工作中的经验、反思不足,进一步修改并完善"一日校长"工作制度,为下一学期更好地工作奠定基础。

3. 有声有色的"一日校长"常态制度

首先,午餐陪护,孩子开心,家长放心。"我家孩子放学回来总说肚子饿,学校午餐吃不饱""不知道今天午餐孩子吃了什么,味道好不好,健不健康"……民以食为天,面对家长们的各种担心和疑虑,学校相关领导与"一日校长"们沟通协调,召开了学生午餐家委会专题会议。通过会议讨论和研究,出台了"一日校长"陪餐制度。孩子们午餐吃了什么?味道怎么样?"一日校长"们通过亲自品尝,得出结论,及时向家长们汇报。在陪餐过程中,"一日校长"们发现,学校午餐严格按照营养搭配标准来执行,每餐做到色香味俱全。但尽管如此,还是出现部分孩子因挑食而推说饭菜不合口味导致放学后肚子饿的现象发生。"一日校长"一方面要求学校食堂继续保持在均衡营养的同时尽量做到菜品精致;一方面呼吁家长在家要纠正孩子不良的挑食习惯,做到每样菜都要吃;一方面建议学生发展部通过班会课、主题升旗仪式等途径向学生宣传不同菜品种类的营养价值,教育学生要珍惜粮食,积极参与到"光盘行动"之中去;另一方面联系周边社区,希望社区居委能在居民区、楼道内张贴关于珍惜粮食的宣传标语,营造浓厚的宣传氛围,通过标语和画面的教育宣传,给孩子深刻的教育意义。"一日校长"们的建议得到了采纳,家校社共同配合,做好学生"食育教育",让每一位孩子吃得开心,让家长们放心。

其次,课程开发,整合资源,服务孩子。伴随着孩子的成长,我们的家长们越来越觉得自己所掌握的家庭教育方法跟不上孩子的成长步伐。"孩子不听我的话怎么办?""我家孩子作业越来越磨蹭!""昨天我把孩子骂哭了,我也哭了!""我要气死了,孩子居然跟我顶嘴!""刚才我忍不住打了孩子,我现在浑身难受。"……各种家庭教育问题向学校抛来。学生发展部联合"一日校长"、镇教管办主任,组建家长学校课程开发团队,通过前期调研,收集整理出急需解决的家庭教育共性困惑,精心设计、开发形式多样的家长学校课程,帮助家长走出家庭教育的误区。通过挖掘自身及身边优秀的家庭教育经验和真实案例,如:由"一日校长"们参与的家庭教育辩论活动"如何平衡'虎妈''猫爸'的天平?";由镇教管办主任何纪明主讲的"如何正确做好小升初的过渡?";家长代表的讲座"如何解决和孩子一起成长路上烦恼?"等话题,使家长学校培训活动更显生动,教育意义更加深刻。

开发家长学校课程的同时,学校积极招募热心的志愿者家长,利用自身的职业特点和身边有利于孩子成长的社区资源,积极开发适合孩子们成长的社会实践课程,作为学校教育教学的有效延伸和补充。通过走出去、走进来等灵活多样的方式,给孩子们带来了一堂堂精彩、生动、有趣的实践体验课程。家长们走进校园、走进课堂:"交警指挥交通时每一个手势操的动作究竟有什么含义""日常生活中的急救小常识""航模知识知多少""深奥的物理知识"……家长们把自己从事的职业知识深入浅出地介绍给孩子们。家长们走出校园,带孩子们走向社会大课堂:"护牙小卫士""小小点心师""生态微景观""环保小卫士"等课程,让孩子们在做中学、玩中学,快乐实践、健康成长。

第三,活动策划,配合密切,协同发展。我校家委会成员来自社会各界,有企业家代表、企事业单位负责人、群文工作者、记者等,他们拥有丰富的、学生成长需要的优质社会资源。庄行菜花节开幕之际,"一日校长"们向学校提出,要充分发挥"贤爸贤妈快乐成长营"的活动优势,将"妈妈故事会""爸爸去哪儿""亲子摄影社"三社联合起来,开展"探寻贤城春之美"踏春活动,得到了学校的大力支持。经过精心策划、合理组织,活动开展得十分成功。2018年"六一"儿童节来临之际,学校少先队大队部提出了中华美食大集合的"六一"活动设想,经学校采纳后,策划了一场大型的中华美食体验活动,即把每个班的教室布置成不同的中华美食体验场馆。该活动方案得到了家长们的大力支持,家长们纷纷拿出了家里的锅碗瓢盆以及和主题场馆有关的物件等,调动一切自己能调动的资源,把学校打造成一个大型的中华美食圣地,让孩子们度过了一个难忘的"六一"儿童节。为了更好地做好垃圾分类,民旺苑居委和学校联合举办了一场"垃圾分类我知道"的活动,让我校学生和社区居民一起,以互动游戏、知识问答等形式,让孩子和家长们了解垃圾分类的知识。此外,"浇灌习惯小树,感恩十岁陪伴"十岁集体生日、"感知成长的神奇"一年级学习准备期成果展示、假日小队社会实践等活动,都有"一日校长"及家长们策划、参谋、服务的身影,家长们积极利用周边社区资源,给我们的孩子提供了场地及丰富的实践活动内容。

最后,志愿服务,保障有力,促进成长。我校有一批招之即来、来之能战、战之能胜的家长志愿者队伍。学校大型活动邀请家长志愿者协助,从"化妆师"到"引导员"到"舞台总监",无所不能的家长志愿者们服务到位,保障有力。新冠肺炎疫情后的返校复课,打破了常规的入学模式。为了做到学生返校有序、快捷、安全,"一日校长"们向全校家长发出了倡议,招募家长志愿者协助上学时段校门口交通疏导。倡议发出后,家长们积极报名,热情参与,组建了一支又一支乐于奉献、认真负责的家长志愿者"护校行动队"。他们每天7点来到学校,穿上"紫马甲",精神饱满地站在各自点位,笑容满面地迎接到校学生及家长,成为每天清晨校门口一道亮丽的风景线。"小朋友,不要跑,注意安全!""家长,请赶快把车开走吧!路上已经堵了哦!"一句句温馨的提醒似校园里的春风和阳光,让全校师生和家长感觉到温暖和踏实。志愿者们以自己的实际行动,让校门口畅通无阻,在保障学生上学路上安全有序的同时,他们严守纪律,遵守规范,为全校家长规范接送孩子发挥了最好的榜样示范作用。

"一日校长"驻校巡检制度,让家委会成员们有事可做、有内容可研究,大大发挥了家委会成员们的主观能动性和为大家服务的热情,改变了家委会仅开会走流程的传统形式。家长志愿者、家长评委、家长摄影师、家长讲师……协同教育的新路径让家长参与到学校管理的方方面面,使家长具有强烈的主人翁意识,学校的事就是自己的事,荣辱与共,和谐发展。"一日校长"们在当班过程中,通过观察、了解,体会到老师工作的辛苦和不易,发现校园中的闪光点。如:校园环境布置温馨,学生文明行规,午餐色香味俱全;下午五点多很多老师还没有下班,有的在教室里和学生一起打扫卫生,有的在和个别家长谈话,有的坐在办公桌前精心备课、批改作业等。这些平时家长们在家里看不到的校园瞬间,被"一日校长"们在巡检过程中捕捉到了,并将其发在自己的朋友圈,家长们一传十、十传百,对教师的职业更理解了、对学校的工作更支持了,良性的互动,为学校创建新优质学校奠定了基础。

"一日校长"驻校巡检制度的积极落实,提高了校级家委会和年级部主任、副主任在全校家长心目中的威信,各类活动中家委会一经发动,立刻产生"一呼百应"的效果,全校家长积极配合,效率极高。家庭教育论坛,100%的家委会成员参与;家长学校培训,家长出席率达95%以上;学校活动,家长参与活动策划、联系实践基地、提供交通工具,服务于学校和孩子们。

"一日校长"驻校巡检制度获得了社会理解与支持。取得家长对学校教育工作的理解和支持,办好老百姓家门口的好学校是我们学校的办学追求。"一日校长"驻校巡检制度运行七年来,逐步成为学校文化的一部分。不管是组织机构的建设还是工作制度的完善,不管是家委会功能的开发还是家教指导工作的开展,家委会都能围绕学校"明理育贤"的校训精神,民主协商学校事务,参政议政,献计献策,在被全校家长接受的同时,也得到了全校教师和社会的肯定,历年家长问卷调查,满意率达到97%以上。

育贤协同育人建构之道

协同,是现代教育治理的内在要求,也是建构完整的立德树人体系的必然选择。育贤小学在提升学校治理现代化水平的过程中,注重通过完整的学校共同治理格局的打造,实现协同育人的价值追求,在这个过程中,两条基本的经验值得重视:

第一,对于传统意义上的家校合作,要用现代治理的思维方式进行改造,把家校合作中家长被动参与、低层次参与等问题通过有效的家校共育机制建构进行破解。通过家委会等制度设计,家长学校和家庭教育指导活动,家长志愿者队伍建设,家长课堂建设等,让家长、家庭深入参与学校治理体系,形成一种促进学校治理格局健全发展的新力量。

第二,对于传统意义上的集团化办学,要用新的理解和认识去进行改造提升。突破传统的集团化办学中主要为了促进薄弱学校成长的固有认识,通过双方的主动对接和全面设计,为学校更高层次、更快速度的发展寻找支撑,走出一条"主动建构、高位嫁接、共同发展"的新时代教育集团化办学的新样态,打造一种具有学校特色的集团化办学和发展之路。

第七章

综合改革——完善学校治理的系统保障

【校长的思考】学校治理是一个系统性工程,除了抓住核心领域进行攻关和建构之外,还需要形成系统的、整体性的保障。这种保障既有学校管理和制度层面的刚性价值,也有学校文化层面的柔性价值,如何在刚柔并济的整体设计和选择中打造学校治理的保障系统,这是涉及学校整体改革发展的关键性问题。不仅如此,学校的发展,治理体系和治理能力的不断提升,也应该是一个不断继承创新的过程,需要通过系统性的、阶段性的谋划来保障学校各项事业的整体推进,因而,学会合理规划学校发展,也应该是学校综合治理改革的应有之义。

由"管理"到"治理"，虽只一字之差，但办学的追求层次差异很大。相较于管理，治理克服了"管理"行为的人为性、单向性、封闭性、控制性、约束性、垂直性的弊端，以新的制约机制和激励机制优化制度结构，激发内生动力，增强主体互动，走向和谐共建。[1] 在这个过程之中，除了学校治理理念和方式的转型之外，还需要通过现代学校治理的变革撬动学校整体的转型发展，需要通过学校其他领域的系统性改善为学校治理体系和治理效能的完善与提升提供支持和保障。由此可以认为，学校治理的现代化建设，实际上需要建构一个学校良性运行、有序运行的生态系统。它既需要传统学校管理精髓、价值的传承，也需要学校办学主体价值和效能的充分发挥，需要顺应时代变化的治理思维重塑。对于育贤小学而言，我们认为，要推进学校治理体系和治理能力的现代化建设，从根本上说，就是要持续不断地推动学校的综合改革，依托综合改革打造高效能的学校治理系统，让学校的改革发展始终处于一种高效、规范、有序的体系之中。

一、以精细的管理提升学校发展效能

精细化管理是源于发达国家的一种管理思想，通过精细化管理，企业优化其生产流程和管理流程，最大限度地减少管理所占用的资源和降低管理成本。随着我国教育改革的不断深入，教育的发展已由低质量的规模增长转向扩大优质资源总量，由粗放

---

[1] 张乃文.教育综合治理理念下的"学校治理"[J].教育科学论坛,2016,(06).

型的学校管理转向集约型的学校经营,由只关注学生升学转向关注学生全面发展,在这种趋势下,在教育领域中引入精细化管理的理念为教育事业的发展增添了新的元素,精细化的领导成为了学校发展新的增长点。[1]从学校管理的实践看,精细化管理是一种相对于粗放型管理的理念,它更加强调对学校发展基础情况、现实样态的精准把握,强调对师生生命和成长的关注,倡导用更加健全、精准的制度建设、组织建设、文化建设等,建构学校管理的框架体系,及时发现和解决学校发展过程中存在的问题,形成支持学校稳定发展的组织和制度体系。

(一) 完善组织保障,深化民主管理

学校坚持正确的办学方向,内设党政办公室、课程教学部、学生发展部、综合保障部四个行政部门,按要求配备干部职数,行政组成员有热情、有干劲、有创意,并能做到思想上合心、工作上合力、行动上合拍,干部执行力强,教师认可度高,中层以上干部履职测评优良率为100%。

学校推行"蹲点保级"扁平化管理模式,形成管理重心下移,领导工作下沉的"低重心"管理思路,以达到"事事有人管、人人愿做事、事事能做好"的管理效能。

学校坚持民主管理、校务公开;定期召开教职工代表大会,参与到学校"三重一大"工作决策中来。学校还通过网站、微信公众号、公告栏等进行校务公开,监督学校办学。

(二) 依法依规办学,提升治理水平

学校坚持依法办学,制定了《学校章程》,建立健全各项规章制度,编写了《依法治校 以德立校——育贤小学管理手册》,其中包括:岗位职责制度、学校管理制度、德育管理制度、课程教学管理制度、安全管理制度等,形成了比较规范、系统、完善的管理制度体系,让"章程"和"制度"成为促进师生发展的准绳。2020年学校被评为"上海市中小学校依法治校标准校"。

学校修订教师岗位聘任制度,实现学校人事管理的科学化、规范化和制度化。学

---

[1] 顾绍琴.精细化领导——学校管理新理念[J].教育理论与实践,2010,(09).

校不断完善绩效考核方案,坚持"多劳多得""优绩优酬"的原则,充分体现鼓励先进,注重实效的激励性。

(三) 优化资源配置,满足发展需求

围绕"高起点、高标准、高品质"的办学要求,学校加强顶层设计,学校在市城乡一体化项目、教育局"星光灿烂"项目、"支点计划"等支持下,设施、设备、人员配置不断完善,资源配置均达到国家优质均衡发展十项指标要求。值得一提的是,在学校的资源配置过程中,学校能够充分考虑现有资源与师生成长发展的匹配度,通过精细化的管理,提高后勤服务的保障质量,为建设温馨、和谐的学校工作环境,提升师生的校园生活幸福指数提供支持。下文是我校后勤工作的精细化管理故事,集中体现了育贤小学学校管理实践领域中对于精细化管理的认知和探索。

精细管理　推进后勤服务质与效
——奉贤区育贤小学后勤精细管理的思考与实践

强有力的后勤保障是高水平教育教学的基石。

随着教育的发展,学校后勤工作越来越具有时代感,表现在后勤工作不仅仅是简单的物品采办与维修,更多是与学校发展相融的后勤精细管理,如常态的校园环境管理、校园活动安排、设施设备综合调配、安全隐患排除、师生午餐改善、项目建设监管,以及提前思考学校后勤方面的建设规划与设想等等。因此后勤工作不仅仅是秉承领导指令,更是提升"服务"与拓展"管理",以创新与精细化的管理,营造安全、舒适、优美的育人环境,这是我校后勤工作的目标,也是前进的方向。

育贤小学是一所2015年8月创办的新学校,作为一名总务岗位上的新人,没有丰富的管理心得与经验积累。因此,一切都需要从"新"出发,新校、新手、新的思考角度,但,新并不表示无措与茫然,于是我移樽就教,积累经验;摸索实践,反思总结;举一反三,自我突破。新的岗位促使我必须快速成长,紧跟着学校"三精"管理的节奏。

一、前期介入,夯实精细管理基础

2014年12月我在校长的号召下提前投入到了新校的筹建中。至今清晰地记得,每天跑工地查看工程质量的那一幕幕,为了合理规划专用室,一次次修改图

纸……随着工地建筑的一层层拔高，我们不断头脑风暴，一次次地商讨各室的功能定位，及时向区教育保障中心提出个性化定制设施设备的需求，规划各类项目建设等等。可以说提前介入，为后期的建设奠定了基础：如学校的主色系确定；综合楼层功能的分布，二楼艺术、三楼科技、四楼人文，600平方米图书馆的预设；玉兰大道、中亭绿植景观等等。作为后勤新手，我自豪参与了育贤的建设，欣喜见证了育贤的成长。

二、建管并重，规范精细管理机制

市城乡一体化、教育局"星光灿烂"项目的实施，为基层学校提升校园文化、改善办学环境、改变空间布局、实现办学理念注入了新动力。我校围绕着"为了实现每一个孩子的美好心愿"办学理念，先后开展了23个项目建设，2015年6个，2016年11个，2017年6个，其中市城乡一体化项目3个、"星光灿烂"项目15个，学校自行建设项目5个。雕塑、智慧图书馆、创新教室、公共安全体验教室、"小星愿"电视台等一个个项目，都得益于市、区二级项目的推进而成行，不仅提升了校园文化内涵，也为学校"心愿"课程的落实夯实了基础。为能保证项目保质从优的完成，以及已建项目的推进应用，我校采用建管并重的模式，实现规范精细化的管理机制。

1. 完善项目的建设管理

我校采用的是项目负责制，但实际建设中很多需要后勤部门去协调或配合完成。为能使每个项目都能成为精品，我们精心设计方案，反复探讨方案的必要性、可行性及预设问题，注重建设过程的监督与管理。在校长、书记的支持帮助下，我逐步熟悉业务，适应岗位，也利用自身优势与能力参与项目建设，尽心尽责做好每一个项目。

市城乡一体化智慧图书馆项目：方案设计前，我们反复讨论商定图书馆的五大功能区域，并围绕这五大功能要求进行整体规划与构思，以知识树的屏风隔断将藏书区隐藏在内，以知识海洋的形式设计低幼阅读区等等。随后聘请专业人员进行设计，常因设计效果达不到要求而反复讨论修改，直至其达到预期要求。虽然一次次设计修改引来的是不满与责怪，但当一个富有特色的集各大功能于一体的智慧型图书馆全新呈现的时候，所有的辛苦与劳累都值了！如今图书馆已成为学生博览畅想的乐园,思绪飞扬的空间。智能图书管理设备的应用也有效提高了图书的借还效率。

"星光灿烂""小星愿"电视台项目:为能发挥录播设备的最大功能,我建议整合电视台与录播教室设备,使"小星愿"电视台与录播教室设备形成高低配,既便于设备的管理,又使电视台高配置设备得以在精品课程录、播时充分使用,发挥功效。而在基建时,从建设的构思、预设的功能等开始,一次次与基建方进行交流,反复修改设计图,在校长的确认后最终在小区域中规划出四个场景的效果,得到了领导及专家的一致好评。在设备配置时,非编设备达不到使用要求,在多次的沟通后,最终得以圆满解决。

区信息中心统一规划的校园无线全覆盖项目:我充分考虑各功能室的需求,对高密与普通AP进行了点位分配,既保证当前各功能室的应用要求,又考虑今后专用设备发展的网络需求。同时,我也严把质量关,在安装完成后,面对无线网络的时断时续问题,坚持要求问题排查后方可验收确认,经一次次的排查,最终得以将问题解决,而今学校的无线网络在多次场景应用下能保证信号的稳定与畅通。

一个个问题的执着解决,并不代表胜利,而是作为一名管理者对项目建设的负责。

2. 推进设备的应用管理

总务作为设施设备的管理者、项目的参与者,更希望每个设施、每件设备都能充分应用,充分发挥其最大作用。因此在班子会上我多次提出项目管理的想法,并积极与相关部门讨论推行方法,以专用室分管的身份,规范制度、召开管理员会议、常规检查等,推进各功能设施设备的精准应用与精细管理。

以培训推进应用。为能增强课堂趣味性及减少后期的维护费用,建校之初教室配置时我都选择了希沃交互式白板。但新的设备、新的技术,如不加以技术培训、应用与引导,再优的设备最终只会是一个摆设,因此我联系希沃专业讲师多次进行分层讲课,结合课程部推进希沃白板课堂评比,系列活动有效地挖掘了希沃白板的互动功能,工具的使用也使课堂更加生动有趣。

以教研提升应用。录播教室建设完成后,积极与课程教学部讨论,以何种形式、何种范围推进录播教室的应用。事实证明录播功能得到了老师们的喜欢,开展了展示课、评比课、镜像课等,录制、评比、磨课等专题活动,录播教室俨然成了促进教师成长的一块魔镜。

以活动创新应用。为能加快校园电视台的应用,我校代表奉贤区承办了开播仪式,我带队组建了师生团队,从活动方案的策划、拍摄的指导,以及仪式现场的指挥等,一场活动激发了师生的兴趣与热情,电视台活动得到市电教馆副馆长与外区专家们的好评。现在每天中午直播"新闻引力波"节目,让学生了解社会,懂得生活。

以项目深化应用。创新教室是城乡一体化建设项目,为能促进设备的使用,为其调配了计算机并安装专用设计软件,聘请专业师资对师生进行培训辅导,在师生的共同努力下,在多项机器人赛事中取得佳绩。为进一步深化推进创新课程建设,今年我校又申报了"基于 STEAM 工作室的跨学科主题实践课程""星光灿烂"项目,实现项目的建设为学生创设学习环境的宗旨。

演艺中心更是举办各类活动的重要场所,而安全体验教室、茶艺教室、体育馆的深入应用形成了学校的特色课程。

一个个已建项目的应用落实,是对项目建设最好的回馈。

三、凝聚团队,提升精细管理质效

一个优秀的团队将使工作事半功倍。后勤工作很平凡又琐碎,既要做好常规,又要及时处理突发状况。因此建立一支稳定团结、具有主人翁意识的后勤保障队伍尤为重要。如何凝聚后勤团队,使其始终保持工作的主动性,逐步形成团队的良性的自我管理机制,一直是我们思考并努力的方向。如教育局部门、教育学院组室、区团工委、青少年活动中心等条线在我校举办各类活动,百人进出,涉及环境卫生、校园安全、午餐配送等等,对我们来说都是一次考验,但主办方的认可与赞许,就是对我校后勤保障工作的最好的评价。

育贤是一所新校,有很多的优势,但这也对后勤工作提出了更高的要求。在今后的工作中我们要与各部门紧密联动、与信息化技术紧密结合,如食堂精细管理与德育相结合,探索午餐的创新管理,将素质教育带到餐桌,让食安到食欲再养成食育的育人效果;日常管理与教育信息化相结合,通过信息化技术的即时性与便捷性,快速了解、及时处理问题,保障学校的安全、提升后勤服务的品质与高效。

一路学习、一路摸索、一路前行,育贤小学综合保障部在后勤精细管理路上永不停步。(本文作者:育贤小学　季锦华)

以上精细化管理的案例,尽管聚焦的是后勤工作,但是实际上却体现了学校对于各个领域进行精细化管理的整体设计和实施理念:精细化管理无小事,越是细节性的问题,越是需要给予独特的思考和关注;精细化管理要以人为本,既不能够过多地增加管理者的负担,也要凸显管理的育人价值,更好地为师生成长服务;精细化管理要不断创新,不能够"躺"在原有的制度体系和行动方式之上止步不前,要根据教育改革发展的新形态,不断设计生成新的管理方式,推动学校整体管理体系不断优化创新。

(四) 树立安全意识,有效安全监督

学校历来重视安全管理工作,深化安全工作"一岗双责"制,严格履行校长"安全第一责任人"。贯彻落实《中小学幼儿园安全管理办法》各项规定,制定实施应急处理预案体系、落实安全工作共管机制,强化"人防、物防、技防"三防合一;定期开展安全疏散演练、安全教育主题活动。学校先后获上海市安全文明校园、南桥镇法律进学校优秀校等荣誉。"十三五"期间无重大责任事故发生。

(五) 加强党建工作,发挥引领价值

习近平总书记在全国教育大会上强调,加强党对教育工作的全面领导,是办好教育的根本保证。各级各类学校党组织要把抓好学校党建工作作为办学治校的基本功,把党的教育方针全面贯彻到学校工作各方面,这深刻阐明了各级各类学校党组织抓好学校党建工作的大逻辑。[1] 学校全面贯彻落实新时代中小学党建工作的相关要求,切实加强学校党组织和党员队伍建设。在科学设置党组织的基础上,注重结合党内主题教育活动,特别是"四史"学习教育,加强对习近平新时代中国特色社会主义思想的学习,不断提升党员干部的思想理论水平。学校注重党员日常管理,从教师党员的工

---

[1] 李斌雄,任韶华. 新时代中小学党建工作的价值、问题及其解决路径[J]. 北京教育学院学报,2019,(05).

作和生活实际出发,丰富党员教育管理活动的载体和样式,增强党组织对党员干部的影响力和教育力。学校引导广大教师党员充分发挥先锋模范作用,在学科教学改革、抗击疫情、课后服务等工作中,党员干部发挥了鲜明而有效的作用。学校通过一系列的政策制定和制度设计,把党组织的引领保障作用全过程地嵌入学校内涵发展的过程之中,让党的领导看得见、摸得着,让学校党建工作严起来、实起来,让高质量党建为学校精细管理赋能,为学校内涵发展提供保障。学校在党建工作中的一些特色做法,特别是"四史"学习教育中充分利用红色资源提升学习效能的做法,得到了上级党组织和有关教育部门的充分肯定。

重温红色记忆 传承红色基因

——育贤小学党支部开展浸润式"四史"学习教育案例

一、目标与思路

习近平总书记指出,只有坚持思想建党、理论强党,不忘初心才能更加自觉,担当使命才能更加坚定,要把学习贯彻党的创新理论作为思想武装的重中之重,并同学习党史、新中国史、改革开放史、社会主义发展史(下称"四史")结合起来。上海市委"四史"学习教育领导小组会议指出:历史是最好的教科书,是党员干部的一门必修课。学历史的基本方法,是了解历史事实,理清历史脉络,把握历史规律,得出历史结论。要通过学习"四史",在思想上弄清楚理解透中国共产党为什么"能"、马克思主义为什么"行"、中国特色社会主义为什么"好"。

我校党支部积极贯彻落实区委"四史"学习教育工作推进会精神,根据上级文件要求,组织支委会成员讨论并认真研制《育贤小学党支部关于开展党史、新中国史、改革开放史、社会主义发展史学习教育的实施方案》,学深、悟透不同阶段《奉贤区教育系统四史学习教育近阶段工作提示》,各类学习、实践活动由专人负责,从方案的撰写到工作的落实、从理论研究到实践感悟,全方位推进"四史"学习教育在育贤小学校园内的纵深推进。

由于学校教育教学工作的特殊性,党员教师或全校教职工集中进行"四史"学习教育在时间上有一定的局限性。因此,学校党支部带领大家克服重重困难,充分利用教职工政治学习、双休日、寒暑假等时间,以线上、线下相结合的方式,灵活机动地安排学习。通过多样化的形式和丰富多彩的内容,挖掘家乡红色文化,寻根溯源,以深入了解中国共产党为人民谋幸福、为民族谋复兴、为世界谋大同的优秀作风,以此激励学校党员及全体教师牢记党的初心和使命,在教育教学工作中,树立奋斗目标,找准工作方法,坚持问题导向,勇于改革创新。

二、过程与做法

1. 开展红色教育,坚定理想信念。以铜为鉴,可正衣冠;以史为鉴,可知兴替。"四史"浩繁,印刻着中国共产党人的初心使命与艰辛探索,重视从党的历史中汲取智慧和力量是中国共产党的优良传统。自收到《中共上海市奉贤区教育工作委员会关于开展党史、新中国史、改革开放史、社会主义发展史学习教育的实施方案》的通知(奉教委〔2020〕130号)后,学校党支部积极响应号召。一年多来,针对党员或教职工开展了以"传承红色基因 铸造育贤品质""探寻家乡历史 坚守教育初心""不忘历史初心 知史爱党爱国"等为主题的针对党员及教师不同层面的"四史"主题教育活动17次。其中,"四史"专题报告7次,体验式学习活动3次,党支部书记上党课4次,电影党课1次,党员上党课4次,征文评比1次,主题演讲1场。每一次的学习,大家都认真参与,感悟颇深。为鼓励大家的积极性,永葆"四史"学习的热情,学校党支部在2021年1月,组织了一场催人奋进的"四史"知识竞赛活动。竞赛以年级组为单位,围绕党史、新中国史、改革开放史、社会主义发展史展开,通过必答题和抢答题两大板块累计积分的形式,评选出团队等第奖,并颁发证书和奖品,以资鼓励。这是一场激烈的"四史"知识竞赛,更是一次红色历史的重温,以赛促进,引导全校教师知史爱党、知史爱国,在新时代发扬党的光荣传统、优良作风,切实把红色基因注入血脉、刻进灵魂。增强"四个意识"、坚定"四个自信"、做到"两个维护",在学思践悟中坚定理想信念,在奋发有为中践行初心使命,努力为书写新时代奉贤教育更加出彩的绚丽篇章贡献智慧和力量,以优异成绩迎接中国共产党成立100周年。

2. 重走红色之路,牢记初心使命。习近平总书记说,每到一处革命圣地,都是一种精神上、思想上的洗礼。我校党支部把重走红色之路、传承红色文化作为"四史"学习教育的重要组成部分。我们生活的城市——上海,是一座有着光荣革命历史传统的城市,作为党的诞生地,肩负着守护革命初心、传承红色基因的重要使命。一年来,党员教师们来到"中共一大会址"重温入党誓词、进入"奉贤区烈士陵园"祭拜革命先烈、前往南桥镇"忆红居"聆听红色故事等实践体验活动,让红色基因融入党员生活、传之久远。如:学校党支部组织全体党员来到南桥镇首家浸润式体验的红色主题教育基地——沈陆村"忆红居",开展"传承红色基因 铸造育贤品质"主题党日活动。全体党员通过参观"忆红居""思源井",走进"树林课堂""迷你长征路",重温"入党宣誓"等活动。红居忆韶华,忆的是烈士青春热血洒疆场,忆的是先辈初心使命在心间。同时,"思源井""树林课堂""迷你长征路",让党员们在回忆中不忘革命初心,在铸造南上海品质教育中牢记责任使命。

3. 唱响红色歌曲,献礼百年华诞。2021 年 7 月 1 日,是我们伟大的中国共产党 100 岁生日,学校党支部将红歌融入到了党史学习之中。在传唱《没有共产党就没有新中国》《游击队歌》《绣红旗》等耳熟能详的红歌时,党员教师们用铿锵有力的歌声,饱含深情地歌颂党和祖国,表达了对祖国、对党的无限热爱和深情祝福。如,全校党员教师分赴家乡的红色基地共唱《妈妈教我一支歌》时,大家感慨万千:"唱起《妈妈教我一支歌》,怀着一颗对党感恩的心,永听党的话、跟党走,用真诚拥抱祖国,为创造更美好的明天而努力奋斗。""在红色基地唱红色歌谣,让热爱祖国热爱党这件事刻在心头!""唱着《妈妈教我一支歌》,心中的爱国之情油然而生,深深感到没有共产党就不会有我们现在和平幸福的生活。""让优美的主旋律在全社会唱响,展现我们共产党员不忘初心、砥砺前行的热忱,喜迎党的百年华诞……"党建带团建,团建带队建,在学校党支部的引领下,团支部"贤青说"栏目,在学校微信公众号发出了铿锵有力的红色之声。团员青年们通过讲述歌声里流淌的红色基因、共产党人的革命故事等,教育和引导全校少先队员从小学先锋,长大做先锋!

三、成效与启示

通过"重温红色记忆 传承红色基因"浸润式"四史"学习教育,学校全体党员和教师进一步了解党史、新中国史、改革开放史、社会主义发展史,深刻认识红色政权来之不易、新中国来之不易、中国特色社会主义来之不易,深刻认识我们党先进的政治属性、崇高的政治理想、高尚的政治追求、纯洁的政治品质。

"四史"学习要讲究方法,单一的理论学习会显得枯燥乏味,在挖掘家乡的红色文化时,要通过"走一走""看一看""听一听""说一说""唱一唱""赛一赛"等多样化的学习方式,让党员或教职工们在"浸润式"的学习体验中,以史为鉴,进一步检视和校准坐标,以深挖教育内涵,达到育人目的。

随着疫情形势的好转,党支部可以将"四史"学习的视野从我们身居的上海拓宽至祖国各地的红色基地,开展研学交流活动。如:以遵义为中心的"历史转折,出奇制胜"的黔北黔西红色基地;以韶山、井冈山和瑞金为中心的"革命摇篮,领袖故里"的湘赣闽红色基地;以延安为中心的"延安精神,革命圣地"的陕甘宁红色基地;以鄂豫皖交界地域为中心的"千里跃进,将军故乡"的大别山红色基地等。通过实地走访,听一听老红军讲述当年的故事,看一看老一辈革命家艰苦奋斗的工作和生活场景,谈一谈新时代教育工作者对祖国未来的美好憧憬……

学好党史、新中国史、改革开放史、社会主义发展史是牢记党的初心和使命的重要途径,是党员和广大教师的一门重要必修课,也是爱国主义教育的重要组成部分。通过"四史"学习教育,激励全校教职工立足本职岗位,牢记初心使命,以昂扬向上、奋发有为的精神状态,全身心投入到教育教学工作之中,为打造南上海品质教育添砖加瓦,为喜迎建党百年交出满意的答卷!(本案例撰写者:育贤小学张菊英)

二、以精准的规划明确学校发展愿景

学校的持续发展,现代化的治理体系和治理能力建设,都离不开美好愿景的引领。通过学校愿景的设计和达成来实现学校改革发展已经成为学校管理者的共识。愿景的建构是一种交互作用、持续进行的过程,并不是一次性的事件,[1]愿景的实现,也需要扎扎实实的设计和变革,否则只能是理想的空中楼阁。从这个角度出发,学校发展愿景的实现与学校的发展规划有着密切的内在关联。如何通过实际行动,把理念化

---

[1] Fullan, M. G. The new meaning of educational change [M]. New York: Teachers College, 1991:377 - 379.

为行动,把愿景转化为现实,是学校愿景领导的核心所在。[1] 基于这样的认识,育贤小学注重通过阶段性的发展规划,不断梳理学校发展面临的问题,通过科学分析,厘清学校未来发展的理念、路径和方法。这种动态的自我反思,确保学校能够始终处于一种自我变革创新的发展历程之中,也能够为学校持续提升治理能力的现代化提供引领。本部分之中,将呈现学校最新一轮发展规划,通过文本的呈现彰显学校依托精准规划明确发展愿景,并将发展愿景逐步转化为办学治校实践和成效的设计与思考。

自 2020 年开始,学校着手制定"十四五"发展规划。回望"十三五"建校历程,学校取得了长足的发展,也获得了学生、家长、社会的肯定。"十四五"开局,如何站在新时代的历史方位,找准学校"十四五"发展的坐标,明确目标设定及重点任务,这是我作为校长,需要深度思考的重大问题。

在规划制定的过程中,我们力求做到承担区域教育改革发展使命和促进学校整体办学提升两个维度的价值。学校全体教师,认真学习区教育局主要领导关于"成长教育的新时代意义"的专题讲座,学习了上海基础教育"十四五"规划,体会从"现代化"到"高品质"转型的教育需求;学习《奉贤区关于全面建设南上海品质教育区的若干意见》《奉贤区教育事业发展"十四五"规划》等一系列文件精神,结合学校实际和再发展的需要,制定了以"育贤教育开新局,品质发展创未来"为主题的育贤小学"十四五"学校发展规划。

在制订规划过程中我们将"创新成长、品质提升、品牌打造"作为核心要求,力求做到:顶层设计有新思路、学校管理有新变革、课程教学有新样式、教师素养有新高度、学生成长有新起点、校园文化有新亮点、办学品质有新提升。

(一) 梳理学校发展的现存问题

在"十四五"规划的制定过程中,我们坚持以校本性的、关联性的问题思考来引领整个规划设计的进程。我们的思考之一,就是在现状分析中我们着重找准存在的问题和发展的差距,因为问题和差距是我们确立新目标的依据,是再发展的生长点。

---

[1] 王红岩,熊梅.论学校愿景领导的内涵及过程[J].东北师大学报(哲学社会科学版),2010,(05).

总结"十三五"期间学校的改革发展，聚焦新时代学校办学和发展的任务要求，我们认为，育贤小学主要存在以下几个方面的发展困境和问题。

其一，管理团队的创新意识和引领能力亟待进一步增强。由于领导管理团队成员的任职年限和历练程度不一，其管理能力和水平，尤其是在适应高品质办学要求上存在差异和不足。

其二，学科研究的纵深推进和轻负高效亟待进一步深化。在"五项管理""课后服务""双减"等背景下，各学科在基于学生发展需求的个性化设计方面还比较薄弱，基于学生新成长发展需要的学科育人价值的综合研究还不够深入等，这一系列的问题都亟待在今后的实践中予以解决。

其三，教师队伍的结构合理和专业成长亟待进一步提速。随着办学规模的逐步扩大，学校教师队伍不断壮大并日趋年轻化。学校虽然有一定数量的区级名教师、优秀骨干教师和优秀青年教师，但数量不足，青年教师的专业化发展也需进一步深入。

其四，学生活动的横向整合和纵向有序亟待进一步优化。基于学生发展的综合性需求，以促进学生综合素质持续发展为核心的"培育小心愿、圆梦小贤人"综合活动及"校园八大节"等系列活动缺乏顶层设计层面的系统思考和策划，也需要学校在后续的规划中加以思考和设计。

（二）明确学校发展的目标定位

基于学校存在的现实问题，从多个维度确定学校未来五年发展的目标定位，形成引领学校整体发展的共同愿景。我们的思考之二，就是将学校发展顶层设计的清晰、完善作为重中之重，因为这不仅是学校发展的核心内容，也是办学品质提升的前提条件。在这种思考中，我们对学校未来五年的发展指导思想、办学目标、人才培养目标等进行了整体性的设计，并将之作为学校未来发展的重要精神引领。

1. 指导思想

以习近平新时代中国特色社会主义思想为指导，依据上海率先实现教育现代化的总体目标定位，聚焦奉贤区教育领域综合改革的要求，坚定不移地推进育贤小学的综合改革，以办老百姓满意的家门口好学校为目标，以深化教育教学改革为主线，积极推进素质教育，全面提升学校的办学品质。

2. 办学目标

学校秉承"为了实现每一个孩子的美好心愿"的办学理念,以"养贤明之德、育贤达之人"为办学宗旨;以"精细的学校管理""精致的课堂教学""精美的校园文化"为办学特色。努力建设环境优美的温馨家园、快乐学习的启智学园、尽情体验的成长乐园、全面发展的五彩校园,把育贤小学办成教学有特点、学生有特长、学校有特色的区域新优质学校。

3. 育人目标

传承贤文化,培育小贤人,使每一个孩子成为"明事理、爱学习、乐运动、会审美、勤实践"的新时代小贤人。

4. 工作策略

(1)学校管理精细化。确立学校发展思路,做好学校顶层设计,形成民主科学的校本管理构架,逐步建立健全学校各项规章制度,力求层层完善、系统健康,权力层层有、任务个个担、责任人人负。在日常的管理中,做到每一个步骤精心,每一个环节精细,每一项工作出精品,精心是态度,精细是过程,精品是成绩。让"精细化"成为学校的灵魂,让学校管理随着精细化一起舞动。

(2)校园文化精美化。充分发挥育贤小学高标准、高配置、现代化的校园环境优势,不断赋予校园环境更多彩、有特色的人文内涵和文化底蕴。创设并开展艺术、科技、体育等方面的校园文化活动,以陶冶学生情操,滋养学生心灵。营造和润的育贤氛围,学会欣赏同伴,学会悦纳自己,使校园真正成为学生成长的摇篮,教师成就事业的舞台。

(3)课程教学人文化。落实市教委"基于课程标准的教学与评价"精神,全面贯彻实施国家课程,探索三类课程的融合实施。深化教育教学改革,聚焦课堂教学,改进教学行为,开展绿色教学质量监控,提升教学效能。开发并逐步形成具有育贤特色的"贤育"校本课程,培养学生的兴趣和特长,满足学生多元发展需求。

(4)教师发展专业化。加强教师职业理想和师德修养的建设,以育贤小学教风"修德修业、求真求新"为引领,成立德育名师工作室,开展职初教师应知应会培训,搭建青年教师发展的平台,分层培养,打造贤师队伍的团队精神、专业素养和专业能力。

(5)学生成长多元化。发扬"善学善思、自律自励"的学风,加强行为规范教育,初步构建具有学校特色的行为规范教育分年级实施方案,培养学生良好的学习习惯和行为习惯。艺术、科技、体育三科并举,重视班级文化建设,提高自主管理能力,促进学生多元发展。

(三) 设计学校发展的关键策略

学校发展规划重在落实。我们的思考之三,就是首次在发展规划中提出了办学策略的概念,我们认为策略是体现办学理念,实现育人目标,提升办学品质的关键要素。

我们从过去的办学实践中总结出成功的经验,形成办学的策略,又作用于办学的再实践。我们的基本策略是:

其一,实现孩子美好心愿与培育现代小贤人相结合。我们要将教育过程与教育目标有机结合起来,将实现一个个近期的小目标与实现长远的大目标有机结合起来,使我们的教育既有明确的方向,又有扎实的过程。

其二,学生做现代小贤人与教师做现代贤人相结合。要培育学生成为现代小贤人,首先教师要做现代贤人。我们力图建立新型的师生关系,教师要以身立教,为人师表,学生要好学上进,尊师重教,师生教学相长。

其三,课程和教学改革与减轻负担提高质量相结合。"双减"政策背景下,"减轻负担提高质量"是当前教育改革的核心内容。我们以此为抓手,转变教和学的方式和重建学校教学管理制度。打通三类课程的知识与能力的壁垒,优化完善学校课程体系。

其四,主要项目建设与打造育贤小学的品牌相结合。学校特色品牌的创建要与主要项目打造一路同行。我们以品牌项目为抓手,精心制定学校特色建设的发展规划,让品牌项目在实践中完善,在完善中发展,把品牌擦亮。

其五,立足于自主办学与借助外力协同育人相结合。我校有世界外国语小学、静安一中心小学等优质资源,同时在学校、家庭、社会协同育人等方面有一定的基础,我们将更好地借助外力,为育贤小学高品质的发展服务。

基于上述基本策略,我们又进行了第四个维度的思考,也就是要尽可能地让主要工作体现办学理念,围绕育人目标,切合工作实际。重点在于明确:做什么,怎么做,做到怎样? 我们认为,学校主要工作也是学校实现新成长、高品质和品牌化的主要载体。未来五年的发展,学校主要要做好六大工作:

培育贤达教师,让教育更有情怀(师资队伍);

坚守育贤宗旨,让管理更有温度(学校管理);

点亮美好心愿,让童心更闪光芒(学生德育);

深耕心愿课程,让成长更趋多元(课程建设);

打造人文课堂,让学习更有深度(教学改革);

营造活力家园,让办学更有品质(校园文化)。

(四) 实施学校发展的主要项目

学校发展规划的实践,需要相应的项目为支撑和抓手。我们的思考之四,就是坚持以重点项目建设为抓手,在现有基础上全力打造学校品牌,让育贤小学更有品质、更有活力,更有知名度和美誉度。一方面,围绕"以劳育贤——让劳动教育活起来;小贤人微社会——让成长体验更有效;自助式教学——让轻负高质成现实"三个关键领域进行探索,尽快尽多地打造学校办学特色;另一方面,着眼学校整体改革发展,对标现代学校治理体系建设的丰富性、系统性,对未来五年学校改革发展的主要内容、主要领域、主要工作进行设计,形成指引学校未来发展的宏观思路。在此基础上,突出七个领域的重点项目建设,明确项目的目标和举措,形成具体的学校发展路径。

1. 精细管理　追求卓越

项目一：精益求精　提升品质

目标:

全面实施精细化管理,建设精细化与人本化相结合的学校管理文化,逐步建立与区域教育评价改革、学校精细化管理要求相一致的工作机制。

坚持学校"以人为本"的民主管理模式,进一步注重"规划计划制定与实施""管理制度与工作机制""管理团队建设与工作效率""过程监控与评价激励"等环节。

进一步提高学校管理人员的责任意识,建设一支作风民主、亲和力强、办事效率高的智慧型管理团队。

举措:

进一步树立依法办学的理念,加强教职工对教育法律、法规的学习,以学校的章程为管理依据,进一步完善学校的各项规章制度,着重细化各类考核评价制度,抓好对各类制度有效落实的督查。

规范地实施党组织领导下的校长负责制,进一步树立"以人为本"的现代学校管理理念,推进学校民主化建设,认真执行校务公开制度,继续发挥工会、教代会的桥梁纽带作用,不断提高教职工参政议政的意识和能力,各项工作广泛听取和征询教职工的意见和建议,提高教职工对学校各项发展举措的认同度,增强学校的凝聚力。

进一步实施各条块工作的精细化管理,重视"检查—反馈—整改"环节的落实,向精细化管理要质量。

依托区域范围内"教职工全员岗位竞聘工作"实施的契机,进一步完善教职工的岗位聘任方案,积极引入竞争激励机制,做好本校教职工的岗位聘任工作。结合学校教育教学改革的实际,进一步完善绩效奖励方案。

注重提升管理队伍的主动发展意识和创新发展能力,班子成员要在各自条线工作中,主动适应教改要求,不断地学会反思,凸显智慧管理,根据学校发展目标和工作重点,创新地组织和开展管理工作,努力将各自分管条线的工作做好、做优。

项目二:安全防范　务求实效

目标:

全面实施《上海市中小学幼儿园安全防范管理基本要求》强制性地方标准,完善学校安全管理制度,强化校园隐患治理和安全专项检查,做到组织领导到位、宣传教育到位、管理措施到位、工作实效到位,实现校园安全管理和教育的常规化、规范化,努力创建上海市安全文明校园。

举措:

加强安全硬件建设,认真落实"人防、技防、物防"三位一体的防范措施。配备了专职、专业的门卫保安,并对其进行严格的上岗安全保卫培训;严格校园红外线报警装置的使用管理,做好设防撤防记录;校园视频探头坚持学校行政总值日每日检查制度,经常性校对设备运行时间;对所有消防设备,进行定期维护、更新。

切实做好安全自查,落实各项安全制度。学校经常召开领导小组专题会议,认真排摸来自各个方面的安全隐患。通过排摸、列举、教育,增强了全体师生的安全意识。

认真做好值日护导,尽力减少事故发生。值日组长和行政值日加大课间午间的巡视力度,一旦发现学生伤害事件及时处置。学生放学由班主任护送路队出校,行政值日进行考核,实行错时放学,保证学生安全离校。

加强安全管理工作,妥善处理伤害事故。各班主任对班内学生严格管理,及时掌握、及时上报、及时调解,防止恶性事故发生。同时学校成立校园伤害事故处置小组,一旦发生伤害事故,按照相关工作流程及时妥善处理,为学生着想,让家长放心。

2. 贤雅文化　浸润心灵

项目一:贤雅之韵　凸显文化

目标:

积极贯彻"明理　笃行"的校训,进一步挖掘校训和学校"三风"的内涵,开展"校训指引我成长"主题教育活动,加强学校的校风、教风、学风建设。

做好班级文化建设,创建温馨教室,提升班级凝聚力。

完成尚贤皮影馆创建,优化专用教室、走廊、橱窗文化布置,体现个性化的育贤文化。

举措:

充分挖掘文化资源,优化文化设施的育人功能,紧紧围绕校训和校风,营造和润的育贤氛围。

检查反馈,责任落实,让校园干净、整洁,地面不见垃圾,无卫生死角;教室窗明桌净,班级的墙面设计与布局,给人赏心悦目之感。师生齐动手,让班级文化为学生怡情益智。

进一步推进"一班一品"的班级文化创建活动,努力打造"班班创特色,队队有亮点,人人展风采"的班级文化建设品牌。组织班级文化项目展示活动。

项目二:明理笃行　凝练精神

目标:

办好读书节、艺术节、科技节、体育节、丰收节、自立节、礼仪节、启职节等校园文化节日活动,使学生的个性专长得到发展。

进一步建立践行"明理笃行"学校文化的有效途径和工作机制,努力使"自强不息、追求卓越"学校精神成为学校师生自觉的、共同的价值追求,成为学校的特色文化。

举措:

大力弘扬"自强不息、追求卓越"的育贤精神,为学校的建设和发展建立新功。

"城市学校少年宫""快乐30分""快乐星期五"等活动,以活动促发展,创设育贤文化精品。加强学生社团活动的组织与管理,积极开展丰富多彩的社团活动,让学生成为善学、善思、自律、自励的"现代小贤人"。

利用校园网络、电视台,丰富文化表现形式,弘扬育贤正能量,促进师生健康成长。

建立健全各类规章制度和激励机制,确保校园生活的各个领域活动能有序地进行,让制度文化规范师生言行,实现美好心愿。

3. 育人为本　德育为先

项目一:校园"微社会"构建

目标:

通过在"微社会"情境中体验、探究、发现,激励孩子自我约束、自我管理、自我成长,为孩子的终身发展打下基础。

以心愿币、心愿超市、心愿银行、心愿菜园等为链,营造出"突破边界"的生态育人环境。

在接触社会、模拟生活中规范学生的日常行为,锻炼学生劳动、理财、随机应变等能力,及时发现每个学生身上的闪光点,以此促进学生多元发展。

举措:

精心设计"微社会"场所。开辟校内"微社会"实践场所如心愿超市、心愿银行、心愿菜园,进行系列主题教育。

系统设计"微社会"生态链。依据"微社会"组织形态设立银行、超市、菜园等,以心愿币为媒介奖励在实践活动、相关比赛、岗位任务等方面的优良表现,奖励标准统一。

完善设计"微社会"评价体系。设计"微社会"的评价制度,主要通过心愿币的正面激励评价为主,也可通过心愿银行以定期储蓄理财形式进行心愿币的回笼。

项目二:贤爸贤妈　携手成长

目标:

形成一支致力学生、学校共同成长的有责任、有担当的家长志愿者队伍。成立"爸妈进课堂"志愿者讲师团,资源共享,让更多学生受益。

持续推进"家长开放日""爸妈课堂""贤爸贤妈快乐成长营"等活动,完成校本实施方案及营员评价手册,形成家校共育小课程。

规范实践基地,签订共建协议,形成适应各年级段的校外实践体系,尝试开发校外实践基地"微课程"。

争创上海市家庭教育示范校。

举措:

优化团队,形成规范。优化学校家庭教育工作小组,发挥三级家委会作用,明确成员分工和职责。形成校本实施方案和评价手册,为孩子的健康成长保驾护航。

抓实常规,形成机制。巩固、规范家委会成员"一日校长"驻校巡检制,"家长开放日"活动各年级形成序列化。

开发课程,形成经验。鼓励全体家长参与到家长学校的课程建设和落实之中,完成"1+1+1,成长100分"家长学校目标。

挖掘资源,形成特色。从家长、社区中挖掘优质的教育资源,成为学校德育社会实践基地,开展内容丰富、形式新颖的实践、体验活动。成立"爸妈进课堂"志愿者讲师团,形成校本课程,资源共享,通过走进来、走出去的形式,结合假日小队活动、主题班会等教育实施途径,落实课程,让更多学生受益。

4. 课堂变革 以研促教

项目一:"小心愿课程"项目

目标:

学校将市教委规定的刚性课程(基础型课程)与学校校本实施的柔性课程(拓展型课程、探究型课程)进行梳理与整合,形成学校特色的"小心愿课程"体系。在此基础上,学校将继续开展"小心愿课程"的校本化探索与实施,扎实开展促进学生基础素养发展的有品质的课程建设,包括主题式综合实践活动、阅读课程、STEAM 课程等,着眼于满足学生的发展需要及适应社会的需求。

举措:

整合资源,开发课程。整合各种教育信息和资源,从校园文化、学生兴趣、教师特长和周边资源、家长资源、校际交流等方面开展校内外调查,进行基础型课程校本化实施以及拓展型与探究型课程的校本开发。

规范实施,确保质效。学校将三类课程的目标和内容进行解构,以"心愿教育"理念为逻辑和主线,进一步完善"小心愿课程"逻辑图,以"小心愿课程"体系来整合学校内外的各种资源,形成包括基础型课程、1＋X课程、心愿活动、快乐星期五、缤纷30分、城市少年宫等课程在内的教育链,将教育目的和本质回归到人的自身,为学生成长服务,使学校成为儿童心愿的孕育所。

基于校本,培育特色。积极开展国家课程校本化、校本课程特色化实施,重视校本课程开发,注重培育特色学科和特色课程。学过跨学科综合实践课程、STEAM课程、"I阅读,I英语"英语分级阅读教学、"小雪人"语社等特色课程拓展学生学习的外延空间,实现课内到课外的有效迁移,从而使学校的校本课程真正惠及每一位学生。

项目二：学习基础素养项目

目标：

学校在2018年10月成为上海市教育科学研究院普教所夏雪梅博士领衔的"学习基础素养项目"的第二批项目学校。学校将在以学习为中心、游戏化、项目化学习等领域进行探索,开展PBL项目化学习、"未来数字小公民"媒介素养培育课程等方面的课堂教学实践研究,致力于探索项目化学习与本土课程和教学之间的融合。

举措：

加强教师培训。学校将继续借助"文馨讲坛""青年教师成长坊""学科工作室"等渠道,聘请专家、名师开设相关讲座;也将选派优秀教师观摩与学习PBL教学、媒介素养课程等实践活动,使教师深刻理解学习基础素养的精髓,掌握新的教学方法,开展新的教学实践与评价。

推进课程实施。在前期教师培训的基础上,学校将分年级进行课程研发与课程实施,按照学生的身心特点开展对应的主题项目,为学生提供丰富的学习资源和探讨空间,充分调动学生探究未知的积极性,在教师或家长帮助下,学生以小组合作的形式获得阶段性学习成果并与他人分享,最终解决项目的核心问题。同时,以项目引领各学科教师的校本研修将激活教师的教学潜能,促进教师专业素养的提升,让课程与教师协同发展,进一步提升学校的办学品质。

落实资源保障。学校以基础型课堂为载体,从一个学科出发、多个学科融合,逐步向拓展型课程延伸。在课时上有周课时、月课时、学期的阶段性课时,同时根据项目需要,有35分钟、70分钟的课,以一种比较灵活的课时安排,使得学习基础素养项目学习能够顺利推进和落实。在学习环境创设方面,学校将在"智慧课堂"建设方面为项目化学习提供良好的信息化平台。

5. 贤达教师　修德为先

项目一：榜样引领　争创先锋

目标：

加强党员、干部队伍建设，充分发挥党支部的政治核心和党员的先锋模范作用。积极组织开展"教育先锋"争创活动，以"三严三实"为标准，全面把握忠诚、干净、担当的本质要求，激发领导干部、广大党员的生机活力，推动学校教育工作健康持续发展。争取评为南桥镇先进党支部。

举措：

积极开展"一名党员一面旗帜"的立足岗位、践行诺言、争创先锋行动。更好地发挥党员先锋模范作用，以党风促政风，以师风促行风，开展"让学生健康成长""走进学生心灵"活动，并按要求做好与一名行为偏差学生的结对跟踪帮教工作。

把党员的身份亮出来，党支部利用学校网站和岗位牌公开学校党员教师身份、岗位和诺言，以领先的思想和模范的言行去引领组内群众，每名党员联系一名群众做好思想工作或带教一名老师做好传帮带工作。使支部每个党员始终成为组室文明创建的引路人，教育教学工作的领路人，教学改革的攻坚人，化解矛盾的知心人，关心群众的贴心人，真正成为群众的知心朋友。

以"信任、责任、担当"为主题，坚持每月组织党团员参加"环境清洁日"活动，使广大党员干部和师生真诚服务社区，积极参加创建"全国文明城区"活动。

坚持党管干部原则，制定和执行好《育贤小学党支部加强学校领导班子和干部队伍建设的实施意见》，加强学校中层干部的培养、考察和任用工作，优化干部梯队年龄和知识结构，培养信念坚定、敢于担当、善于突破的高素质干部。

项目二：勤于修身　严于修德

目标：

贯彻落实《中小学教师职业道德规范》，进一步深化师德建设，提升师德建设内涵。

以促进教师成长为目标，建立长效激励机制，形成正确的师德导向，增强教师职业的神圣感和使命感。

大力弘扬教师爱岗敬业、为人师表的精神，促进师德教育的制度化、科学化、经常化,增强师德教育的实效。

举措:

营造积极向上的师德环境,教师队伍建设的核心是教师的师德建设,我校的师德建设工作要坚持正面导向、榜样激励,多渠道、多层次地开展各种形式的师德教育,在我校教师中形成崇尚先进、学习先进的风气,进一步完善育贤小学教师师德规范、考核办法、奖励条例、处罚条例。

积极贯彻《中小学教师职业道德规范》,每年确立一个师德主题教育项目,开展好具有本校特色的每年一届的"师德建设月"活动,组织好每年一届的"最美育贤人"评选活动,以教师身边的师德典范影响教师。进一步完善师德考核机制,完善师德档案制度。

开展"以校兴为己任,为学校做贡献"主题系列教育活动,通过征文、演讲、研讨会、进言献策等活动,使教师将自身发展与学校发展联系起来,激发教师主人翁责任感,充分发挥教师的自觉性、积极性、主动性、创造性。

6. 梯队建设 扎实推进

项目一:"青年成长润校园"

目标:

培养一支热爱教育事业,具有强烈的事业心和责任感、高尚的职业道德修养的青年教师队伍。

加速青年教师的成长,让他们一年站稳讲台,三年胜任岗位,五年成为骨干。

举措:

完善培养方案。进一步完善本校的《职初教师带教培养方案》,密切配合基地学校做好每年见习期教师的规范化培训工作。加大对职初教师培训的力度,促使他们尽早胜任教育教学工作。

开设诊断课。采用专人跟踪法,定期听课。每次诊断课都有明确的任务,着重诊断一个或几个方面的问题,对发现的较明显的毛病,及时指出,即时改正,不断提高青年教师的教学水平。

SMART 教师研修。依托世外教育集团优质资源,开展 SMART 教师研修活动。借助校本研修项目"青年教师校本研修工作坊"和三个学科工作室(语文、数学、英语)

以及"文馨讲坛"等平台,开展 SMART 教师专业培训,全面提高青年教师的课程开发力与执行力,形成人人争当"SMART 教师"的局面。

组织教学比武。组织好每年一届的青年教师教育教学基本功大赛和"育贤杯"青年教师课堂教学评比活动,使他们在不断的"拼搏"中走向成熟。

项目二:"骨干引领泽校园"项目

目标:

不断发展区、校级骨干教师队伍,努力培养一批在全区有一定知名度的校级骨干教师,由此建设一支结构更趋合理化的教师梯队。积极创建"区教师专业发展优秀校"。

加强"学科带头人、名师"的培养力度,五年内力争再培养 2—3 名有独特教学风格、并为学生和社会所认可的区学科带头人,发挥他们在专业领域的引领与示范作用。

举措:

进一步重视骨干教师的选拔和培养,完善导师带教制,充分利用"世外教育集团""教院附小教育集团"等教育教学资源,积极为他们创造区内外高层次的培训机会,搭建成长舞台,努力使他们在师德修养和专业发展方面在校内起示范作用。

按照《奉贤区卓越教师培养发展方案》,做好新一轮区名教师、优秀骨干教师、优秀青年教师的培养工作,积极发挥骨干教师的示范、辐射作用,落实考核、管理、评价等一系列制度,促进他们向更高层次迈进。

建立"学科工作室"。建立"学科工作室",完善带教制度,提高带教水平,加快骨干教师的培养步伐,力争在三年内使他们成为学校教育教学的骨干力量,五年内成为区域内有一定知名度的教师。

开展教育科研,提升理论水平。采用"带、帮、放"来提高教师的教科研水平:"带"——通过学校领导和科研骨干带课题,带教师,形成科研的氛围;"帮"——骨干教师帮助指导一般教师带课题,锻炼独立研究的能力;"放"——放手让教师搞课题研究,提高课题的参与率。

7. 后勤保障　力求高效

项目一:建设生态乐园,营造探究学园

目标:

注重学生学习兴趣的培养,切实落实素质教育理念,推进探究、实践相结合的创新实验室模式,推动我校基础型、拓展型课程的更优发展。依托市五项标准"育贤小学智能生态园"、教育局"星光灿烂·智能灌溉"两个建设项目,全力创建一个优美、舒适、充满创想空间、充分体验实践的快乐成长乐园,培养有想象、有创新、有实践能力的育贤学子。

通过项目建设,创建一个集放松休闲、生态探秘、体验劳动,以及享受成果为一体的综合生态实验平台,也让其成为校园的一处景点。

通过学生亲身探秘智慧生态园,实地体验绿植种植与观察生长过程,体验劳动的辛劳,享受成果的喜悦,激发学习动力,助力育人效果。

通过生态校园的体验,激发学生自主探究的意识,天马行空的创新思维,以及敢于实践的意识。

举措:

精心设计项目。根据学校的实际需求,统筹规划,整体设计,在校园建设一个智慧生态园,建设一个种植园,逐步打造育贤生态特色校园。

结合学校"小心愿"课程,聘请专业教师,开设拓展活动,并推进校本课程的编撰。以项目为抓手,开展项目管理的论文与课题研究,并在区级以上刊物发表。

加强校园绿地管理与养护,加强对校园绿化的养护,形成布局合理、动静结合、四季花香的温馨校园。加强项目的延伸管理,积极申报校园生态的二期项目建设,在不减少绿化面积的前提下,进行局部的功能修改。

项目二:创设信息平台,打造智慧校园

目标:

通过建设智慧校园平台,提高学校教育的信息化水平,探索基于大数据模式下的学校信息化管理模式,应用于学校管理,助力教育教学应用,构建智慧后勤形式。逐步解决校园管理高效协同、教育教学全向交互,实现完整统一、覆盖全面、应用深入、高效安全的智慧校园。

举措:

综合调研。了解实际需求,整合现有平台功能,做到平台的互通互联互助。

智慧管理。协同构建覆盖全校工作流程的、协同的管理办公体系,通过学校管理、教务管理、评价管理、后勤管理信息的同步、共享、反馈,畅通家校的信息流。

智慧教学。整合现有设备,通过共享共建丰富教学资源,结合"育贤杯""云平台""云课堂""快乐博览园"等活动,创造主动、协同的智慧学习共享环境。

智慧服务。构建后勤保障服务环境,全面提升后勤服务质量。实现师生的管理、教学、学习、生活等活动的一体式服务,提高后勤服务水平。

(五) 完善学校发展的保障系统

着眼学校发展的系统性,从三个维度建构学校未来发展的保障体系。

1. 组织保障

建立以校长、书记任组长,学校班子成员为组员,各条线分管领导为有关项目的负责人的学校规划实施领导小组,由各部门对相应的目标任务和措施落实进行阶段性地分解实施,以条线部门负责制的方式落实到部门,责任到人,保障从实施到检测,从评价到反馈,从反思到整改都能从组织和人员上有保障。

同时聘请学校发展的专家导师团,并以此为依托,对规划的制定、实施、评估与检测等工作全程性指导和协调。

2. 制度保障

加强目标管理,根据规划实施过程的实际情况对本规划不断修订、完善、提高,并对实施过程进行调控和改进。以学校改革的实际梳理学校的相关制度要求,不断完善校内各项规章制度,同时形成学校的制度文本汇总。

3. 资源保障

学校充分寻求各方支持,整合地方政府、教育行政部门、社区、家长以及教育教学科研机构等各方资源,为学校五年规划的顺利实施提供充分有效的资源保障。

4. 机制保障

学校为更好地落实规划提出的各项任务,建立有效的激励机制、评估机制。

激励机制:学校努力构建物质激励与精神激励相结合的激励机制,以工作激励、荣誉激励、发展激励等正激励手段满足教师专业发展的有效需求,创设和谐的工作环境,让全体教职工立足岗位,挖潜增效。

评估机制:成立学校发展规划制定、实施与监控小组,分别参与学校发展规划的制定、实施和监督、检查、指导和评估。通过自下而上的方法，广泛征求意见，认真组织学习，开展学校现状的诊断自评。

三、以精美的文化提升学校育人效能

学校之间最根本差异在于文化的不同。[1] 学校文化是学校的灵魂，对学校的改革和整体发展起着至关重要的作用。[2] 因此，不论是基于学校特色发展的需要，还是基于办学品质提升的需要，都需要着力打造优质的学校文化，要注重文化独特育人价值的发挥。

育贤小学是一所高起点、高标准的公办小学。优美的校园、崭新的建筑、先进的设施，令每一位"育贤"创办者骄傲与自豪。但同时我们又深感责任和使命：如何增强学校的核心竞争力，把学校建成师生满意、家长赞誉、社会肯定的家门口的优质学校？如何提升学校办学品位，拓宽学校未来的发展前景？其重要的一环就是要凸显文化育人的魅力。

基于这样一种前瞻性的思考，我校在办学之初便确立了"文化育人"的战略目标及"养贤明之德　育贤达之人"的办学宗旨。我们从学校文化建设入手，加强校园文化建设，展示学校个性魅力和办学特色，以适应培养高素质人才的内在需求，多年来，我们进行了一些探索与实践。

（一）营造育人人本文化

学校文化建设一定要突出人本文化建设。要依据现代教育的管理思想，倡导人文情怀，突出以人为本的管理理念。学校管理者不但要对全校师生进行严格管理，还要对他们充满爱心，用极大的热情去关怀爱护每一位师生。

文化育人不是一朝一夕之事，它需要学校文化的积淀和历史传承，更需要先进的

[1] 权迎.学校文化育人模式实施探讨[J].中国教育学刊,2013,(06).
[2] 崔允漷,周文叶.学校文化建设:一种专业的视角[J].教育发展研究,2007,(5A).

教育理念来引领。先进的办学理念是学校文化的最基本的思想内涵,是改进办学行为的理论先导,也是一所学校的灵魂和旗帜。

而办学理念主要渗透于校训、校风、校园文化及师生的精神风貌之中。学校师生对先进理念经久不衰的追求和卓有成就的建树,定能营造学校文化的特色,甚至可打造出有口皆碑的学校文化品牌来。

在中国及西方近现代教育史上,这样的名校不乏其例,有些名校虽已历时百年,但初创时植下的文化根脉一直绵延至今。仅以本市的一些中学为例,即可洞彻先进理念在人才培养中的独特魅力。上海中学的"乐育菁英"引导学生、教师、学校走出上海、比肩国际;大同中学的"育人为本、德育为先、服务社会、发展自我"使学校内涵发展的道路越走越宽。这些成功的范例给了学校先进文化理念最好的诠释。

作为一所学校,必须有自己的个性追求,应有自己的办学目标、核心理念。办学目标——应该是校长对学校发展的一种定位。它是一种目标导向,如果学校是一艘船,校长就是船长,目标就应该是船预期到达的目的地;核心办学理念——好比船的动力和航向,应该是具体实在的;校训——应该是师生核心价值观的最简洁的体现。

我校办学宗旨是"养贤明之德 育贤达之人"。贤明之德,意味着有道德、有才能之人;贤达之人,意味着富有智慧、内心达观、适应未来发展之人。这一宗旨和理念意味着,学校教育一是为学生健康人格奠基,培养学生乐观、豁达、诚信、友善的人生品格;二是为学生的终身学习奠基,培养学生终身学习的意识及能力;三是为学生实现美好未来奠基,培养学生见贤思齐,悦纳多元文化,志存高远,实现美好理想。

我校的办学理念是"为了实现每一个孩子的美好心愿"。如果说培养现代小贤人是教育目标,那么实现每个孩子的美好心愿就是教育过程,这是我们对"坚守儿童立场,遵循教育规律"的集中体现。我们旨在让每一个育贤学子找寻到实践心愿的动力,拥有实现心愿的力量。

我校的校训是"明理 笃行"。所有育贤人在明理中笃行,在笃行中明理,学以致用,知行合一,循环往复。每一位师生都要在学习中增长知识、提升智慧、体验学习的快乐;在行动中培养能力、增强才干、走向美好的未来。

我们的教育追求是学校持续发展有动力,学生终身发展有基础。我们追求学生终身发展,教师专业发展,学校持续发展,实现学校有活力,教师有个性,学生有特长的目标。

以上理念的形成,凝聚了教师的战斗力,强化了班子的领导力,提升了工作的执行力。

(二) 营造育人精神文化

师生精神风貌,师生价值取向,是校园文化的最高层面,学校应开展有序列、有计划的心身活动,满足学生多样化发展需求。以教师的生命成长引领学生的生命成长;以教师的生命智慧培养学生的生命智慧;以教师生命的品质塑造学生生命的品质;以教师生命价值的提升激发学生生命价值的提升。

在精神文化的打造中,育贤小学认为,三个方面的工作尤为重要:

一要树立良好的教风。教师在日常教育教学以及学习过程中,要不断探索新理念、新方法,总结新经验,形成具有鲜明个性特点的教学风格,并以饱满的精神风貌,良好的师德风尚,服务教学、服务学生、服务社会。基于此,我们形成了"修德修业 求新求实"的教风。没有爱就没有教育,没有爱就没有成长。为了使育贤教师获得最大限度的成功,我们倡导"爱与尊重"的教风。"教育之爱"是我校"文化立校"的根基。如今漫步校园,琴声悠扬,鼓声阵阵,学生生龙活虎,校园一派生机和活力。

正是"为了实现每一个孩子的美好心愿"的办学理念以及"教育之爱"的文化追求,使育贤教师创造了"给学生写成长寄语,与结对孩子共进午餐,和每个学生交朋友"的爱心模式:爱的生长土壤是宽容。育贤校园里有一种浓浓的宽容、包容的氛围:允许学生犯错,鼓励老师创新,提倡相互悦纳和合作,尤其全员导师的推进,师生之间的距离更近了、情谊更深了,我们从中看到的是爱的力量,是文化的力量。

二要树立良好的学风。鼓励学生在长期的学习、生活实践过程中,养成良好的学习习惯、生活习惯、道德习惯和行为习惯,使学生在受教育阶段既成人又成才。基于此,我们形成了"善学善思 自律自立"的学风。我们倡导学生个性化学习、个性化成长,我们期待每一位育贤学子都遇见最好的自己。为此,我们在育贤校园内创造有助于生命涌动的环境,创造崇尚开放、多元的学习环境。在区学生活动节、学校各类"育贤之星"评选活动中,已有500多位学生分别获礼仪之星、艺术达人、体育达人、科技达人、文学之星等光荣称号。育贤校园内呈现出群星璀璨的喜人局面,育贤教育充满五彩缤纷的生命色彩。

三要树立良好的校风。校风是学风、教风以及学校的管理理念、办学思路、学校精神风貌等方面的总和。各方面风气正、理念新，良好的校风自然而然就会形成。基于此，我们形成了"崇真崇信 致和致远"的校风，并将之作为学校精神文化的最重要表达。

（三）营造育人制度文化

学校的制度建设是学校文化建设的政策保障，也是学校文化建设的重要内容。学校建立健全各项管理制度，就可以在具体教育教学中做到有章可循、有法可依。在制定各项制度的过程中，要站在科学发展观的高度，科学、合理地进行决策。

一是要从学校实际出发，实事求是地科学决策。

二是要集中群众智慧，实行民主化决策。

三是要以教学为中心，使制度服务于教育教学。

学校有没有活力，管理能否到位，取决于是否有一个能战斗、讲团结、重实干的领导班子。因此，我们积极推行行政工作分线负责制，各有其责，各负其责。工作每周安排，每周小结，推行行政例会制。实干兴教，首先从班子成员做起，校长要实干，班子成员要实干，教师要实干，三种群体都有"干"的内容和"干"的要求。

为了推动全校的教育教学水平，形成工作惯例和工作标准，让管理成为教师适应的管理，我们靠制度管人，人来做事，学校从岗位目标、教学教研、德育工作、党团工会、后勤管理、绩效评价六大方面，逐步制定和完善了八十五个工作职责、工作制度和管理方案。做到管理有抓手、教师有约束、工作有评价、教师有动力的管理机制。

（四）营造育人物质文化

校园物质文化是环境育人的重要内容，是实现精神文化的途径和载体。学校围绕"为了实现每一个孩子的美好心愿"的办学理念系统，创设"心愿文化"的不同呈现区域，营造和谐的文化氛围，让学生在潜移默化中增长知识，陶冶情操。

1. 营造学校文化氛围

我们让"心愿文化"布满校园——心愿大厅、中庭绿化、心愿长廊、心愿列车、乐耕园、心语轩、秀空间、心愿吧等学习空间展现了师生多彩的校园生活,滋养了学生的文明品行和个性成长。让校园墙壁无声说话——发挥环境育人的功能,校园墙面醒目处,中小学生行为规范、中小学生守则、光盘打卡、防疫童谣、行为规范晴雨表等一一上墙,处处洋溢文明与规范的气息。让身边榜样润泽成长——在学校宣传栏、黑板报、红领巾广播、十分钟队会等宣传阵地中广泛宣扬优秀事例,"最美育贤人""心愿小达人"等典型榜样传播着正能量,校园成为学生幸福成长的摇篮。

心愿主题环境:学校为每一位学生创设属于他们"心愿墙""心愿角""心愿栏",让每一个孩子许下自己的小小心愿,让文化塑造自我教育,达成自我成长。

主题文化墙:每一间教室的毛毡布由学生自己手工 DIY 布置,可以布置榜样荣誉墙、生日角、主题文化展示等。

秀空间:学校把"show 空间""尚贤皮影馆""茶艺教室""乐耕园"等空间交给学生,秀出自己的才能,实现每一个孩子的美好心愿。

推陈出新的班级文化:每月开展"新成长班集体"创建评比,以微信推送形式进行表彰、宣传。教室窗明几净,让每一堵墙壁都"说话",每个班级的墙面都包上毛毡布,结合每月活动主题,师生、家长齐动手,布置温馨而有个性的班级文化。各班级板块相同、主题各异,学生从自己感兴趣的领域自主选择,浩瀚宇宙、京剧文化、海底世界、丛林探秘、劳动最光荣、昆虫总动员等主题,个性鲜明地彰显着各班的班级文化内涵;"中队风采""小贤人榜""六小争章""主题活动""荣誉榜""心愿角""公示栏""植物角""读书角"等九大板块,每个板块都有个性化的内容和个性化的呈现。家一样的教室环境让孩子们更加热爱班级、友爱伙伴,增强孩子们的集体荣誉感和主人翁精神。

寓德于行的餐厅文化:各种名言警句,励志标准,劝善、节约口号,每月一次文明餐桌评比。

2. 精心设计特色活动

任何学校的活动都是有目标的,为学校的日常运作赋予更深层次的意义和价值,让每一个师生都有机会思考什么是重要的,从而使普通的事件成为不普通的经历,对参与者产生积极的、正向的影响。

我们设立"校园八大节",将校园节庆活动融入育人文化的营造中去。引导学生在文化活动中许下心愿、树立信心、明确目标、达成所愿,培养明事理、爱学习、乐运动、会审美、勤实践的现代小贤人!

学校以劳动教育为突破口,开辟了占地面积近 200 平方米的"乐耕园"学生劳动实践基地,做到班班有基地、人人有任务,开展基于"乐耕园"的主题综合活动,学生在"春播、夏种、秋收、冬藏"四季课程中体验劳动的艰辛与快乐,把所学所知转化为自身的劳动习惯与劳动素养。学校也把劳动教育融入"校园八大节",在"自立节""启职节""科技节"等校本节庆活动中开展劳动技能训练与展示,逐步推进"小贤人微社会"劳动实践平台建设,在校园内打造真实的生活场景,学生开展社会角色扮演和劳动体验。

我们拓宽劳动空间,丰富劳动载体,搭建多元的劳动教育活动平台,今年新开张的"心愿吧"就成为了孩子们最喜欢的校内劳动实践基地,从"心愿吧"标志征集,到人气票选,到小超市营业员的培训上岗,再到心愿吧营业后的人气爆棚,在校园内打造真实生活场景,掀起了育贤校园的一股潮流。

学校营造劳动的氛围,鼓励学生自主自发地进行多样劳动,在平时的学习生活中渗透劳动素养。

3. 认真挖掘身边故事

文化中最有生命力的内容就是故事。我们让教师主动记录自己的教育故事,通过讲述浅显易懂的故事,揭示深刻的价值理念,说者娓娓道来,听者回味无穷。以故事来印证和传播文化,是一种很好的方式。2020 年疫情期间,我们就设立了"育贤故事"栏目,让老师讲讲育贤的创办故事、说说教学的感人故事,人人参与育贤故事的撰写。去年这本"育贤叙事故事"——《为了每一个孩子的美好心愿》正式出版了,这里汇集了学校里发生的多姿多彩的故事,老师们的感动、学生们的快乐、家长们的心声,在这本书里用文字一一流露。而这些故事恰恰最能激发人们的想象,温暖人们的心田,也最能体现学校的精神。每一所学校的管理者都要学会挖掘校园内的典型事例,并通过适当的形式和载体予以传播,用鲜活感人的故事触动师生的心灵,同时这也是一种无形的育人。

学校中的榜样人物给学生提供了一个个有形的、可以效仿的榜样,没有楷模人物的学校文化是不完备的,也是难以传播和传递的。育贤小学公众号一以贯之地推出了

"育贤之星·最美育贤人"的栏目,这里不仅有敬业、乐业、爱业的教师,也有善学、乐学、爱学的学生,他们在育贤修德修业、求实求新;同时,每年教师节等也及时表彰十佳"最美育贤教师""最美育贤学子"等,让每一位在"养贤德·育贤人"的平凡道路上的践行者,成为一颗颗耀眼的星星……

4. 打造"小贤人微社会"

学校为学生开辟了心愿吧、乐耕园等活动阵地,将微型社会体系移入校园,我们以"小贤人微社会"项目为抓手,充分发挥学生"自我管理、自我教育、自我服务"的作用,积极探索与建构"小贤人微社会"少先队自治组织,运行"自主、自律、自治"的"三自"管理模式。结合行规教育、心理健康教育、贤文化教育等,拓宽小贤人微社会的项目目标和活动内容,以"心愿吧""银行""剧场""书屋"等为链,以"心愿币"为纽带,把校园中相对独立的劳动实践项目巧妙链接,在接触社会、模拟生活中规范学生的日常行为,促进学生多元发展。

5. 拓宽家校协同育人

"紫马甲"行动一直是育贤校园里一道亮丽的风景线。每天早上,无论刮风下雨,我们都能看见"紫马甲"在校门口守护孩子们的上学路。我们还将"紫马甲"内容延伸,注重对家长的教育指导,利用家长会、家长学校等开设心理辅导、家庭教育指导讲座,与学校家委会各部门有效链接,探索学校家委会组织的再开发再成长。帮助家长更新观念,树立科学的育儿方法,形成教育合力,家校携手育人。双休日的"贤爸贤妈快乐成长营"有"妈妈故事会""爸爸去哪儿""亲子摄影社"等课程,接地气的课程活动进一步提升了家长的教育理念,丰富了家长的教育方法,更促使孩子养成良好的行为习惯。

疫情期间,学校开展线上家长学校活动,帮助家长解除焦虑,丰富孩子线上线下的生活与学习;从学生返校复课开始,每天清晨,家长志愿者在校门口协助维持进校秩序,指导家长停放车辆、为孩子打开车门、牵着小朋友过马路……"紫马甲"们精神饱满地站在各自点位,笑容满脸地迎接到校学生及家长,除了保障孩子们的安全出行,家长们也为孩子树立了良好榜样,他们以身作则、言传身教,引领孩子成长为言行文明、乐于奉献的贤少年。

育贤学校治理保障之道

学校治理体系的建构和治理能力的提升是一个系统性工程,除了抓住人这个关键的治理因素之外,还需要有相应的保障体系。育贤小学在建构学校治理的保障体系过程中,有两个方面的思考是有借鉴价值的:

一方面,是刚性与柔性并重的制度保障。学校通过制度的健全,精细化管理的体系的打造,不断提升自身的民主管理水平,实现依法治校,加强党建工作,体现学校治理的刚性要求,注重统一规范的养成。同时,也通过充满人文色彩的文化建设,让教师充分体验幸福感、获得感,发挥文化的"软作用",形成一种内外兼顾、刚柔并济的保障体系,这是学校有序运行的前提和基础。

另一方面,是自我反思导向的学校规划保障。注重通过合理的学校发展规划不断破解学校问题,设计新的发展目标和思路,确定重点领域和行动方案,推动学校治理的各方面设想成为现实。在这一过程中,学校不是遵循制度性的外部要求和"条条框框"式的发展规划模板,而是真正从实际出发,通过一连串相关性问题的自我思考和回答,生成一种基于学校实际而又真正解决问题的发展规划制定之路,这也是学校治理不断走向优化,不断从思想层面走向实践层面的保障。

结语：心怀愿景 "育"见未来

党的十八大以来，打造公平而有质量的教育成为社会普遍关注的重要问题。农村教育是教育品质的"洼地"，提升农村教育的整体品位是教育公平而有质量发展的当务之急。2015年，肩负着城乡接合部百姓对于高质量基础教育的渴望，组织上安排我牵头筹建奉贤区育贤小学。按照区域教育改革发展的整体状态厘定学校的定位，在"高起点、高标准、高品质的现代化优质学校"办学愿景的引领下，我与班子成员一道，遵循规律，着眼"让每一个孩子的美好心愿在高质量学校教育中精彩绽放"的办学目标，通过课程、教学、管理、文化等一系列创新，推动学校办学整体高位发展。

8年的办学实践，也让我对教育的本原问题认识越发清晰。作为一校之长，推动教育创新，首先要有理性的思考。这种理性的思考集中体现为学校独特的教育哲学和信仰，核心就是学校办学使命的厘定、办学理念的凝练和育人目标的设计，这是学校教育创新的逻辑起点和最终归宿。

我认为，作为新时代、新创办的基础教育学校，一方面，必须坚持为党育人、为国育才的历史使命，另一方面，必须立足奉贤区域需求，打造南上海品质教育，凸显学校育人特色和品牌。基于上述理解，我牵头制定学校发展规划，明确了未来发展的历史使命。在广泛调研和细致思考的基础上，提出了鲜明而有个性的办学理念："为了实现每一个孩子的美好心愿"。这一办学理念体现了育贤小学对于教育本质、学校发展等根本性问题的回答——让每一个美好心愿得到实现，实际上就是要求学校教育能够充分理解学生、尊重学生，为学生的成长赋能，让学生在幸福温馨的校园之中获得全面、自由、幸福的成长。

"培养什么人""为谁培养人""怎样培养人"是教育的首要问题，对于学校而言，这一问题的回答集中体现在育人目标的科学设计之上。学校突出"养贤明之德 育贤达之人"的办学宗旨,着力培育"明事理、爱学习、乐运动、会审美、勤实践"的现代小贤人。"育现代小贤人"是一种面向全体学生的旨在涵养其适应未来社会需求的普惠型教育,关注每一个人、尊重每一个人、发展每一个人、成就每一个人是其内在价值与追求。

在这样的整体目标设计和引领下,我们着力围绕课程教学变革、教师队伍建设和特色教育品牌打造创新"育贤"的实践路径,点亮每个学生的美好心愿,办有温度的学校。学校整体办学知名度在短时间内就有了显著提升,我和我的团队,以一所高质量的新办学校初步成果回应了当初的承诺,也彰显了作为教育工作者的初心和使命。

创新是学校发展的不竭动力。除了抓住课程、师资等学校发展的"牛鼻子"之外,我始终坚持以系统管理的理念推进现代学校治理体系建构。经过多年的发展,学校特色文化浓郁,特色课程丰富,特色活动多彩,特色发展有效,在各个领域不断斩获佳绩,成为深受区域百姓和师生、家长信赖认可的优质学校。

依托创新发展,学校建立了高质量的"心愿教育"人才培养体系,让学生在经历"种心愿、长心愿、强心愿、亮心愿、圆心愿"的动态循环过程中学做现代小贤人。在近几年的上海市中小学生绿色指标测试、区毕业质量调研、区绿色指标调研中,学校均处于区域领先水平。如,2020年度市"绿色指标"测试,学校10项指标均在9分以上,尤其"高层次思维能力指数""学业成绩个体间均衡指数"远超区域平均水平,在各级各类赛事活动中,育贤学子们也屡获佳绩。

依托创新发展,学校打造了一支"德才兼备"的新时代贤师队伍。学校荣获"奉贤区教师专业发展优秀校"。在上海市见习教师规范化考核、奉贤区中青年教学评比、奉贤区新成长课堂教学评比等各项教学赛事上,育贤教师们喜讯连连,名列前茅。如,戴嘉俊、张佳婕分别获2018、2019年上海市见习教师规范化考核二等奖;2021—2022年分别为区教育学院、区督导评估中心输送了三位优秀青年。

回顾育贤小学创办以来的8年奋斗历程,我在推进学校整体设计和发展的过程中,始终恪守立德树人的根本任务,坚持聚焦学校的独特定位进行创新发展,逐步形成三个方面的创新价值:

第一个方面,是理念创新,我们在实践中设计了"三结合"的学校整体发展思路。其一,实现孩子美好心愿与培育现代小贤人相结合。将教育过程与教育目标有机结合起来,将实现一个个近期的小目标与实现长远的大目标有机结合起来。使我们的教育既有明确的方向，又有扎实的过程。其二，学生做现代小贤人与教师做现代贤人相结合。着眼"贤人"培育，建立新型的师生关系，教师以身立教，为人师表，学生好学上进，尊师重教，师生教学相长。其三，主要项目建设与打造育贤小学的品牌相结合。学校整体发展中，以品牌项目为抓手，精心制定学校特色建设的发展规划，让品牌项目在实践中完善，在完善中发展，把品牌擦亮。

第二个方面，是方法创新，我们在实践中形成了"三维度"的学校特色发展路径。其一，建构了特色化的心愿课程体系。以培养德智体美劳全面发展的"心愿少年"为课程建构和实施的重要价值指向，建构了具有特色的课程图谱，形成了包括学科课程、拓展课程、心愿之旅（快乐330、快乐星期五、城市少年宫）等课程在内的教育链。其二，打造了特色化的教师队伍。着眼学生美好心愿的满足，以科研活动为引领，以"课程教学"为主阵地，为教师搭建成长的舞台，共同探索"智慧地教、虚心地学、敬业地做"，着力打造一支有"敬业精神、专业智慧、乐业情怀"的"育贤"优质教师队伍。其三，凝练了特色化的学校文化。不断完善基于课程的目标愿景和心智模式，形成了具有显著学校标识的"心愿"文化，成为奉贤区知名的教育改革与创新品牌。

第三个方面，是成效创新，我们在实践中取得了"三层次"的学校创新发展成就。从整体发展看，学校办学品质不断提升，先后荣获全国"校园足球特色校"、全国"排球特色学校"、市安全文明校园、市"家庭示范教育示范校"、市"劳动教育特色校"，成为上海市"学习基础素养项目"项目学校和市"小学体育兴趣化试点学校"，每年斩获多项区级荣誉。从社会影响看，本人多篇反映学校改革发展成效的论文等发表于《上海教育》《现代教学》等，出版《为了每一个孩子的美好心愿》，文汇报、上海教育电视台、东方网等多家主流媒体对学校发展进行报道，取得了良好的社会反响。从辐射交流看，本人和学校积极承担社会责任，注重传播辐射学校发展经验。如以区重点课题研究为导向，与海南省教研员们从"小心愿"课程的整体建构、系统实施、评价探索及实践成效四个维度交流介绍，为跨区域课程建设与系统实施提供了借鉴样板与实践方案。

回顾学校的整体改革发展，8年历程，不长不短，已经有足够多的故事可以讲述，有足够多的回忆需要凝练。其中我最深刻的感受是，校长的成长与发展，必定是要与学校整体进步和谐共生的。从这个意义上说，与其说是我成就了一所学校，倒不如说是学校成就了我！

当然，回顾学校的 8 年历程，撰写这样一本回顾性的书籍，并不是要躺在"功劳簿"上止步不前，而是要通过阶段性的反思提升为未来的前行积蓄更多的能力。这意味着，校长与学校成长的和谐共鸣，不是阶段性的，而是持久的、永恒的。要在应对新问题、迎接新挑战、实现新变革的基础上持续谱写自身成长与学校发展的新篇章。

本书写作完成之际，正值党的二十大胜利闭幕之时。习近平总书记在党的二十大报告中提出，要"以中国式现代化全面推进中华民族伟大复兴"。对于教育工作者而言，要深刻领会到，中国式教育现代化与中国式现代化有着独特的内在联系。中国式教育现代化具有其内在的政治逻辑、历史逻辑、理论逻辑和实践逻辑，它既是中国式现代化的内在要求，也是中国式现代化的重要支撑。要形成中国式教育现代化的道路体系，就需要各个领域中具有中国特色的教育改革发展路径设计，这其中，每一所学校基于自身实际的课程、教学、管理、服务等领域的探索，能够积累起更多具有本土价值和中国话语方式的教育改革经验，这是中国式教育现代化的重要支撑，也是时代赋予每一所学校和每一个教育工作者新的使命。作为一所基层学校的管理者，我愿意和我的团队一起，在新的起点上，为了这个新使命继续上下求索，继续奉献智慧和力量。

主要参考文献

1. 江山野. 简明国际教育百科全书·课程[M]. 北京：教育科学出版社，1991.

2. 联合国教科文组织. 全球教育发展的历史轨迹：国际教育大会年建议书[M]. 赵中建，等译. 北京：教育科学出版社，1999.

3. 吴式颖. 外国教育史教程[M]. 北京：人民教育出版社，1999.

4. 全国十二所重点师范大学. 教育学基础[M]. 北京：教育科学出版社，2002.

5. 戴维·W. 约翰逊，罗杰·T. 约翰逊. 领导合作型学校[M]. 唐宗清，译. 上海：上海教育出版社，2003.

6. 梁漱溟. 中国文化要义[M]. 上海：上海人民出版社，2005.

7. 迈克尔·富兰. 教育变革新意义[M]. 赵中建，陈霞，李敏，译. 北京：教育科学出版社，2005.

8. Klein, J. D. ，Spector, J. M. ，Grabowski, B. 等. 教师能力标准——面对面、在线及混合情境[M]. 顾小清，译. 上海：华东师范大学出版社，2007.

9. 沈湘平. 哲学导论[M]. 北京：中国社会科学出版社，2008.

10. 琳达·达林-哈蒙德. 高效学习：我们所知道的理解性教学[M]. 上海：华东师范大学出版社，2010.

11. R. 基思·索耶. 剑桥学习科学手册[M]. 徐晓东，等，译. 北京：教育科学出版社，2010.

12. 塞缪尔·亨廷顿，劳伦斯·哈里森. 文化的重要作用——价值观如何影响人类进步[M]. 程克雄，译. 北京：新华出版社，2010.

13. 林崇德. 21 世纪学生发展核心素养研究[M]. 北京：北京师范大学出版社，2016.

14. 朱旭东. 教师专业发展的理论研究[M]. 北京：北京师范大学出版社，2018.

15. 鲁洁.道德教育:一种超越[J].中国教育学刊,1994,(06).

16. 张华.论课程实施的涵义与基本取向[J].外国教育资料,1999,(02).

17. 马云鹏.小学数学课程实施的个案研究[J].课程·教材·教法,2000,(04).

18. 杨明全.课程实施的学理分析:内涵、本质与取向[J].全球教育展望,2001,(01).

19. 李保强.论特色学校建设[J].教育研究,2001,(04).

20. 汪霞.课程实施:一个值得关注的问题[J].教育科学研究,2003,(03).

21. 胡东芳.课程共有:一种新的课程权力分配方式[J].当代教育科学,2004,(06).

22. 刘徐湘,胡弼成.教育学中"具体的人"——现象学的视域[J].高等教育研究,2005,(03).

23. 周彬."名校集团化"办学模式初探[J].教育发展研究,2005,(16).

24. 徐荣汀.学科德育的误区与实践[J].思想理论教育,2006,(04).

25. 王少非.论基于标准的教学[J].教育发展研究,2006,(9A).

26. 陈桂生."学生行为管理"引论[J].华东师范大学学报(教育科学版),2007,(01).

27. 陈建华.学校应该有自己的教育哲学追求[J].教育科学研究,2007,(01).

28. Dominique Simone Rychen, Laura Hersh Salganik,滕梅芳,盛群力.勾勒关键能力,打造优质生活——OECD关键能力框架概述[J].远程教育杂志,2007,(05).

29. 崔允漷,周文叶.学校文化建设:一种专业的视角[J].教育发展研究,2007,(5A).

30. 卢正芝,洪松舟.我国教师能力研究三十年历程之述评[J].教育发展研究,2007,(1B)

31. 张华,仲建维.综合实践活动课程设计框架研究[J].全球教育展望,2008,(02).

32. 徐玉珍.论国家课程的校本化实施[J].教育研究,2008,(02).

33. 马宁,余胜泉.信息时代教师专业素养的新发展[J].中国电化教育,2008,(05).

34. 王兆璟.论有意义的教育研究[J].教育研究,2008,(07).

35. 郑金洲.教师教育科研三十年的变迁进程[J].上海教育科研,2008,(10).

36. 邓涛.教师专业合作的影响因素探析[J].外国教育研究,2008,(12).

37. 李宝庆.新课程背景下的学校教育哲学变革[J].教育发展研究,2008,(18).

38. 崔允漷.课程实施的新取向:基于课程标准的教学[J].教育研究,2009,(01).

39. 华京生,华国栋.区域教育研究的意义、特征和路径[J].教育研究,2009,(02).

40. 田娟.我国30年教育本质研究回顾与反思[J].河北师范大学学报(教育科学版),2010,(03).

41. 姜新生.从个人主义到自然合作:教师文化的理性建构[J].教师教育研究,2010,(03).

42. 王红岩,熊梅.论学校愿景领导的内涵及过程[J].东北师大学报(哲学社会学科版),2010,(05).

43. 顾绍琴.精细化领导——学校管理新理念[J].教育理论与实践,2010,(09).

44. 罗欣,郑金洲.办学理念:问题探寻与改进策略[J].上海教育科研,2011,(06).

45. 赵书超.综合实践活动课程:理念与价值[J].全球教育展望,2011,(09).

46. 徐红.中小学教师的教育研究:性质与特点[J].教育科学研究,2011,(11).

47. 宋萑.新教师专业发展:从师徒带教走向专业学习社群[J].外国教育研究,2012,(04).

48. 刘涛.教师成为研究者:急需澄清的三个问题[J].教育发展研究,2012,(12).

49. 刘献君.论文化育人[J].高等教育研究,2013,(02).

50. 权迎.学校文化育人模式实施探讨[J].中国教育学刊,2013,(06).

51. 张茂聪,侯洁.中小学校长能力建设问题探析[J].中国教育学刊,2013,(10).

52. 朱红.现代学校制度建设与家校合作关系构建[J].教育探索,2014,(01).

53. 周元宽,葛金国.学校管理教育性的回归:制度设计与路径选择[J].中国教育学刊,2014,(05).

54. 周晔,王晓燕.城乡教育统筹治理:概念与理论架构[J].教育研究,2014,(08).

55. 褚宏启.教育治理:以共治求善治[J].教育研究,2014,(10).

56. 杨洁.能力本位:当代教师专业标准建设的基石[J].教育研究,2014,(10).

57. 刘燕楠.对教育研究的再认识——教育理论研究与教育实践研究之辨[J].教育理论与实践,2014,(10).

58. 李敏,张志坤.审议与反思:学科德育的教学表现样态[J].教育发展研究,2014,(22).

59. 陈建华.论学校教育哲学及其提炼策略[J].教育研究,2015,(10).

60. 孙绵涛.现代教育治理的基本要素探析[J].中国教育学刊,2015,(10).

61. 张乃文. 教育综合治理理念下的"学校治理"[J]. 教育科学论坛,2016,(6).

62. 张建,程凤春. 名校集团化办学的学校治理:现实样态与实践理路[J]. 中国教育学刊,2016,(08).

63. 刘波,王帅. 教师个人文化:教师共同体构建的必要向度[J]. 教育理论与实践,2016,(16).

64. 杨小玲. 中小学教师育德能力的现状及改进策略[J]. 当代教育科学,2016,(20).

65. 夏雪梅. 项目化学习:连接儿童学习的当下与未来[J]. 人民教育,2017,(23).

66. 戚如强. 习近平师德观述论[J]. 社会主义研究,2018,(03).

67. 王定华. 新时代我国教师队伍建设的形势与任务[J]. 教育研究,2018,(03).

68. 冯建军. 改革开放四十年中国德育的转型发展[J]. 南京社会科学,2018,(04).

69. 石中英. 回到教育的本体———顾明远先生对于教育本质和教育价值的论述[J]. 清华大学教育研究,2018,(05).

70. 李秀霞. 新时代教师专业发展研究[J]. 宁夏大学学报(人文社会科学版),2018,(06).

71. 徐长发. 新时代劳动教育再发展的逻辑[J]. 教育研究,2018,(11).

72. 袁国,贾丽彬. 人的全面发展:教育改革的基本价值标准[J]. 教育理论与实践,2018,(20).

73. 赵虹元. 学科德育的价值及边界[J]. 中国德育,2018,(22).

74. 顾明远. 新时代教育发展的指导思想——学习习近平总书记在全国教育大会上的讲话[J]. 北京师范大学学报(社会科学版),2019,(01).

75. 檀传宝. 劳动教育的概念理解——如何认识劳动教育概念的基本内涵与基本特征[J]. 中国教育学刊,2019,(02).

76. 阎亚军. 论学生参与教育改革[J]. 中国教育学刊,2019,(02).

77. 张爽. 集团化办学的阶段性反思与体系重构[J]. 中小学管理,2019,(03).

78. 于伟,张鹏. 城乡教育差距与农村居民的幸福感知[J]. 教育与经济,2019,(04).

79. 李斌雄,任韶华. 新时代中小学党建工作的价值、问题及其解决路径[J]. 北京教育学院学报,2019,(05).

80. 赵兰香,等. 中国人才培养急需"双重转型"[J]. 中国科学院院刊,2019,(05).

81. 白雪峰.基于教师专业学习视角构建"学研训用"研修模式[J].中小学教师培训，2019，(06).

82. 唐淑艳.让教育更加公平更有质量[J].人民论坛，2019，(07).

83. 吴增礼，蒋宇萌，肖佳.学生关键能力与教师人才培养能力的愿景互视与衔接机制[J].现代教育科学，2019，(07).

84. 徐彬，刘志军.指向核心素养的课程评价探析[J].课程·教材·教法，2019，(07).

85. 肖绍明，扈中平.新时代劳动教育何以必要和可能[J].教育研究，2019，(08).

86. 项红专，刘海洋.学校愿景管理：意涵、价值及模式构建[J].教育科学研究，2019，(09).

87. 杜时忠，孙银光，程红艳.德育研究70年：回顾与前瞻[J].教育研究，2019，(10).

88. 牛楠森."办学理念"：概念辨析及其"诞生"[J].中小学管理，2019，(11).

89. 侯玉雪，杨烁，赵树贤.学校治理背景下教师参与学校管理的困境及对策研究[J].教育理论与实践，2019，(13).

90. 夏雪梅.素养时代的项目化学习如何设计[J].江苏教育，2019，(22).

91. 罗来金.新时代教师之责任、使命与风范[J].人民教育，2019，(23).

92. 李政涛.现代信息技术的"教育责任"[J].开放教育研究，2020，(02).

93. 江平，李春玲.教育治理体系现代化视角下家校合作创新实践[J].上海教育科研，2020，(02).

94. 李政涛，文娟."五育融合"与新时代"教育新体系"的构建[J].中国电化教育，2020，(03).

95. 陈建华.论中小学办学理念的提炼与表达[J].上海师范大学学报（哲学社会科学版），2020，(04).

96. 梁林梅，蔡建东，耿倩倩.疫情之下的中小学在线教学：现实、改进策略与未来重构——基于学习视角的分析[J].电化教育研究，2020，(05).

97. 胡定荣，邱霞燕.学校课程治理哲学思考三题[J].教育研究与实验，2020，(06).

98. 张楠，等.新时代教育评价改革的价值意蕴与实践路径[J].中国考试，2020，(08).

99. 杨静.从"离身"到"具身"：学校德育的困境与转向[J].教育探索，2021，(01).

100. 闫建璋. 新时代师德修养的三重境界[J]. 教育科学,2021,(01).

101. 钟勇为,王木林. 中国课程与教学论百年发展回顾与展望[J]. 现代大学教育, 2021,(02).

102. 张家军. 新时代课程与教学研究的主要议题[J]. 天津师范大学学报(基础教育版),2021,(02).

103. 杨连俊,姜建成. 牢固确立新时代师德建设的信仰之基[J]. 江苏高教,2021,(03).

104. 刘胜男,冯大鸣. 学校治理现代化进程中的挑战及其超越[J]. 中小学管理,2021, (04).

105. 成刚,朱庆环. 学校治理现代化再认识:理论特质与未来趋势[J]. 中国教育学刊, 2021,(04).

106. 张厚莲. 以"体验式德育"培育学校德育特色[J]. 中小学管理,2021,(08).

107. 杜明峰,范勇,史自词. 学校治理的理论意图与实践进路[J]. 教育研究,2021, (08).

108. 贾建国. 学校课程体系建设的时代审视、理论视角与校本路径[J]. 教育导刊, 2021,(10).

109. 张笑予,祁占勇,穆敏娟. 新时代家长学校治理的价值意蕴与实践逻辑[J]. 当代教育科学,2021,(10).

110. 魏叶美. 教师参与学校治理研究[D]. 上海:华东师范大学,2018.

111. 储朝晖. 把德育放在更加重要的位置[N]. 人民日报,2021-12-08,(05).

112. Klecker, B. J. & Loadman, W. E. Defining and measuring the dimensions of teacher empowerment in restructuring public schools [J]. Education, 1988,(03).

113. Fullan M G. The new meaning of educational change [M]. New York: Teachers College, 1991:377-379.

114. Lawson, H. A.. Beyond the conception of teacher education [J]. Journal of Teacher Education, 1992,(03).

115. Marks, H. M. & Louis, K. S. Teacher Empowerment and the Capacity for Organizational Leaning [J]. Educational Administration Quarterly, 1999,(05).

116. Spencer · J · Maxcy. Happiness in Education through the Development of a

School Philosophy [J]. Education, 2001,(04).

117. Unni Vere Midthassel. Teacher Involvement in School Development Activity and Its Relationships to Attitudes and Subjective Norms among Teachers: A Study of Norwegian Elementary and Junior High School Teachers [J]. Educational Administration Quarterly, 2004,(03).

118. Ornstein A C. Philosophy as a basis for curriculum decisions [M]. Ornstein A C, Pajak E F, Ornstein S B. Contemporary issues in curriculum (5th ed). Upper Saddle River, NJ: Pearson Education, Inc, 2011.

　　作为一名教育工作者，我一直保持着阅读的习惯，工作之余，经常手不释卷。阅读任何一本著作，我都有一个特殊的爱好，除了阅读书籍的主要内容，理解作者的观点之外，我总还会专门阅读一下每一本书的后记，因为在我看来，这些文字是最真挚的情感流淌，能够体会到作者写作背后独特的故事。因此，对我而言，写作本书的后记，更多的是一种情感的表达，是想向读者讲述育贤"心愿"故事。

　　在我的教育生涯中，有一句广告词给我留下了极为深刻的印象——人生就像一场旅行，不必在乎目的地，在乎的是沿途的风景和一路看风景的心情。确实如此，我深深认同办教育、办学校也是一种特殊的旅程，而本书的写作正是我对这段旅程的回顾和对未来更坚毅前行的畅想。

　　这是一段实践的旅程。自学校建立以来，我和管理团队、教师们，在"高起点、高标准、高品质的现代化优质学校"办学愿景的引领下，着眼于实现每一个孩子的美好心愿，通过课程、教学、管理、文化等一系列创新，推动学校办学整体高位发展，探索出了具有学校特色的新办学校高位发展的实践策略，不仅雕塑着学校的独特风貌，也让学校的办学理念一步步通过丰富的实践得以达成。这些实践，很多都通过案例、故事等在本书中得到体现。

　　这是一段思考的旅程。作为学校管理者，校长更多地扮演着学校发展的思想引领角色，我也希望通过实践经验的总结，不断丰富自己的办学治校智慧。实际上，在几年前，我已经有过一次对于学校管理的整体性总结，出过一本专集《为了每一个孩子的美好心愿》。但是本书的撰写，我突出了"教育治理之道"的概念，这里的"道"是一种超越于"术"的思考和探索。因此，本书的写作，不是学校实践的简单罗列，每一个领域，每一个问题，都渗透着我的思考，我希望本书的写作也是推动本人办学治校理念不断清晰、明确和升华的过程,也希望学校的发展经验能够通过本书的写作更多地进行辐射传播,为区域教育更优质均衡发展贡献一点绵薄力量。

这是一段收获的旅程。尽管学校办学的历史不长,但是因为我们的用心设计,因为我们的改革创新,因为我们的集团合作,因为我们的初心坚守,学校的发展始终在快车道上运行,套用一句时代语言,我们搭上了时代"复兴号"。这些年,学校也获得了"区教育改革创新奖"等多项殊荣,学生培养、教师队伍建设、教育研究、课程教学改革等领域,也不断斩获市级、区级奖励。收获的背后,其实也蕴含着独特的基因和密码,我尽力在本书的写作之中进行呈现和解读。

这是一段感恩的旅程。不论是学校的发展,还是本人的成长,乃至具体到本书的写作,都离不开领导、专家、同事、朋友的关心、帮助和支持。上海市教委、奉贤区教育局、奉贤区教育学院的领导、专家,经常深入学校、深入课堂,帮助学校发展会诊把脉,对学校各项工作给予大力支持,对本书的写作也提出了很多具体的指导意见。感谢世外教育集团的领导和教育同仁们,与他们的携手合作不仅拓展了我们的视野,提高了我们的站位,也让我们得以在发展的过程中站在"巨人肩膀"上,少走了不少弯路;感谢育贤小学所有的教师、学生和家长们,我们是"家人",学校的进步,学生的成长,是我们每一个"育贤人"共同努力的结果,与你们结伴而行,共同努力向前,是我人生的幸运,定会铭记终生,感恩无限。

本书的写作,期待能够在总结育贤小学办学治校经验的基础上形成一种可辐射的现代学校治理之道。但我深知,理想是丰满的,现实有时还比较"骨感"。特别是由于本人学术功底和理论素养所限,一定存在表述不当之处,恳请广大读者批评指正,也特别感谢出版社和编辑们为本书的顺利出版提供的帮助。

顾雪华

癸卯年二月记于上海奉贤